SARA BOHLEN

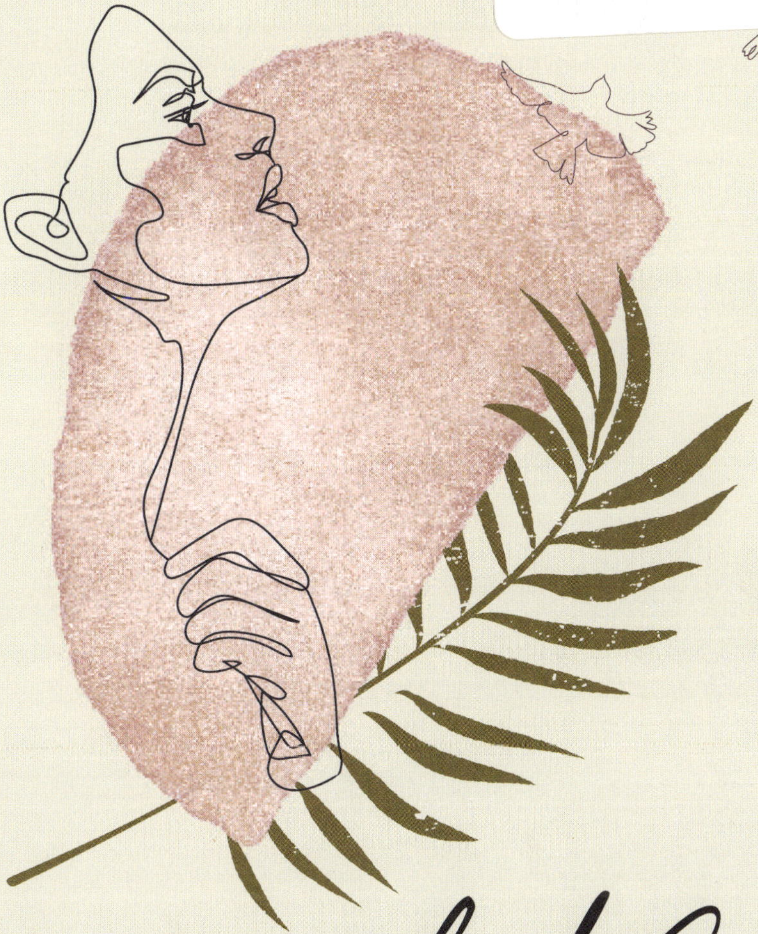

furchtlos

BEFREIT FÜR EIN LEBEN IN

KRAFT, LIEBE UND BESONNENHEIT

SCM

R.Brockhaus

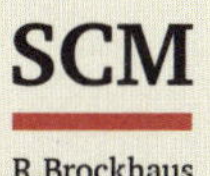

SCM

Stiftung Christliche Medien

SCM R.Brockhaus ist ein Imprint der SCM Verlagsgruppe,
die zur Stiftung Christliche Medien gehört, einer gemeinnützigen Stiftung,
die sich für die Förderung und Verbreitung christlicher Bücher, Zeitschriften, Filme und Musik einsetzt.

3. Auflage 2025

Max-Eyth-Str. 41 · 71088 Holzgerlingen
Internet: www.scm-brockhaus.de; E-Mail: info@scm-brockhaus.de

Lektorat: Annalena Pabst
Autorenfoto: © Julia Althoff
Gesamtgestaltung und Titelbild: Christian Wilker
Illustrationen: Christian Wilker, Eviory Studio, Veris Studio
Bilder im Innenteil: S. 11 Alleksana/pexels.com; S. 33 Yulia Polyakova/
pexels.com; S. 48 David Luck/pexels.com; S. 81 Katie E./pexels.com; S. 86 Jared Subia/unsplash.com;
S. 109 Vlada Karpovich/pexels.com; S. 188 Jasmin Chew/pexels.com; S. 199 Esther Ann/
unsplash.com; S. 210 Gary Barnes/pexels.com; S. 237 Roman Odintsov/pexels.com

Druck und Bindung: Drukarnia Dimograf SP z.o.o.
Gedruckt in Polen
ISBN 978-3-417-26973-4
Bestell-Nr. 226.973

*Denn Gott hat uns nicht einen Geist der Furcht gegeben,
sondern einen Geist der Kraft, der Liebe und der Besonnenheit.*
2. Timotheus 1,7; NLB

Fürchte dich nicht, denn ich bin bei dir. Sieh dich nicht ängstlich nach Hilfe um, denn ich bin dein Gott: Meine Entscheidung für dich steht fest, ich helfe dir.

Jesaja 41,10

Die Sehnsucht

Das Tagebuch von Kathi ist voller Ideen und Geschichten. Wenn sie schreibt, sprudelt es nur so aus ihr heraus. Sie liebt es, kreativ zu sein und loszulassen. Sie tankt so viel Energie dabei und fühlt sich Gott so nah. Manchmal stellt sie sich vor, sie würde ihre Gedanken mit anderen teilen und alle würden davon berührt sein. Doch nein, das geht nicht. Das würde sie sich nie trauen. Selbst ihren Freundinnen aus der Schule hat sie ihre Ideen noch nie gezeigt. Was würden die wohl denken? Wenn Kathi mit ihnen zusammen ist, ist sie irgendwie ganz anders. Manchmal erkennt sie sich selbst kaum wieder. Aber sie will um jeden Preis dazugehören. Allein zu sein wäre das Schlimmste.

Pia ist eine wunderbare Mama. Sie liebt ihre Kinder. Sie ist fürsorglich und unternehmungslustig. Sie kann Gottes Vaterherz und seine Freude spüren, wenn sie mit ihnen Zeit verbringt. Und doch zweifelt sie immer wieder an sich selbst: „Bin ich eine gute Mutter? Müsste ich nicht mehr für meine Familie tun? Und für meine Freunde? Und für meinen Job? Und Gott erst – als gute Christin müsste ich doch ..." Ständig spürt sie Erwartungsdruck und die Angst, nicht zu genügen. Sie vergleicht sich mit den Frauen, die sie kennt, und denen sie auf Instagram folgt. Warum sieht das bei denen so einfach aus? Ihr eigenes Leben fühlt sich dagegen so grau und normal und trotzdem so anstrengend an. Sie fühlt sich getrieben, gefangen im Hamsterrad ihrer eigenen Ansprüche. Manchmal würde sie sich am liebsten die Decke über den Kopf ziehen.

Eigentlich liebt Melli ihren Job und sie ist auch richtig gut darin. Die Türen haben sich schnell für sie geöffnet und sie hat immer mehr Verantwortung bekommen, denn man kann sich einfach hundertprozentig auf sie verlassen. Melli denkt immer an alles. Nicht nur im Job, auch in ihrem Privatleben. Sie muss einfach alles im Griff haben, sich in alle Richtungen absichern, sonst macht sie das nervös. Manchmal dreht ihr Kopf fast durch. Es gibt so vieles, worüber man sich Sorgen machen muss. Man hört so viel aus den Medien ... Manchmal sehnt sich Melli nach mehr Leichtigkeit und Lebensfreude. Ihre Kollegen halten Melli für stark und unabhängig. Dabei fühlt sie sich oft ziemlich einsam. Sie sehnt sich sehr nach Nähe und Freundschaft. Doch es dauert lange, bis Melli jemanden wirklich nah an sich heranlassen kann. Man weiß ja nie, wem man trauen kann.

Bea träumt von einem großen Leben. Einem Abenteuerleben, das einen Unterschied für Menschen macht. Sie möchte etwas tun, womit sie anderen Menschen helfen kann. Sie könnte Liebe und praktische Hilfe weitergeben und Menschen von Jesus erzählen, den sie so liebt und dem sie alles zu verdanken hat. In ihren Tagträumen fühlt sich das verlockend an. Sie fühlt sich dann lebendig und mutig. Sie weiß genau, was passieren müsste, was sinnvoll und Erfolg versprechend wäre. Doch wenn es darum geht, eine Entscheidung zu treffen und einfach mal loszugehen, fällt eine lähmende Schwere auf sie. Das ist alles zu riskant. Ihr Kopf erinnert sie an alles, was schiefgehen könnte. Und wo sollen eigentlich die Finanzen herkommen? Nein, sie wird nicht die Pferde scheu machen. Sie wird lieber bleiben, wo sie ist. Wer ist sie denn schon, dass sie so etwas Großartiges erleben könnte?

Kennst du solche Gedanken und Gefühle? Die Sehnsucht nach einem großen Leben? Nach einem Leben in Freiheit und Stärke, voller Abenteuer und Lebensfreude, voller Leichtigkeit und Mut? Ein Leben, in dem du so richtig du selbst sein kannst? Ohne dich ständig zu vergleichen oder an dir zu zweifeln? Ein Leben, in dem du spürst, dass du genau dafür geschaffen wurdest? Ein Leben, in dem du Gottes Schönheit entdeckst und frei und sorglos seine Liebe und Kraft erlebst?

Und kennst du diese anderen Gefühle? Diese dunkle Wolke, die sich immer wieder vor die Sonne schieben will? Diese Mauer, die dich einengt? Diese nervige kleine Stimme, die dir einreden will, dass du niemals das Leben finden wirst, nach dem du dich sehnst?

Ich kenne das. Ich habe eine große Sehnsucht in mir nach einem Leben in Fülle und Freiheit. Ich möchte ein großes, mutiges Leben führen. Ein Leben voller Bestimmung und Vision. Voller Leichtigkeit und Freude. Nah an Gottes Herzen, voll von seinen Wundern und seiner Kraft. Teilweise lebe ich es bereits. Ich bin schon manches Risiko eingegangen und habe Abenteuer mit Gott erlebt. Ich habe mich auf den Weg gemacht, um dieses Leben zu finden. Doch die dunklen Wolken kenne ich auch. Die nörgelnden Gedanken und entmutigenden Stimmen in mir: „Was werden die Leute denken?" Und: „Was ist, wenn alles schiefgeht?" Ich kenne die Fragen und die Zweifel, die Sorgen und das Getriebensein.

Und ich kenne viele Frauen, die so viel Potenzial in sich tragen. So viel Schönheit und Kraft. Frauen, die berufen sind, wirklich etwas zu bewegen in ihrem Umfeld, in ihren Familien, in Freundeskreisen und weit darüber hinaus. Und doch höre ich immer wieder von eben diesem Kampf. Dem Kampf mit den Selbstzweifeln, mit der Entmutigung, mit der Angst.

Dieses Buch ist für uns. Für uns, die wir träumen und hoffen und glauben, dass es mehr gibt. Für uns, die wir kämpfen gegen Angst und Unsicherheit.

Die Einladung

In der Bibel gibt es einen wundervollen Vers, der mich einfach nicht mehr loslässt. Er ist wie ein Lockruf, wie eine Einladung zu einem Leben in Freiheit.

> Denn Gott hat uns nicht einen Geist der Furcht gegeben, sondern einen Geist der Kraft, der Liebe und der Besonnenheit. – 2. Timotheus 1,7; NLB

Dieser Vers stammt aus einem Brief, den der Apostel Paulus an Timotheus schrieb. Die beiden kannten sich sehr gut und waren bereits gemeinsam auf Missionsreise gewesen. Timotheus war jung und berufen, Gott zu dienen. Er führte Menschen zu Jesus und war als Lehrer und Leiter in der Gemeinde aktiv. Er lebte in seiner Bestimmung. Er lebte ein großes Leben.

Doch offensichtlich war das nicht immer nur easy für ihn. Obwohl er ein Leiter war, hatte er mit Unsicherheit und Angst zu kämpfen. Nebenbei: Ist es nicht ermutigend, dass die Bibel nicht voller Geschichten von unfehlbaren Superhelden ist, sondern von ganz normalen Menschen erzählt, Menschen wie du und ich?!

Paulus war Mentor und geistlicher Vater für Timotheus.[1] Voller Liebe ermutigte er seinen Schützling, den Auftrag ohne Scheu und ohne Angst zu leben. Er rief ihm zu, sich nicht vor älteren Christen zu verstecken oder sich von ihnen verunsichern zu lassen: „Niemand hat das Recht, auf dich herabzusehen, nur weil du noch jung bist" (1. Timotheus 4,12). Er erinnerte Timotheus daran, dass Gott ihm alles gegeben hatte, was er brauchte, um seinen Auftrag zu erfüllen (2. Timotheus 1,6). Paulus hatte ihm die Hände aufgelegt, ihn gesegnet und ausgesandt. Gott hatte Timotheus seinen Heiligen Geist und übernatürliche Gaben geschenkt, die er nun auch nutzen sollte. Ohne sich zu schämen, sollte er für Jesus einstehen und das Werk weiterführen, das er und Paulus gemeinsam begonnen hatten (2. Timotheus 1,8). Paulus rief ihm zu: „In dir ist ein Feuer! Pass darauf auf! Lass es durch nichts erstickt werden! Lass es lodern und fache es immer wieder neu an. Lebe furchtlos, wozu du berufen bist!"

→ *Auch du bist berufen! Auch du hast einen Auftrag von Gott bekommen, den du leben darfst und sollst. Niemand und nichts soll das Recht haben, dich zu verunsichern!*

Dieses Buch kann so ein Ermutigungsbrief an dich sein. Wie Paulus Timotheus ermutigt hat, möchte ich dich daran erinnern, wer du bist, was in dir steckt und vor allem, wer an deiner Seite ist. Diese Ermutigung ist mehr als ein nettes Schulterklopfen. Viel mehr als ein „Hey, du schaffst das schon".

Ich möchte dich anspornen, deiner Unsicherheit und Angst direkt in die Augen zu schauen und zu lernen, woher sie kommen und was du ihnen entgegensetzen kannst.

Gott verspricht uns kein Leben ohne Angst, denn Angst gehört zu unserer menschlichen Reise dazu. Tatsächlich ist sie eine Emotion, die Gott geschaffen hat und die, wie wir noch sehen werden, sogar ihre Berechtigung hat. Doch Gott verspricht uns ein Leben in Freiheit. Ein Leben, bei dem Angst uns nicht leitet oder kleinhält. Furchtlos zu werden bedeutet nicht, für immer alle Furcht loszuwerden. Es bedeutet vielmehr, trotz Furcht loszugehen - mutig in Richtung deiner Bestimmung.

Gottes Idee für dein Leben ist nicht, dass du in Unsicherheit und Angst gefangen bleibst. Er setzt der Angst den Geist der Kraft, Liebe und Besonnenheit entgegen, mit dem er dein Herz erfüllen und verändern möchte. Ich lade dich ein: Lass uns gemeinsam herausfinden, wer dieser Geist der Kraft, Liebe und Besonnenheit ist, und wie wir ein großes Leben jenseits unserer Angst und Unsicherheit leben können.

Die Reise

In meiner Erinnerung war ich eigentlich schon früh ein recht mutiges Mädchen. „Naiv“ nannte mein Bruder mich manchmal. Ich tat, was mir Spaß machte und was vor meiner Nase lag. Einfach drauflos, ohne viel nachzudenken. In jungen Jahren gründete ich mit meinen Kusinen zusammen eine Band. Wir gaben Konzerte, schrieben Songs und produzierten sie. Es war uns egal, ob der Text mal zu „denglisch“ oder die Melodie zu vorhersehbar war. Wir haben einfach mal gemacht und die Reise sehr genossen.

Schon früh habe ich gespürt, dass Gott einen Plan für mein Leben hat und ich wollte ihm dienen und ihn besser kennenlernen. Deshalb wollte ich nach dem Abi gerne eine Bibelschule besuchen. Doch auch der Musik wollte ich mehr Raum geben. Kurzerhand gab ich beides in eine Suchmaschine ein und landete auf der Website des *Leadership Colleges* der Hillsong Church in Australien. Auf der Startseite stand riesengroß mein damaliger Lieblingsbibelvers, was ich als Zeichen Gottes verstand. Also bin ich ans andere Ende der Welt geflogen - furchtlos, ohne genau zu wissen, worauf ich mich einließ. Ohne Angst vor den australischen Spinnen und ohne einen genauen Plan, wie ich meine Zeit dort eigentlich finanzieren wollte. Ich habe einfach vertraut, dass Gott für mich sorgen wird.

Wieder zurück in Deutschland habe ich meinen ersten Freund – der mich wundervoll romantisch erobert hat – sehr jung geheiratet, ohne Angst davor, die falsche Entscheidung zu treffen. Und ich würde es sofort wieder tun. Mit meinem Mann zusammen habe ich eine Kirche gegründet, ohne finanzielle Absicherung und ohne alle Strategien und Pläne vorher klar zu haben.

Gottes Idee für dein Leben ist nicht, dass du
in Unsicherheit und Angst gefangen bleibst.
Er hat stattdessen für dich den Geist der

Kraft, Liebe & Besonnenheit.

Furchtlos. Und naiv. Klar, auch damals kannte ich Selbstzweifel und Unsicherheiten. Immer wieder erlebte ich dunkle Wolken und Krisen. Aber sie hielten mich selten davon ab, das zu tun, was auf meinem Herzen lag und was ich als Auftrag Gottes sah.

Im Jahr 2019 legte Gott meinem Mann und mir aufs Herz, über unsere Kirche das Wort *fearless* als Jahresmotto zu schreiben: *furchtlos*. Es war einfach ein Flüstern in unseren Herzen. Wir spürten, dass es wichtig war, die Kirche vorzubereiten, furchtlos zu werden. Gemeinsam mit einer jungen Psychologin erarbeitete ich ein Kleingruppenmaterial für die Frauen unserer Kirche, das nun als Grundlage für dieses Buch dient. Das Ziel war und ist: Frauen ermutigen, sich ihren Unsicherheiten und Ängsten zu stellen und furchtlos ihre Bestimmung zu leben.

Niemals hätten wir gedacht, wie relevant dieses Motto als Vorbereitung für das sein würde, was im Jahr 2020 die Welt erschütterte, als Gott einer globalen Pandemie gestattete, unser aller Welten auf den Kopf zu stellen und unsere Herzen durchzuschütteln. Und niemals hätte ich gedacht, dass diese Krise auch mich selbst so durchschütteln würde.

Ich hatte keine Angst vor dem Virus, das sich überall ausbreitete. Ich hatte keine Angst davor, dass ich oder meine Lieben sich anstecken würden. Ich hatte auch keine Angst vor den wirtschaftlichen Folgen. Natürlich machte ich mir Gedanken und wir mussten einige wichtige Entscheidungen gerade auch in Bezug auf die Kirche treffen. Doch in mir machte sich plötzlich eine nie geahnte Unsicherheit breit. Wie eine dicke, dunkle Wolke schob sie sich vor mein sonst so sonniges Gemüt. Ich fühlte mich entmutigt und klein, von allen Seiten beschossen. Anstrengende Gespräche und Kritik nahmen mich mehr mit, als ich es für möglich gehalten hätte. Die Arbeit in unserer Kirche, die ich sonst so sehr liebte, kam mir plötzlich mühsam vor. Homeschooling, tausend Veränderungen, geplatzte Ideen und Pläne, Frust auf allen Seiten. Negative Gedanken bauschten sich immer höher auf und raubten mir den Schlaf.

„Wo ist meine fröhliche Frau geblieben?“, fragte mich mein Mann eines Tages. Ja, was war los mit mir? Entmutigung hatte mich gefangen genommen. Am eigenen Herzen konnte ich nun durchbuchstabieren, was es bedeutet, den Weg durch Unsicherheit und Angst hin zur Furchtlosigkeit zu finden.

In Krisen werden Dinge ans Tageslicht befördert, die sich auch vorher schon in unseren Herzen befanden: negative Glaubenssätze, Selbstzweifel, Glaubenszweifel, Unsicherheiten, Ängste, Sorgen, Süchte. Viele Menschen sahen sich in dieser Krise mit Gefühlen und Gedanken konfrontiert, von denen sie gar nicht wussten, dass sie in ihnen schlummerten. Die Pandemie stürzte so manchen in ungeahnte Abgründe der Unsicherheit und Angst. Und wer weiß, wie diese Zeit unsere Welt und die heranwachsende Generation noch prägen wird.

Ich glaube heute, dass Gott die Krise in meinem Leben erlaubte, damit ich neu lernen konnte, wie der Geist der Kraft, Liebe und Besonnenheit arbeitet. Damit ich mich mit einem weichen Herz gemeinsam mit euch auf den Weg in Richtung Freiheit begebe. Denn auch wenn kindliches Vertrauen eine wundervolle Eigenschaft ist, von der wir viel lernen können, ist Furchtlosigkeit doch weit mehr als Naivität. Furchtlosigkeit ist krisensicher und trägt auch durch die Stürme unseres Lebens.

> Furchtlosigkeit ist krisensicher und trägt uns durch die Stürme unseres Lebens.

Gott hat dieses Buch in meinem Leben bereits gebraucht, um mir viel über mein eigenes Herz und meine Prägung zu offenbaren. Dinge, über die ich sonst vielleicht einfach hinweggegangen wäre, mit denen auseinanderzusetzen ich mich nicht getraut hätte.

Deshalb ist es eine große Ehre für mich, das, was als Flüstern Gottes begonnen hat, als Kleingruppenmaterial unserer Kirche entwickelt wurde und als Schleifstein mein eigenes Herz auf den Kopf gestellt hat, dir hier zur Verfügung zu stellen. Ich hoffe und bete, dass Gott es auch in deinem Leben gebrauchen wird, um dir Freiheit zu schenken.

Freiheit für Körper, Seele und Geist

Nach der Bibel sind wir Menschen Wesen aus Körper, Seele und Geist (1. Thessalonicher 5,23). Alles, was uns beeinflusst, beeinflusst uns als Ganzes. Wir spüren Angst und Unsicherheit in unserem Körper, unsere Seele schreit nach Frieden und auch unser Geist sehnt sich nach Freiheit. Und das alles gleichzeitig. Es macht keinen Sinn zu sagen: „Meine Angst und Unsicherheit ist nur körperlich oder nur seelisch oder nur geistlich“ und nur an einem dieser drei Bereiche „herumzudoktern“. Wir müssen der Angst ganzheitlich begegnen.

KÖRPER Angst kann körperliche Ursachen haben und wird deinen Körper beeinträchtigen. Körperliche Maßnahmen wie das Achten auf deine Gesundheit, ausgewogene Ernährung, Bewegung, frische Luft, Entspannung oder auch Medikamente können dir helfen. In diesem Buch berühre ich den Bereich „Körper“ nur am Rand. Gute Ratgeber dazu von hervorragenden Experten gibt es viele.

SEELE Angst und Unsicherheit wird auch seelische Ursachen haben und muss auf dieser Ebene verstanden und überwunden werden. Die Bibel versteht die Seele oder auch das Herz als Sitz der Gefühle, der Gedanken und des Willens. Sie ist der Motor deines Lebens. Sie beherbergt all deine Erinnerungen und Prägungen. All das, was du über dich selbst und das Leben glaubst, deine Werte, Sehnsüchte, Wünsche, deinen Antrieb. In der Fachsprache nennt man diesen Teil von uns auch die Psyche. Um unsere Psyche besser zu verstehen, hat die Psychologie großartige Dienste erwiesen. Sie liefert wichtige und sinnvolle Erkenntnisse, die dem Glauben nicht widersprechen, sondern uns helfen können, uns als Menschen besser zu verstehen. Im Entstehungsprozess dieses Buches habe ich eng mit der Psychologin Kimberly Meyer zusammengearbeitet. Sie hat viele wichtige Hintergrundinformationen, Tools und Modelle aus der Psychologie beigesteuert und die Inhalte sehr bereichert. Auch habe ich Rat von Psychotherapeuten und christlichen Beraterinnen eingeholt, die Menschen mit Angst und Unsicherheit begleiten. Sie haben wichtige Impulse aus der Praxis geliefert.

GEIST „Geist“ wird in unserem deutschen Sprachgebrauch oft mit dem kognitiven Denken, dem Verstand und Bewusstsein gleichgesetzt. Diese Bedeutung ist in der Bibel jedoch eher der Seele oder dem Herzen zugeordnet. Wenn ich hier über „Geist“ spreche, dann meine ich nicht die „geistige“ Komponente, sondern die übernatürliche, „geistliche“ Dimension. Unser Schlüsselvers aus 2. Timotheus 1,7 spricht davon, dass uns Gott keinen Geist der Furcht gegeben hat. Angst kann geistliche Ursachen und Auswirkungen haben. Doch Gottes Geist ist kein Geist der Angst. Im Gegenteil: Er selbst ist mutig und frei und macht auch uns mutig und frei, denn „wo der Geist des Herrn ist, da ist Freiheit“ (2. Korinther 3,17). Deswegen lege ich besonderen Wert darauf, den Heiligen Geist für den Weg aus Angst und Unsicherheit einzuladen. Er ist Gottes Gegenwart in uns. Er ist das größte Geschenk, das wir durch Jesus Christus erhalten können.

Praktisch werden

Veränderungsprozesse in uns geschehen am besten dann, wenn wir sie uns klar vor Augen führen und sie praktisch werden lassen. Deshalb findest du regelmäßig verschiedene Möglichkeiten zur Interaktion, um das, was du liest und erkennst, festzuhalten und praktisch werden zu lassen.

DIE FURCHTLOS-ÜBUNGEN Am Ende von jedem Kapitel wirst du durch vier Schritte geführt. Sie heißen SEE, REFLECT, CHOOSE und ACT. (Auf Englisch, einfach weil es sich reimt und man es sich leicht merken kann). Es geht darum hinzuschauen, zu reflektieren, bewusst zu wählen und die Entscheidung in die Tat umzusetzen. Bei diesen kreativen Übungen lernst du dich selbst besser kennen und durchschaust immer mehr, welche Rolle Angst in deinem Leben spielt. Du entdeckst Gottes Alternativen für dich und lernst, sie in deinem Leben anzuwenden.

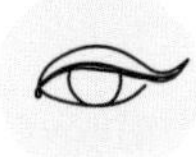

SEE

Hier geht es darum, erst einmal hinzuschauen und nachzuspüren, was gerade in dir vorgeht, und zwar in Körper, Seele und Geist. Um Veränderung zu erleben ist es entscheidend, dass du lernst, deinen Körper, deine Gefühle und Gedanken wahrzunehmen. Sei dabei ehrlich und neugierig, ohne dich direkt zu bewerten oder zu verurteilen. Lausche auch auf das Flüstern des Heiligen Geistes.

REFLECT

Bei diesem Punkt wirst du durch verschiedene Übungen geführt, um dein Herz, deine Gedanken- und Verhaltensmuster zu reflektieren.

CHOOSE

Hier geht es darum, neue Wege oder Gottes Alternative für dich zu erkennen, um eine bewusste Entscheidung zu treffen, die zu konkreter Veränderung führt.

ACT

Alles Sehen und Reflektieren nützt wenig, wenn es nur innerlich bleibt. Beim letzten Schritt geht es also darum, wie du das Erkannte in deinen Alltag integrieren kannst.

Ich werde diese vier Schritte und ihre Bedeutung im Kapitel *Hallo Besonnenheit!* noch einmal ausführlicher erklären.

VERÄNDERUNGEN SICHTBAR MACHEN Eine zentrale Übung, die sich wie ein roter Faden durch das ganze Buch zieht, ist das Königskind. Angelehnt und inspiriert ist diese Übung an die Methode der Psychologin Stephanie Stahl aus dem Buch *Das Kind in dir muss Heimat finden*. Es geht dabei vor allem darum, die unsichtbaren inneren Prozesse sichtbar zu machen. Das geht am leichtesten mit Stift und Papier. Deswegen findest du im Anhang und zum Download mit dem QR-Code eine Vorlage für dein *Inneres Schattenkind* und dein *Inneres Königskind*, die du im Laufe dieses Buches kreativ gestalten und beschriften kannst. Das *Schattenkind* steht dabei für dein ängstliches verletztes Ich und das *Königskind* für dein furchtloses lebendiges Ich, deine Identität in Christus. Diese beiden werden wir im Laufe der Zeit gemeinsam entdecken und lernen, wie wir immer mehr in unserer neuen Identität in Christus leben können.

Ich ermutige dich: Lass dich auf die Übungen ein und erlebe Veränderung!

Furchtlos als Gruppe

Furchtlos hat als Kleingruppenmaterial angefangen und ich bin davon überzeugt, dass eine unglaubliche Kraft davon ausgeht, wenn wir uns zusammen auf den Weg begeben. Wir können uns gegenseitig ermutigen, anfeuern, reflektieren und einander langfristigen Halt und Unterstützung geben. Allein, dass du dich vor jemandem öffnest, wird schon stark dazu beitragen, dass Licht dein Herz durchflutet und Angst in die Flucht geschlagen wird.

Du kannst dieses Buch und die Übungen auch allein für dich bearbeiten, aber ich möchte dich wirklich ermutigen, dir eine Freundin oder eine Gruppe von Frauen zu suchen, mit denen du dich gemeinsam auf den Weg machen kannst. Dabei lest ihr am besten jede für sich das Kapitel zu Hause und bearbeitet auch die Übungen in Ruhe. Wenn ihr euch trefft, sprecht ihr dann über das, was euch wichtig geworden ist, und betet füreinander.

Entscheide bei den Treffen selbst, wie offen und transparent du sein möchtest. Es ist deine freie Entscheidung zu teilen, was auf deinem Herzen liegt. Immer wieder teile ich in den Kapiteln auch eigene Herzensthemen, Ängste und Unsicherheiten. Damit hoffe ich, dich dazu zu inspirieren, dich für Offenheit und Verletzlichkeit zu entscheiden. Du wirst entdecken, wie viel Kraft darin liegt, wenn wir unsere Herzen voreinander öffnen. Vereinbart miteinander, dass alles, was in eurer Gruppe besprochen wird, auch in dieser Gruppe bleibt. So kann Vertrauen entstehen und es ist leichter, sich zu öffnen.

Furchtlos ist so aufgebaut, dass ihr es als Gruppe in zehn Wochen gemeinsam durcharbeiten könnt – ein Kapitel pro Woche. Natürlich kannst du dir auch so viel Zeit nehmen, wie du magst. Meine Erfahrung zeigt allerdings, dass du mehr erreichst, wenn du diese zehn Wochen zusammenhängend für dich investierst. Das bedeutet nicht, dass danach alles bearbeitet und fertig ist. Das ist auch nicht das Ziel. Vielmehr wird dir dieses Buch helfen zu entdecken, welche wunden Punkte deines Herzens noch besondere Aufmerksamkeit brauchen. Wenn dir etwas ganz neu bewusst wird, kann es sogar sein, dass dich das erst mal noch etwas unsicherer macht und du dich verletzlicher fühlst als vorher. Das ist normal und gehört zu einem inneren Heilungsprozess dazu. Hole dir Unterstützung durch eine Seelsorgerin oder Therapie, wenn du merkst, dass dich ein Thema besonders aufwühlt. Ich selbst gehe immer wieder zu einer Seelsorgerin, um mein Herz zu sortieren.

Freiheit für unser Herz ist eine lebenslange Reise. Aber sie lohnt sich immer und Jesus ist dabei immer an deiner Seite.

Achtung: Was tun bei einer Angststörung?

Furchtlos ist kein therapeutischer Ratgeber. Wenn Angst in deinem Leben eine übergroße Rolle spielt, dann bist auch du herzlich eingeladen, Furchtlos ergänzend zu einer Psychotherapie als geistlichen Ratgeber und Ermutigung auf deiner Reise in die Freiheit zu nutzen. Ja, wirklich! Ich glaube, es gibt Freiheit für dich! Jesus kämpft an deiner Seite! Gib nicht auf! Wenn du dranbleibst und weitergehst, zeigt das bereits, wie mutig du bist!

Wenn du jedoch an einigen Punkten merkst, dass die Ängste, die in dir hochkommen, zu viel werden, dann leg das Buch zur Seite und mach etwas, was dir guttut. Nimm ein Bad oder ruf eine Freundin an. Furchtlos soll dir dienen und keine zusätzliche Belastung darstellen. Außerdem empfehle ich dir, einer vertrauten Person davon zu erzählen, dass du dich in den nächsten Wochen etwas stärker mit dir selbst beschäftigen wirst und manchmal jemanden zum Reden brauchst. Sichere dir Unterstützung, noch bevor du sie wirklich brauchst. So hast du bereits vorab ein Auffangnetz gesponnen und musst dich zu keinem Zeitpunkt allein fühlen.

Wenn Angst in deinem Leben lange anhält, du scheinbar keinen klaren Grund dafür ausmachen kannst, sie sehr intensiv ist und dich körperlich und geistig beeinträchtigt, solltest du dir professionelle Hilfe suchen. Es gibt viele kompetente Therapeuten und Therapeutinnen, die dir sicher gerne helfen.[2]

Let's go!

Ich bete dafür, dass Gott dieses Buch nutzt, um dich ein Stück weiter in die Freiheit zu führen, die er für dich vorbereitet hat. Ich bete, dass du in seiner Kraft, seiner Liebe und seiner Besonnenheit ein festes Fundament für dein Herz findest, um furchtlos und voller Leidenschaft zu leben, wofür du geboren wurdest, und diese Welt mit der Schönheit zu bereichern, die in dir schlummert.
Und jetzt lass mich noch für dich beten, bevor du dich ins Abenteuer stürzt:

> *Danke, mein Gott, dass du unerschütterlich gut bist.*
> *Danke, Vater, dass du das Beste für uns im Sinn hast. Danke, Jesus, dass durch dich Freiheit für uns möglich ist. Danke, Heiliger Geist, dass du uns begleitest auf unserem Weg. Ich segne jede Frau, die sich auf diese Reise begibt: Nimm ihr Herz in deine Hand! Lass Wahrheit ihre Gedanken erfüllen! Vertreibe Unsicherheit und Angst! Hilf ihr, Kraft, Liebe und Besonnenheit zu ergreifen und in deiner Freiheit zu leben!*
> *Amen.*

Deine Furchtlos-Übung

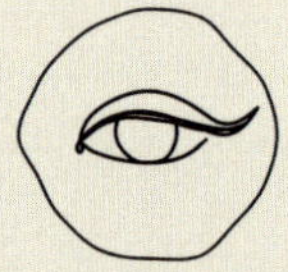

SEE

Nachdem du dieses Vorwort gelesen hast, schreibe alles auf, was gerade in dir vor sich geht. Was nimmst du in deinem Körper wahr? Was fühlst du? Was denkst du? Bleibe dabei neugierig und offen, ohne dich zu bewerten. Mach dir bewusst, dass Gott jetzt gerade bei dir ist und dir zuhört. Lausche auch darauf, was er dir zuflüstert.

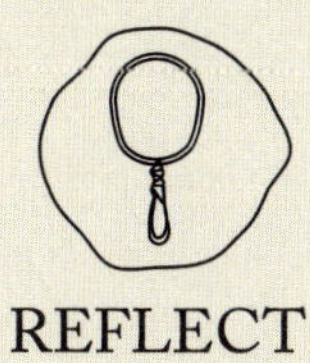

REFLECT

DEINE ERWARTUNGEN UND WÜNSCHE Was wünschst du dir für die Zeit, in der du dieses Buch liest? In welchem Bereich wünschst du dir Freiheit?

CHOOSE

KOMMITTE DICH DIR SELBST! Möchtest du dich auf den Weg in Richtung Freiheit begeben? Halte fest, was du dir für die nächste Zeit vornimmst.

Wie oft und wann möchtest du in diesem Buch lesen?

Wer wird dich begleiten? Wo und wann werdet ihr euch treffen?

Was brauchst du sonst noch?

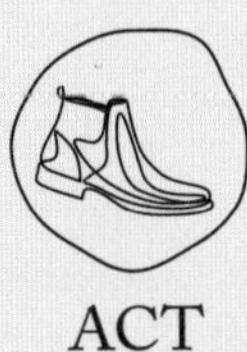

ACT

DEIN GEBET Formuliere ein Gebet, in dem du Gott deine Wünsche, Erwartungen und Ängste hinhältst und ihn bittest, dich zu begleiten.

ALS GRUPPE

Diese erste Reflexion ist für dich persönlich gedacht. Als Gruppe steigt ihr mit dem Kapitel *Hallo Angst!* ein. Aber wie wäre es mit einem schönen entspannten Kennenlernabend zum Start?

In der Welt habt ihr Angst; aber seid getrost, ich habe die Welt überwunden.

Johannes 16,33; LUT

Fürchte dich nicht

Stell dir einmal vor, du hättest keine Angst. Stell dir vor, Unsicherheit wäre gar kein Thema für dich. Was würdest du tun? Wie würde sich dein Leben verändern? Würdest du um die Welt reisen? Würdest du Bungee-Jumping machen? Würdest du deinen Job kündigen und ein eigenes Business gründen? Würdest du endlich deinen Traum leben? Würdest du vielleicht auf den Tisch hauen und diesen Konflikt ansprechen, der dich schon ewig ärgert? Würdest du dem jungen Mann, an den du ständig denken musst, endlich sagen, was du für ihn empfindest? Würdest du dir die Haare pink färben, ein Nasen-Piercing stechen lassen? Würdest du die Verkäuferin ansprechen, um sie zu ermutigen, deinen Arbeitskollegen erzählen, was Jesus dir bedeutet? Würdest du für wildfremde Menschen beten? Würdest du diese Idee, die lange schon in deinem Herzen ist, endlich mal mit jemandem teilen? Wovon träumst du, wenn du an ein furchtloses Leben denkst?

→ *Was würde sich in deinem Leben verändern, wenn Angst und Unsicherheit keine Rolle spielen würden?*

„Fürchte dich nicht!" – diese Aufforderung lesen wir immer und immer wieder in der Bibel. Aber wenn das mal so einfach wäre. Wir wollen uns ja nicht fürchten. Angst nervt. Angst stört. Unsicherheit hält uns zurück. Sie ist wie eine nervige Motte, die ständig um unseren Kopf herum kreist. Sie ist wie ein Stachel im Rücken, der uns bei jeder Bewegung hemmt. Sie steht wie ein riesiger Berg zwischen uns und unseren Träumen – unserem Leben in Freiheit.

Vielleicht sehnst du dich mit allem, was in dir ist, danach, dass Angst und Unsicherheit endlich aus deinem Leben verschwinden. Vielleicht bist du Christin und betest bereits ununterbrochen, dass Gott dich endlich von deiner Angst befreien möge. Vielleicht fühlst du dich sogar schuldig, dass du diese Angst in deinem Leben hast und die Aufforderung „Fürchte dich nicht" einfach nicht befolgen kannst: „Was denkt Gott von mir, wenn ich ihn liebe, aber mich trotzdem fürchte? Bin ich dann ein schlechter Christ? Ist mein Glaube nicht stark genug?"

Keine Angst vor der Angst

Ich möchte dich ermutigen: Hab keine Angst vor der Angst. Fühl dich nicht schuldig oder schlecht, weil du mit Angst und Unsicherheit zu kämpfen hast. Verurteile dich nicht dafür. Gott tut es auch nicht. Im Gegenteil, die Bibel ist voll von Menschen, die sich ängstlich fühlten und doch kraftvolle Dinge mit Gott erlebt haben.

Abraham hatte Angst vor den Ägyptern und gab seine schöne Frau darum als seine Schwester aus. Mose hatte Angst, vor Menschen zu sprechen. Gideon hatte Angst, das zu tun, was Gott ihm auftrug und bat ihn mehrmals hintereinander um ein Zeichen. Der Prophet Elia hatte eine regelrechte Panikattacke mit schweren Depressionen und versteckte sich in einer Höhle. David hatte Angst, seinen Fehler mit Batseba zuzugeben, und machte daraufhin alles nur noch schlimmer. Petrus hatte Angst, zu Jesus zu stehen, und verleugnete ihn. Paulus gab offen zu, dass er sich nicht immer sicher und stark fühlte.[3] Und sogar Jesus Christus hatte solche Angst, dass er Blut schwitzte, als er kurz vor seiner Kreuzigung im Garten Gethsemane betete.

Die Bibel ist voller Menschen, die Angst hatten und doch kraftvolle Dinge mit Gott erlebt haben.

Es klingt vielleicht komisch, aber, anstatt das Monster deiner Angst in deinen Keller zu sperren, zu ignorieren und es wegzuwünschen, probier es doch mal damit: Lade es in dein Wohnzimmer ein! Du magst es zwar nicht, aber es ist nun mal da. Wie eine Grippe. Du kannst sie verdrängen, aber davon wird es nicht besser. Also nimm die Angst wahr. Nimm sie ernst, schau ihr in die Augen, um herauszufinden, wer sie ist und woher sie kommt. Freiheit beginnt immer mit Wahrheit. Also, statt Angst vor der Angst zu haben und sie wegzuwünschen, ist es wichtig, dass du erst mal akzeptierst, dass sie nun einmal da ist.

Jesus sagt, dass wir in der Welt Angst haben. Angst ist normal. Angst gehört zu dieser Welt, weil diese Welt nun mal kein besonders sicherer Ort für unser Herz ist. Tatsächlich ist Angst sogar gut. Sie ist eine von Gott geschaffene Emotion. Angst will uns schützen. Dafür können wir ihr eigentlich dankbar sein.

Angst taucht immer dann auf, wenn etwas, das wir wahrnehmen, unserem Gehirn vermittelt, dass wir in Gefahr sein könnten. Das Wort „Angst“ kommt von dem lateinischen Wort *angustus* bzw. *angustia*, was „Enge, Beengung, Bedrängnis“ bedeutet. Wann immer wir uns bedroht fühlen, wenn etwas unsere Grenzen überschreitet oder wir uns in die Ecke gedrängt fühlen, dann reagieren wir automatisch mit Angst. Dabei kann unser Körper bedroht sein, unser Selbstwert oder etwas, das uns lieb und wichtig ist.

Diese Schutzfunktion ist tief verankert in unserem autonomen Nervensystem. Sie wird vor allem von der Amygdala, dem Mandelkern im limbischen System als Zentrum der Emotionen, beeinflusst. Von der Amygdala ausgehend werden verschiedene Hirnregionen erregt, u. a. das vegetative Nervensystem und die Stresshormonachse. Es werden Stresshormone ausgeschüttet (Adrenalin und Cortisol). Das führt unter anderem dazu, dass Puls, Blutdruck und Muskelspannung steigen.[4]

Wenn du abends nach Hause läufst und plötzlich schneller werdende Schritte hinter dir hörst, wird dein Herzschlag schneller, dein Gehör etwas besser und deine Pupillen weiten sich. Dein Verdauungssystem macht sich bereit, unnötige Last abzuwerfen und die Durchblutung deiner Muskulatur steigt - selbst wenn die Schritte hinter dir nur einen Mann ankündigen, der es noch zum Bus schaffen wollte. Dein Körper stellt sich auf Flucht oder Kampf ein – und das ist auch gut so. Denn ein falscher Alarm ist im Zweifelsfall weniger schlimm als eine fälschlich als sicher eingestufte Situation. Im besten Fall regulieren sich deine Systeme schnell wieder. Dein Herzschlag wird merklich langsamer, wenn der Mann den Bus dann erwischt hat.

Stell dir die Angst wie eine große besorgte Schwester vor, die dich auf etwas aufmerksam machen will, das nicht stimmt und dich und dein Leben eventuell gefährden könnte. Ihre Intention ist nicht, dir zu schaden, sondern dich zu schützen. Die Frage ist nur, ob die Angst die Situation richtig einschätzen kann und ob die Lösung, die sie vorschlägt, die beste für dich ist. Aber es nützt jedenfalls nichts, wenn du dieser besorgten Schwester den Mund verbietest. Dann wird sie nur noch hartnäckiger versuchen, sich Gehör zu verschaffen. Im Gegenteil: Du solltest ihr zuhören, ihre Hinweise dankbar annehmen und ihr erlauben, dich zu beraten.

Die Gefahr und unsere Möglichkeiten

In unserer Sprache gibt es viele verschiedene Begriffe, die Angst beschreiben. Sie reichen von Unsicherheit, Nervosität, Ängstlichkeit oder Furcht bis hin zu Panik oder Todesangst. „Angst“ ist dabei die grundlegende Emotion. Die anderen Begriffe beschreiben unterschiedliche Gewichtungen im Bezug darauf, wie groß wir die Gefahr oder Herausforderung einschätzen.

Wenn wir einer vermeintlich bedrohlichen Situation gegenüberstehen, dann richten wir unseren Fokus in zwei Richtungen: auf die Gefahr an sich und auf uns selbst. Wir versuchen, die Gefahr einzuschätzen – wie groß ist sie wirklich? Je größer die Gefahr, desto größer ist die Angst. Gleichzeitig versuchen wir abzuwägen, ob wir die nötigen Ressourcen haben, um uns der Gefahr zu widersetzen. Je kleiner wir uns fühlen im Vergleich zu der vor uns stehenden Herausforderung, desto ängstlicher fühlen wir uns. So kann eine Herausforderung für den einen sehr Furcht einflößend sein, für den anderen aber gar kein Problem. Eine Katze ist für eine Maus sehr bedrohlich. Sie nimmt besser schnell Reißaus. Für einen Hund aber ist eine Katze ein lustiger Zeitvertreib, die er gerne mal quer über die Felder jagt.

> Je kleiner wir uns im Vergleich zur Herausforderung fühlen, desto ängstlicher sind wir.

Für die eine ist eine stressige Situation im Job eine schöne Herausforderung. Für die andere ist sie die blanke Überforderung. Für die eine ist Veränderung eine willkommene Abwechslung. Die andere stürzt sie in völlige Unsicherheit. Für die eine ist eine Kritik oder ein Konflikt eine Möglichkeit, sich weiterzuentwickeln, für die andere fühlt er sich nach Angriff und Bloßstellung an.

Wie wir uns bewerten

Das Wort, das in unserem Schlüsselvers aus 2. Timotheus 1,7 für „Angst" verwendet wird, ist das griechische Wort *deilias*. Es kann auch mit „Feigheit" oder „Verzagtheit" übersetzt werden. Es beschreibt jemanden, der vor einem Kampf flieht und sich nicht seinen Herausforderungen stellt, also im Grunde das Gegenteil von Mut. *Deilias* ist eine Ängstlichkeit, die sich selbst als ungenügend, kraftlos, unvollkommen und weniger gut bewertet. Eine verunsichernde, lähmende Angst, die uns dazu bringt, uns zu verstecken oder in destruktive Verhaltensweisen zu verfallen.

Unser eigentliches Problem ist oft nicht die Bedrohung an sich. Unser Problem ist, dass wir die eigenen Möglichkeiten, um den Herausforderungen des Lebens zu begegnen, so oft als zu gering einschätzen. Wir halten uns für zu klein, nicht stark genug, nicht klug genug, nicht gewitzt genug, nicht gut genug. Die Herausforderungen, die sich uns entgegenstellen, wirken daher übermächtig, unüberwindbar. Und das macht uns Angst.

Wie wir uns selbst bewerten, hängt von vielen Faktoren ab. Vielleicht ist es unsere fehlende Erfahrung, vielleicht ist es der Vergleich mit anderen. Die Basis für unsere Selbsteinschätzung liegt jedoch in unserer Vergangenheit. Von frühester Kindheit an lernen wir, uns selbst einzuschätzen. Wie uns unsere Eltern oder Bezugspersonen dabei helfen, ob sie uns unterstützen und uns geben, was wir brauchen, gibt uns die Grundlage dafür, ob wir uns kraftvoll und sicher fühlen oder nicht. Wie unsere Eltern und Bezugspersonen, Lehrer und Freunde uns spiegeln und bewerten, was sie über uns aussprechen, trägt dazu bei, wie wir über uns selbst denken. Dabei geht es nicht immer unbedingt um die tatsächlichen Situationen, die wir erlebt haben, sondern auch darum, wie wir als Heranwachsende Situationen interpretiert haben und welche Schlüsse wir daraus für uns gezogen haben.

Vielleicht hast du schon einmal von dem psychologischen Konzept des inneren Kindes gehört.[5] Zu lernen, was unser inneres Kind braucht, und wie es über sich selbst und die Welt denkt, gibt uns wichtige Hinweise darüber, warum wir uns oft klein und ängstlich fühlen und welche Strategien wir uns zu unserem Schutz zurechtgelegt haben.

Wie wir uns schätzen

Je nachdem, wie wir die Gefahr und unsere Möglichkeiten einschätzen, entscheiden wir, wie wir reagieren. Die Angst kennt dabei zwei grundlegende Optionen: Angriff oder Flucht. Doch haben wir genug Kraft, um zu kämpfen? Haben wir, was es braucht, um anzugreifen? Müssen wir überhaupt angreifen oder reicht es, einfach stehen zu bleiben und abzuwarten? Sollen wir lieber fliehen? Haben wir überhaupt genug Energie, um zu fliehen? Oder haben wir so wenig Kraft, dass wir uns nur noch totstellen können und warten sollten, bis die Gefahr vorüberzieht?

Wenn wir plötzlich einer Gefahr gegenüberstehen, haben wir natürlich nicht die Zeit, all diese Fragen in Ruhe auszuwerten und eine überlegte Entscheidung zu fällen. Wir müssen schnell reagieren und handeln deshalb unbewusst und intuitiv. Dafür eignen wir uns im Laufe unseres Lebens ein vorgefertigtes System an, ein Programm, ähnlich wie ein Computercode, mit dessen Hilfe wir blitzschnell auswerten und reagieren können. Alles, was wir bisher gelernt haben, ist in diesen Code mit eingeflossen.

Dieses vorgefertigte Programm ist auch der Grund dafür, dass wir oft ähnlich reagieren und zu altbekannten Verhaltensmustern greifen, wenn wir mit herausfordernden Situationen konfrontiert sind. Manche Menschen tendieren dazu, sich im Angesicht von beängstigenden Situationen grundsätzlich erst mal zurückzuziehen. Andere sind eher kämpferisch eingestellt und reagieren mit übermäßig großer Energie auf vermeintliche Gefahren.

Die Rollen der Angst

Folgende Bilder beschreiben die vier typischsten Rollen der Angst und unsere damit verbundene Reaktion. Sie werden dir in den nächsten Kapiteln in unterschiedlichen Farben und Facetten wieder begegnen. Wir werden gemeinsam schauen, woher sie kommen könnten, und auch, welche Alternative Gott für uns bereithält.

Die vier Rollen der Angst sind abgeleitet von den Persönlichkeitsstrukturen, die der Psychoanalytiker Fritz Riemann in seinem Werk Grundformen der Angst beschreibt: Angst vor Hingabe, Angst vor Selbstwerdung, Angst vor Veränderung und Angst vor der Notwendigkeit. Um zu veranschaulichen, was diese vier Angstausprägungen meinen, habe ich praktische Bilder gewählt: die Angst als Mauer, als Klammer, als Bremse und als Gaspedal.

ANGST ALS MAUER Die Angst als Mauer will dich schützen. Sie warnt dich: „Lass niemanden zu nah an dich heran. Menschen können dich verletzen. Es ist sicherer, wenn du sie auf Abstand hältst." Auch deine Gefühle will die Angst als Mauer lieber nicht zu sehr zulassen: „Verlass dich lieber auf deinen Verstand. Versuche dein Leben im Griff zu behalten und möglichst viel zu kontrollieren. Wenn du dich verletzlich zeigst, könnten andere das ausnutzen. Deshalb musst du stark und unabhängig sein. Du sehnst dich zwar nach Nähe und Liebe, aber das ist gefährlich. Du kannst niemandem wirklich vertrauen. Du kannst nie wissen, ob sie es wirklich gut mit dir meinen und ob du wirklich sicher bist."

ANGST ALS KLAMMER Sie ist das Gegenstück zur Angst als Mauer. Sie sagt: „Du musst dich selbst darum kümmern, dass andere dich lieben. Deshalb musst du alles dafür tun, um liebenswert zu sein. Egal, wie du wirklich bist – sei so, wie die anderen dich haben wollen. Tu alles, damit du angenommen bist, damit sie dir die Bestätigung geben, die du brauchst. Auch dann, wenn es furchtbar anstrengend ist. Deine eigenen Wünsche und Erwartungen sind nicht so wichtig. Wichtig ist nur, was andere von dir halten. Klammere dich so fest du kannst an die Menschen, die du liebst. Du kannst nicht davon ausgehen, dass du geliebt bist, einfach weil du bist. Und allein zu sein wäre das Schlimmste."

ANGST ALS BREMSE Sie hat eine lähmende Wirkung und versucht dich aufzuhalten: „Vorsicht!", ruft sie dir zu. „Du kannst nicht einfach losgehen! Überleg doch mal, was alles passieren könnte. Das Allerwichtigste ist, dass du sicher bist und dir nichts passiert. Du musst alles hundertprozentig durchdenken. Bevor du eine falsche Entscheidung triffst, triff lieber keine. Du darfst nichts riskieren. Veränderungen sind gefährlich. Tu lieber nur das, was du schon kennst, denn dann weißt du auch, was dich erwartet. Auch dann, wenn deine Situation ungesund und ätzend ist, bleib lieber hier, denn es könnte alles noch schlimmer werden. Du musst die Dinge im Griff behalten und genau kontrollieren. Versuche nicht, etwas Neues zu wagen oder gar dein Potenzial auszuschöpfen. Auch wenn andere es nicht verstehen oder du mit ihnen deshalb in Konflikt gerätst, du musst dich als Erstes um deine Bedürfnisse und deine Sicherheit kümmern. Gehe keine Kompromisse ein."

ANGST ALS GASPEDAL Sie treibt dich an: „Los, weiter geht's! Du kannst nicht stehen bleiben und dich ausruhen. Es gibt noch so viel zu tun. Du musst alles ausprobieren, immer produktiv sein und immer das Neuste vom Neusten erleben. Dein Leben muss leidenschaftlich sein, ein Abenteuer, sonst könntest du in ein Loch fallen. Lass dich auf nichts zu sehr ein, denn es könnte auffallen, dass du nicht wirklich gut genug bist. Es könnte passieren, dass du abgelehnt wirst, wenn du dich zu sehr in etwas oder jemanden investierst. Das musst du vermeiden! Setz dich auch nicht zu sehr mit dir selbst auseinander. Wer weiß, was du dann findest. Dich selbst zu sehen, wie du bist, könnte dich schwer enttäuschen. Schau lieber, was andere von dir halten, wie sie das beurteilen, was du für sie tust."

Kennst du solche „Stimmen“? Findest du dich in einer dieser Beschreibungen wieder? Tendierst du dazu, aus Ängstlichkeit eine Mauer um dich zu bauen? Oder klammerst du dich in ängstlichen Situationen eher an andere Menschen? Fühlst du dich wie gebremst von deiner Angst? Oder treibt deine Angst dich ständig an?

⟶ *Mit welcher Rolle der Angst kannst du dich am ehesten identifizieren?*

Ich bin ein sehr leidenschaftlicher und engagierter Mensch. Ich mag es, etwas gebacken zu kriegen, effektiv und schnell zu sein. Das ist eine Stärke. Tatsächlich ist es so, dass ich, wenn ich mich unsicher fühle, dazu neige, noch arbeitswütiger zu werden, und das kann dann oft ungesund werden. Ich spüre mich selbst dann nicht mehr gut, gehe über meine Grenzen und werde ungnädig mit mir und mit anderen Menschen.

Als Corona die ganze Welt zur Ruhe zwang, machte mich das fast verrückt. Ich wollte irgendwie alle Probleme auf einmal lösen und entwickelte eine enorme Energie – einen regelrechten „Overdrive“, der mich nachts nichts mehr schlafen ließ. Meine Gedanken drehten durch wie Räder eines Aufziehautos, das man plötzlich hochgehoben hatte. Die Angst als Gaspedal sieht im ersten Moment oft wie Stärke aus. Doch Geschäftigkeit, die von Angst gefüttert wird, ist nicht gesund, sondern treibt uns auf lange Sicht in eine Schleife der Unsicherheit.

Gott ist so gut. Er kennt uns so viel besser als wir uns selbst. Er zwingt sich uns nicht auf und stellt uns nicht bloß. Aber immer wieder nutzt er Situationen in unserem Leben, Beziehungen und Herausforderungen, ja, vielleicht sogar Krisen, um uns zu offenbaren, wo unser Herz seine Heilung braucht. Wenn du spürst, dass Gott seinen Finger liebevoll und auch etwas schmerzhaft in deine Wunden legt, dann renn nicht weg. Lass es zu. Gott hat etwas vor. Er will dich befreien! Er will dich heilen!

Die Wurzel der Angst

Das erste Mal, dass wir in der Bibel etwas über Angst lesen, ist beim sogenannten „Sündenfall“. Gott hatte Adam und Eva geschaffen und ihnen einen wunderschönen Garten zur Verfügung gestellt. Dort lebten sie in perfekter Harmonie mit ihrem Schöpfer zusammen. Es gab keine Scham. Es gab keine Angst. Dort war nur Nähe und Liebe und Verbundenheit. Gott hatte ihnen eine ehrenvolle Aufgabe gegeben, nämlich für die Schöpfung zu sorgen. Sie durften sich frei bewegen und alles gestalten. Gott begegnete ihnen dort, er ging mit ihnen spazieren und sprach mit ihnen. (Ich finde die Vorstellung von diesem Garten Eden so wunderschön, dass ich einer meiner Töchter den Namen „Eden“ als Zweitnamen gegeben habe.)

Doch dann kam die Schlange und stellte alles infrage: „Hat Gott wirklich gesagt, … dass ihr keine Früchte von den Bäumen des Gartens essen dürft?" (1. Mose 3,1) Die Schlange stellte Gott selbst infrage: „Ist Gott wirklich gut? Meint er es gut mit euch? Sagt er euch die Wahrheit? Oder will er euch etwas vorenthalten? Will er euch kleinhalten?"

> „Ihr werdet nicht sterben!", zischte die Schlange. „Gott weiß, dass eure Augen geöffnet werden, wenn ihr davon esst. Ihr werdet sein wie Gott und das Gute vom Bösen unterscheiden können." – 1. Mose 3,4-5

Die Schlage säte Misstrauen und packte Adam und Eva bei ihrem Stolz. Mensch sein, das reicht doch nicht. Wollt ihr nicht lieber sein wie Gott? Mehr sein, als ihr seid? Zum ersten Mal machte sich dieser giftige Gedanke im Herzen der Menschen breit: „Ihr seid nicht genug! Ihr müsst mehr sein, besser sein!"

> Die Frau sah: Die Früchte waren so frisch, lecker und verlockend, - und sie würden sie klug machen! Also nahm sie eine Frucht, biss hinein und gab auch ihrem Mann davon. Da aß auch er von der Frucht. In diesem Augenblick wurden den beiden die Augen geöffnet und sie bemerkten auf einmal, dass sie nackt waren. Deshalb flochten sie Feigenblätter zusammen und machten sich Lendenschurze. Als es am Abend kühl wurde, hörten sie Gott, den Herrn, im Garten umhergehen. Da versteckten sie sich zwischen den Bäumen. Gott, der Herr, rief nach dem Menschen: „Wo bist du?" Dieser antwortete: „Als ich deine Schritte im Garten hörte, habe ich mich versteckt. Ich hatte Angst, weil ich nackt bin." – 1. Mose 3,6-10

Die Wurzel der Angst ist Misstrauen. Zerbrochenes Urvertrauen.

Die Schlange hatte recht. Die Früchte hatten ihnen die Augen geöffnet. Sie sahen etwas, was sie vorher nicht gesehen hatten: Sie waren nackt. Aber Moment! Dass sie nackt waren, wussten sie doch eigentlich schon. Nur hatten sie sich nie dafür geschämt. Doch auf einmal wurde diese Tatsache irgendwie anstößig, zu einem Makel. Auf einmal war das, was sie waren, nicht mehr gut. Sie schämten sich für sich selbst. Sie sahen ihren Zustand und ihre Möglichkeiten und bewerteten sich selbst als nicht genug.

Durch ihr Misstrauen und ihren Ungehorsam hatten sie den Schutzraum der Gnade und Liebe Gottes verlassen. In diesem Schutzraum hatte Gott sie vollkommen so angenommen, wie sie waren. Sie als „sehr gut" befunden. Doch außerhalb von diesem Schutzraum sahen sie plötzlich ihre Unzulänglichkeit. Scham und Angst nahmen ihr Herz in Besitz und trieben sie immer weiter weg von Gottes Nähe und seiner schützenden Gnade.

Gefüttert von falschen Glaubenssätzen über Gott (Ist Gott wirklich gut?) und über sich selbst (Sind wir wirklich genug?) griffen die Menschen zu Maßnahmen, die ihnen auf den ersten Blick sinnvoll erschienen, sie aber schließlich immer weiter wegbrachten von ihrer eigentlichen Bestimmung. Sie wurden Gott ungehorsam und versteckten sich schließlich vor ihm.

Die Wurzel der Angst ist Misstrauen. Zerbrochenes Urvertrauen. Misstrauen Gott gegenüber, einander gegenüber und uns selbst gegenüber. Die Angst führt uns dazu, Lügen zu glauben über Gott, über einander und über uns selbst. Getrieben von Misstrauen entwickeln wir Strategien, um uns zu schützen oder uns selbst zu nehmen, was wir brauchen. Diese Strategien treiben uns aber noch weiter weg von uns selbst, voneinander und auch von Gott. Doch Gott hat eine Alternative für uns.

„Fürchte dich nicht, denn ich bin bei dir!"

Die Lösung, die Gott uns im Tausch gegen unsere Angst anbietet, ist keine Strategie. Nicht Angriff oder Flucht. Gottes Alternative für unsere Angst ist seine Gegenwart. Eine Einladung, wieder neu Vertrauen zu fassen, weil er vertrauenswürdig ist. Eine Einladung, zurückzukommen in den Schutzraum seiner Gnade und Liebe.

Jesus Christus hat die Tür dafür weit geöffnet. Am Kreuz ist er selbst die Tür geworden, die uns einlädt, in Gottes Arme zu fliehen, anstatt uns vor ihm zu verstecken. Unsere Lügen gegen seine Wahrheit einzutauschen. Unseren Ungehorsam durch seinen Gehorsam wiedergutzumachen. Unsere Unzulänglichkeiten von Gnade und Liebe bedecken zu lassen.

Unser Schlüsselvers erinnert uns daran, dass Gott uns statt Angst den Geist der Kraft, Liebe und Besonnenheit geschenkt hat. Das ist keine Einstellungssache oder eine Geisteshaltung. Die Bibel spricht hier von der Person des Heiligen Geistes, die Kraft, Liebe und Besonnenheit in unser Leben trägt und uns damit hilft, effektiv gegen Angst anzutreten.

In der Bibel wird für den Heiligen Geist das Wort pneuma verwendet, was so viel bedeutet wie „Hauch, Wind, Luft, Atem". Wie die Luft, die uns umgibt, ist der Heilige Geist nicht sichtbar, aber doch sehr präsent und lebensnotwendig. Wie der Wind ist er mal sanft und leise, erfrischend und wohltuend, und manchmal sind seine Auswirkungen gewaltig und unübersehbar. Er ist Gottes Atem in uns, der uns von innen heraus zu neuem Leben erweckt.

Der Heilige Geist kommt in unser Leben, wenn wir aufhören, unseren eigenen Weg zu gehen, und Jesus Christus erlauben, unsere Schuld zu vergeben und unser Leben zu erneuern.[6] Wir können ihn im Gebet einfach einladen, denn Gott gibt seinen Kindern seinen Heiligen Geist so gerne.[7] In der Bibel kam der Heilige Geist manchmal einfach so,[8] häufig nachdem Christen für andere gebetet und ihnen die Hände aufgelegt hatten.[9] Manchmal geschehen dabei übernatürliche, verrückte Dinge, manchmal offenbart der Heilige Geist seine Gegenwart in einer Person erst nach und nach.

⟶ *Der Heilige Geist ist Gottes Gegenwart in dir. Er flüstert in dein Herz hinein:*

„Fürchte dich nicht, denn ich bin bei dir mit meiner Kraft! Ich stärke dich von innen heraus. Ich bin bei dir mit meiner Liebe. Ich gebe deinem Herzen ein festes Fundament, dem du vertrauen kannst. Und ich bin bei dir mit meiner Besonnenheit. Ich stehe dir zur Seite und helfe dir, die Situation, in der du bist, gut zu beurteilen und deinen nächsten Schritt zu finden."

⟶ *Wenn du dich voller Angst hinter einer Mauer versteckst, flüstert Gottes Geist dir zu:*

„Ich bin dein Gott. Mit mir kannst du über Mauern springen.[10] Mit mir zusammen bist du mehr als ein Überwinder, denn keine Mauer der Welt kann dich jemals von meiner Liebe trennen.[11] Ich komme in dein Gefängnis hinein, weil ich dich unendlich liebe, und helfe dir heraus.[12] Du kannst mir vertrauen. Ich werde dich nicht verletzen, sondern möchte nur das Beste für dich."[13]

⟶ *Wenn Angst dich wie eine Klammer fest im Griff hat, flüstert Gottes Geist dir zu:*

„Ich bin dein Gott. Ich bin die Liebe.[14] Ich liebe dich bedingungslos. Schon immer. Ich kenne dich ganz genau – auch deine Schattenseiten – und höre nie auf, dich zu lieben.[15] Du musst mir nichts beweisen. Löse deinen Klammergriff. Lass los und sei die, die du bist. Ich habe dich berufen, frei zu sein von jeder Abhängigkeit."[16]

⟶ *Wenn die Angst dich wie eine Bremse lähmt, flüstert Gottes Geist dir zu:*

„Ich bin dein Gott. Ich bin dein Weg und deine Kraft. Vertraue mir und wage den Schritt aufs Wasser.[17] Ich halte dich. Ich lasse dich nicht fallen und verlasse dich nicht. Darum kannst du mutig und stark sein."[18]

⟶ *Wenn Angst dich unnachgiebig antreibt, flüstert Gottes Geist dir zu:*

„Ich bin dein Gott, der dir Ruhe gibt. Ich bin außerhalb der Zeit und bestimme, wann die Zeit reif ist.[19] Ich stresse dich nicht, sondern möchte Schalom-Frieden für dich.[20] So wie ich darfst du arbeiten und Sabbatruhe genießen.[21] Ich trage deine Last mit dir zusammen. Folge meinem Rhythmus der Gnade."[22]

Gottes Alternative für meine Angst ist
seine Gegenwart. Die Einladung an mich,
zurückzukommen in den Schutzraum seiner

Gnade & Liebe.

Wenn Gottes Geist dein Herz erfüllt, dann muss die Angst und Unsicherheit von ihrem Thron abtreten. Sie muss den von Gott vorgesehenen Platz einnehmen: Sie darf beraten und warnen, aber sie darf nicht die Entscheidungen treffen und dich nicht von dem abhalten, zu dem du berufen bist. Gottes Geist kommt mit Kraft, Liebe und Besonnenheit in dein Leben und macht dich furchtlos und unerschrocken, genau das zu leben, wofür er dich berufen hat.

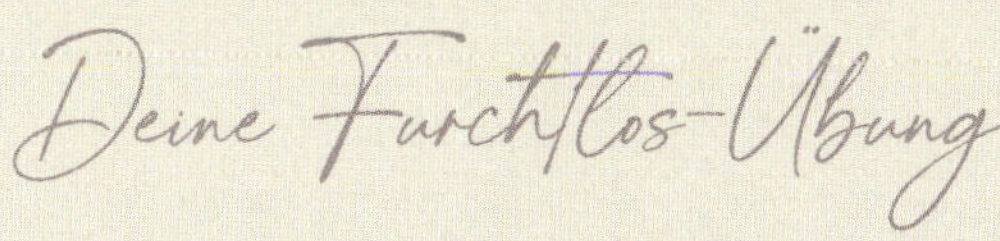

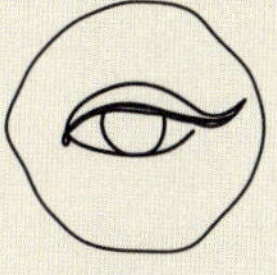

SEE

Nachdem du dieses Kapitel gelesen hast, schreibe alles auf, was gerade in dir vor sich geht. Was nimmst du in deinem Körper wahr? Was fühlst du? Was denkst du? Bleibe dabei neugierig und offen, ohne dich zu bewerten. Mache dir bewusst, dass Gott jetzt gerade bei dir ist und dir zuhört. Lausche auch darauf, was er dir zuflüstert.

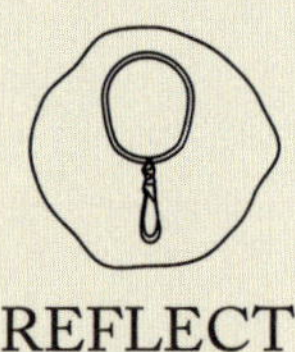

REFLECT

STELL DIR VOR, du hättest keine Angst! Wie sieht eine furchtlose Version von dir in deiner Vorstellung aus? Was würde sich verändern, wenn Angst in deinem Leben keine Rolle spielen würde? Diese Fragen können dir beim Drauflosträumen helfen. Wie würdest du dich kleiden? Was würdest du tun? Wie würde sich dein Alltag verändern? Wovon wären deine Gedanken gefüllt? Worüber würdest du sprechen? Wie würden sich deine Beziehungen verändern? Wie würde sich deine Gottesbeziehung verändern?

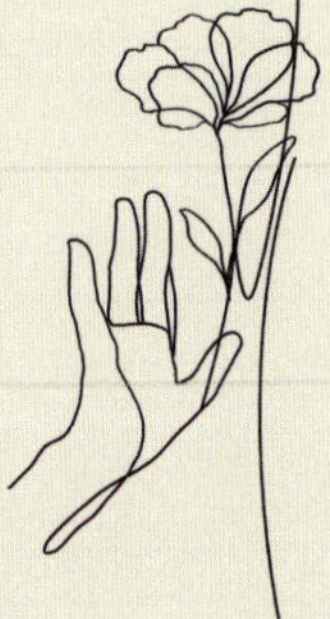

WO SITZT ANGST IN DEINEM LEBEN? Umkreise in dem Rad, welche Ausprägung der Angst in den neun Bereichen du von dir kennst und/oder schreibe eigene konkrete Ängste dazu.

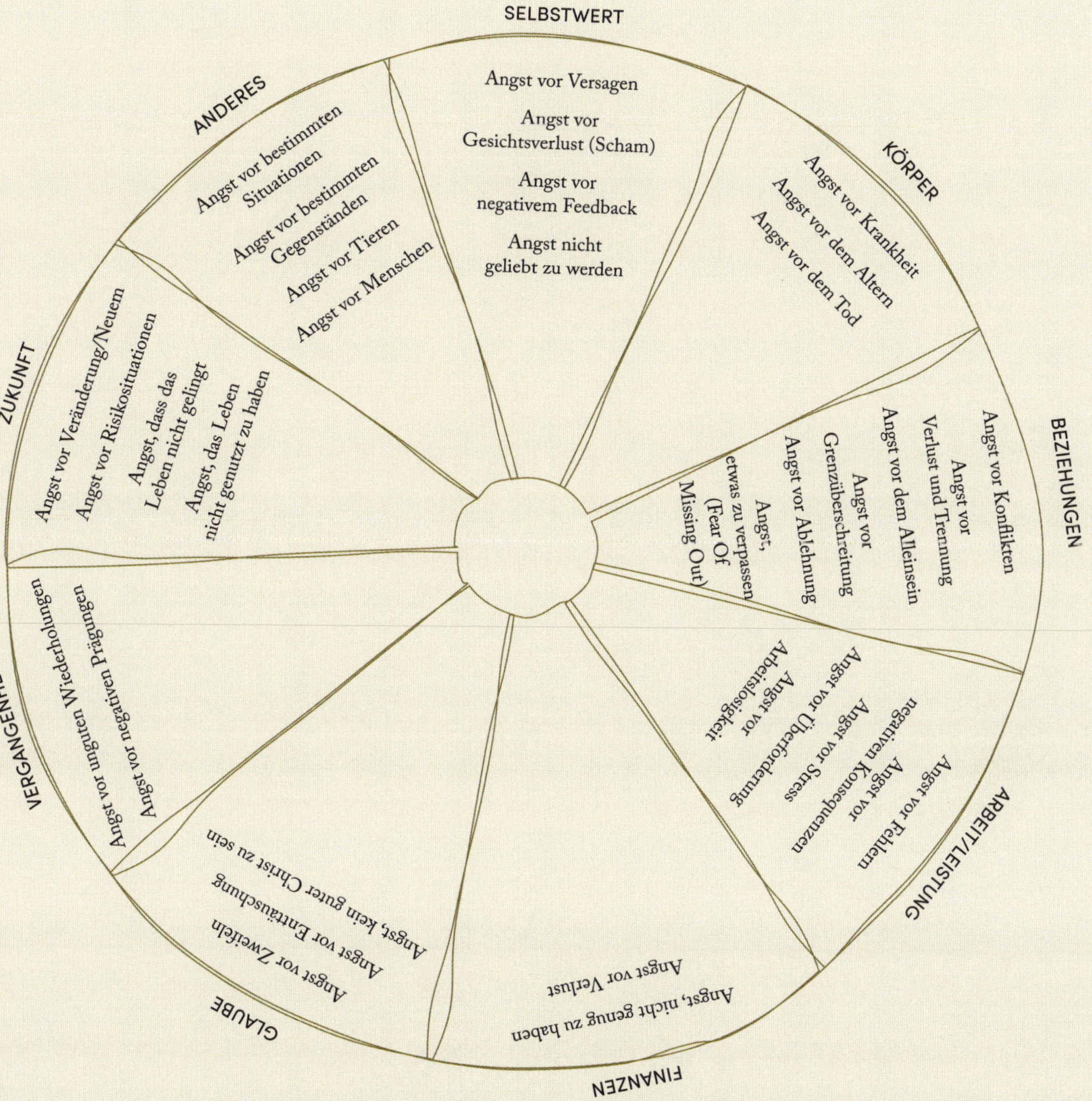

SELBSTWERT
- Angst vor Versagen
- Angst vor Gesichtsverlust (Scham)
- Angst vor negativem Feedback
- Angst nicht geliebt zu werden

KÖRPER
- Angst vor Krankheit
- Angst vor dem Altern
- Angst vor dem Tod

BEZIEHUNGEN
- Angst vor Konflikten
- Angst vor Verlust und Trennung
- Angst vor dem Alleinsein
- Angst vor Grenzüberschreitung
- Angst vor Ablehnung
- Angst, etwas zu verpassen (Fear Of Missing Out)

ARBEIT/LEISTUNG
- Angst vor Fehlern
- Angst vor negativen Konsequenzen
- Angst vor Stress
- Angst vor Überforderung
- Angst vor Arbeitslosigkeit

FINANZEN
- Angst vor Verlust
- Angst, nicht genug zu haben

GLAUBE
- Angst, kein guter Christ zu sein
- Angst vor Enttäuschung
- Angst vor Zweifeln

VERGANGENHEIT
- Angst vor unguten Wiederholungen
- Angst vor negativen Prägungen

ZUKUNFT
- Angst vor Veränderung/Neuem
- Angst vor Risikosituationen
- Angst, dass das Leben nicht gelingt
- Angst, das Leben nicht genutzt zu haben

ANDERES
- Angst vor bestimmten Situationen
- Angst vor bestimmten Gegenständen
- Angst vor Tieren
- Angst vor Menschen

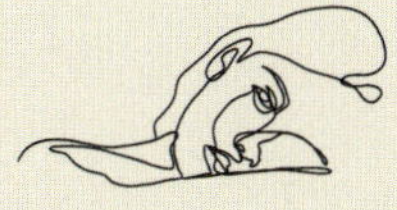

SCHATTENKIND Übertrage die Ängste, die du jetzt herausgefunden hast, zu deinem Schattenkind.

DIE ROLLEN DER ANGST Wie fühlt sich Angst in deinem Herzen an? Welche der vier Grundtypen (Mauer, Klammer, Bremse, Gaspedal) entspricht dir am ehesten? Findest du vielleicht ein eigenes Bild?

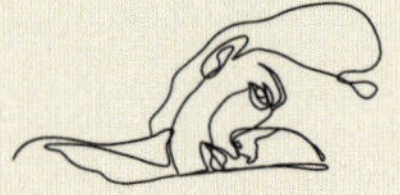

SCHATTENKIND Übertrage das Bild, das deine Angst am besten beschreibt, zum Schattenkind. Schreibe deine Lügensätze dazu.

CHOOSE

GOTTES GEGENWART Gottes Alternative für dich ist seine Gegenwart. Wie hast du Gottes Gegenwart in deinem Leben bereits erfahren? Wie hast du den Heiligen Geist bereits kennengelernt? Schreibe es in die Taube und um sie herum.

KÖNIGSKIND Male eine Taube als Symbol für Gottes Gegenwart zu deinem Königskind oder schreibe den Satz „Fürchte dich nicht, denn ich bin bei dir!" darüber. Was sagt Gottes Geist zu dir in Bezug auf deine Angst? Zum Beispiel: „Ich lasse dich nicht fallen und verlasse dich nicht." Unter *Fürchte dich nicht, denn ich bin bei dir* findest du biblische Beispielsätze zur Orientierung. Schreibe die Wahrheiten zum Königskind.

ACT

LADE DEN HEILIGEN GEIST EIN, wenn du möchtest, in dein Leben zu kommen und dich auf deinem Weg in die Freiheit zu begleiten. Formuliere selbst ein Gebet oder bete das mit, das schon formuliert ist.

Heiliger Geist,
ich öffne mein Herz und Leben für dich. Ich erlaube dir, mich mit der Gegenwart Gottes zu erfüllen und die Führung in meinem Leben zu übernehmen. Öffne meine geistlichen Ohren für dein Reden. Ich möchte hinhören, was du zu sagen hast. Ich wünsche mir dieses überfließende Leben, das du mir durch Jesus versprochen hast, frei von dieser lähmenden Angst. Schenke mir all deine Gaben und deine Kraft, um mutig das zu tun, was du für mich vorbereitet hast.
Im Namen von Jesus Christus bitte ich das.
Amen.

GOTT IST MIT DIR Entscheide dich dafür, dich in dieser Woche immer wieder daran zu erinnern, dass Gottes Gegenwart mit dir ist. Beobachte, welchen Unterschied das in deinem Alltag macht.

Siehe, Gott ist meine Rettung. Ich vertraue ihm und habe keine Angst. Er, der Herr, ist meine Stärke und ich lobe ihn; er wurde mein Retter.

Jesaja 12,2; NLB

Habe ich, was es braucht?

Ich erinnere mich noch an den Abend vor dem Geburtstermin meiner ersten Tochter. Ich lag mit meiner riesigen Kugel in unserem Bett. Wir wohnten zu der Zeit übergangsweise in einer möblierten Wohnung mit Wasserbett. Als Schwangere ist es herrlich, fast schwerelos, darin zu schlafen. Doch das Aufstehen gleicht eher der Strandung eines Pottwals und verursacht auf der anderen Seite des Bettes eine mittlere Tsunamiwelle.

Ich lag dort im Dunkeln und streichelte sanft meinen Bauch und auch meine noch nicht sichtbare, aber doch sehr spürbare Tochter. Ich spürte bereits erste Anzeichen, dass unser Kind sich langsam auf den Weg machte. Als Mutter auf die Geburt des eigenen Kindes zu warten, ist ein seltsames Gefühl. Vorfreude und Angst und gewiss eine ganze Menge Hormone vermischen sich zu einem kribbeligen Gefühlsbrei. In meinem Kopf wirbelten die Gedanken durcheinander: „Was kommt da auf mich zu? Ich habe ja keine Ahnung, was ich machen muss! Wie werde ich die Geburt verkraften? Wird alles gut gehen? Wird es schrecklich wehtun? Und was kommt danach? Wie wird dieses Kind sein, das dann für immer zu uns gehört? Werde ich eine gute Mutter sein? Habe ich genug Kraft? Kann ich diesem Kind geben, was es braucht?“

Wenn wir vor großen Herausforderungen, unkontrollierbaren Situationen oder vermeintlichen Gefahren stehen, dann ist das eine der drängendsten Fragen unseres Herzens:

→ *Reicht meine Kraft? Habe ich, was es braucht, um dieser Situation kraftvoll entgegenzutreten?*

Wenn wir diese Frage mit Ja beantworten können, dann gehen wir furchtlos und gelassen voran und stellen uns der Herausforderung. Beantworten wir die Frage aber mit Nein, dann wird sich Angst breitmachen. Wir werden versuchen, irgendeinen Fluchtweg zu finden, uns so schnell es geht aus dem Staub zu machen oder einfach wie gelähmt verharren, bis die Gefahr vorüberzieht. Vielleicht wollen wir unser Nein auch erst mal noch nicht wahrhaben, reagieren hektisch und versuchen, uns selbst das Gegenteil zu beweisen.

Wenn unser Herz nach vielem Hin-und-Her-Grübeln nur ein „Ich weiß es nicht“ als Fazit findet, dann bleibt diffuse Unsicherheit. Wir versuchen, weiter zu erforschen, was es ist, das wir eigentlich brauchen, was von uns erwartet wird. Wir versuchen irgendwie, die nötigen Ressourcen für den Kampf zu sammeln.

Wie sicher und kraftvoll wir uns fühlen, hängt von vielen Faktoren ab, allen voran von unserer körperlichen Kraft und der Einschätzung und Bewertung unserer eigenen Fähigkeiten.

Habe ich die nötige körperliche Kraft?

Vor einer Weile habe ich meine Kinder von der Schule abgeholt und spürte im Auto, wie sich eine Migräne anbahnte. Ich hatte auf einmal schwarze Flecken vor den Augen und sah nur noch verschwommen. Stechende Kopfschmerzen machten sich breit. Du kannst dir vorstellen, dass ich mich als Autofahrerin von einem Moment auf den anderen plötzlich sehr unsicher und ängstlich fühlte.

Die Frage „Habe ich, was ich brauche?“ ist eine sehr elementare Frage, die bei unseren körperlichen Bedürfnissen beginnt. Wenn unser Körper beeinträchtigt ist und nicht so funktioniert, wie er soll, kann das Angstgefühle und Unsicherheit auslösen.

Unser Körper ist ein komplexes und verletzliches System, das auf unsere Fürsorge angewiesen ist. Krankheiten und Schmerzen beeinflussen nicht nur den direkt betroffenen Teil des Körpers, sondern wirken sich negativ auf unser ganzes Wohlbefinden aus. Wenn unserem Körper gewisse Nährstoffe fehlen, meldet er sich irgendwann. Auch wenn er nicht genügend Sauerstoff oder Sonnenlicht bekommt oder nicht ausreichend bewegt wird, sendet er uns Signale. Wir fühlen uns unsicher, kraftlos, sind schneller gereizt und weniger belastbar.

> Unser Körper braucht Energie, um sich kraftvoll und sicher zu fühlen.

Als Mama von kleinen Kindern (und Ehefrau eines Mannes ☺) weiß ich ziemlich genau, was passieren muss, wenn die Laune kippt: Futter! „Du bist nicht du, wenn du hungrig bist“, – dieser Werbeslogan hat auf jeden Fall sehr viel Wahrheit in sich. Wir brauchen Energie, um uns kraftvoll und sicher zu fühlen. Genauso weiß ich, was Müdigkeit mit kleinen und großen Menschen anstellt. Schlaf ist für unseren Kräftehaushalt unersetzlich. Irgendjemand Kluges sagte einmal: „Manchmal ist das Geistlichste, was du tun kannst, einen Mittagsschlaf zu machen.“ Es stimmt. Wir brauchen Schlaf und Erholung. Wir brauchen eine gute Balance zwischen Anspannung und Entspannung, Stressphasen und Regenerationsphasen.

Als Frau kennst du sicherlich auch die monatlichen Hormonschwankungen und weißt, wie viel Einfluss dein Körper auf dein Wohlbefinden hat. Dieser mit einem latenten Lächeln versehene Spruch: „Na, kriegst du deine Tage?“, ist jedenfalls verboten bei uns zu Hause - auch wenn mir einmal im Monat der Himmel auf den Kopf fällt und alles dramatisch und schrecklich erscheint.

Es gibt eine wunderbare Geschichte in der Bibel über den Propheten Elia, der ein absolut furchtloser Glaubensheld war. Nach einer krassen Gotteserfahrung mit einer Demonstration von Gottes Macht und Elias Gebetsautorität, die ihresgleichen sucht, erhielt er eine Morddrohung von Isebel, der Frau des damaligen Königs. Man könnte meinen, dass Elia diese Drohung einfach abschütteln konnte. Immerhin kannte er Gottes Kraft so gut. Doch Elia bekam Angst und floh in die Wüste. Völlig am Ende, brach er unter einem Strauch zusammen und bat Gott, sein Leben zu beenden.

> Dann legte er sich hin und schlief unter dem Strauch ein. Doch plötzlich berührte ihn ein Engel und sagte zu ihm: „Steh auf und iss!" Er blickte um sich und sah ein Stück auf heißen Steinen gebackenes Brot und einen Krug Wasser bei seinem Kopf stehen. Also aß und trank er und legte sich wieder hin. Da kam der Engel des Herrn ein zweites Mal, berührte ihn und sagte: „Steh auf und iss, denn vor dir liegt eine lange Reise!" Er erhob sich, aß und trank, und das Essen gab ihm genug Kraft, um 40 Tage und Nächte bis zum Berg Gottes, dem Horeb, zu wandern. – 1. Könige 19,5-8

Ist das nicht liebevoll? Der Engel des Herrn backt „Pizza" für Elia. Man würde meinen, wenn Gott jemandem einen Engel schickt, dass der dann irgendetwas „Engelmäßiges" machen würde, irgendetwas Heiliges und Besonderes. Ein Lied singen vielleicht oder eine Botschaft verkünden. Aber nein, dieser Engel macht Essen für Elia. Er kümmert sich um sein leibliches Wohl.

Ist dir bewusst, dass dein Körper Gott wichtig ist? Gott ist nicht nur an deiner Seele interessiert. Ihm ist es wichtig, dass du alles hast, was du brauchst. Ganz praktisch. Gott ist unser Versorger. Er ist interessiert an dem Dach über unserem Kopf, an unseren Finanzen, unserer Ernährung, unserem Schutz. Die Bibel sagt, dass dein Körper der Tempel des Heiligen Geistes ist.[23] Gott gibt dem Körper dadurch große Wertschätzung und uns die Verantwortung, uns gut um ihn zu kümmern.

Wenn du dich oft gereizt, kraftlos und ängstlich fühlst, dann ist es sicher eine gute Idee, dich zu fragen, ob dein Körper eigentlich alles hat, was er braucht. Vielleicht solltest du dich sogar mal von deinem Hausarzt durchchecken lassen, ob dein Körper gut versorgt ist. Manchmal hilft aber auch schon ein großes Glas Wasser, ein leckerer Obstsalat oder ein Spaziergang, damit du dich besser fühlst.

⟶ *Weißt du, was dir guttut? Was hilft dir, damit du dich kraftvoll und wohl in deinem Körper fühlst?*

Habe ich die nötigen Fähigkeiten?

Ob ich habe, was ich brauche, um mich einer Herausforderung zu stellen, hängt auch stark damit zusammen, wie ich meine eigenen Kompetenzen einschätze.

Wenn ich für eine Prüfung gelernt habe und weiß, dass ich mich mit dem Stoff auskenne, dann habe ich normalerweise weniger Angst vor der Prüfung, als wenn ich das Gefühl habe, eh die Hälfte nicht verstanden zu haben. Das Bewusstsein über meine Stärken und Schwächen ist unmittelbar mit meinem Gefühl von Sicherheit oder Unsicherheit verknüpft.

Eine gewisse Unsicherheit ist normal und sogar gut. Sie hilft uns zu wachsen und uns weiterzuentwickeln. Dieses Leben fordert uns immer wieder in Bereichen heraus, in denen wir uns nicht auskennen. Ich hatte noch nie Songs geschrieben oder Alben produziert, bis ich es dann einfach mal gemacht habe. Ich hatte noch nie eine Ehe gestaltet, bevor ich Renke geheiratet habe. Ich war noch nie Mama von drei Kindern, bevor ich es dann war. Ich hatte noch nie eine Kirche geleitet, bevor ich es tat. Ich habe auch vor Corona noch nie eine Kirche durch eine solche Krise begleitet. Und ein Buch geschrieben habe ich auch noch nie. So etwas fühlt sich erst einmal unsicher an. Alles, womit wir uns nicht auskennen, kann uns in gewisser Weise Angst machen.

> Wer sich nie in unsicheres Terrain begibt, der wird auch nie über seine Grenzen hinauswachsen.

Diese Unsicherheit motiviert uns aber auch, uns zu hinterfragen, neue Fähigkeiten zu lernen und eingefahrene Wege zu verändern. Wer sich nie in unsicheres Terrain begibt, wer nicht bereit ist, seine Komfortzone zu verlassen und sich den damit zusammenhängenden Ängsten zu stellen, der wird auch nie über seine Grenzen hinauswachsen.

Unsicherheit und Selbstzweifel gehören zum Lernen und zur Selbstreflektion dazu. Es wäre sogar ein wirklich schlechtes Zeichen für eine äußerst egozentrische Persönlichkeit, wenn wir komplett aufhören würden, uns selbst zu hinterfragen. Die Frage ist nur, wie laut diese Stimmen sind und ob sie mich motivieren oder gefangen nehmen.

Ich saß einmal mit einer Freundin im Café und irgendwie kamen wir darauf zu sprechen, dass zu der Zeit, als ich als Sängerin gearbeitet habe, immer wieder diese hässliche Stimme in meinem Herzen auftauchte, die mich verunsichern wollte: „Wann merken die Leute, dass es so viele andere gibt, die so viel besser sind als ich? Wann hören sie auf, mich einzuladen?“ Meine Freundin, die ich für eine der klügsten Köpfe halte, die ich kenne, schaute mich mit großen Augen an: „Du auch? Ich denke so oft: Wann merken die Leute wohl, dass ich eigentlich dumm bin.“

Kennst du solche destruktiven, verunsichernden Gedankenfratzen, die dir das Gefühl geben, klein und unbedeutend zu sein? Die dir einreden, du solltest dich lieber verstecken?

Welche Glaubenssätze leiten dich?

Für positive und negative Glaubenssätze in uns gibt es verschiedene Auslöser:

- Faktisch betrachtet gibt es sicher Sängerinnen, die besser singen als ich. Ich kann meine stimmlichen Schwächen erkennen und daran arbeiten, mir Entwicklungsziele stecken und an meiner Kunst feilen. Aber sollte ich mich deshalb demotivieren oder verunsichern lassen? Ich habe meine Stimme, meine Art zu singen und zu fühlen. Das sollte ich leben und andere feiern, die besser oder auch einfach anders sind als ich.

- Glaubenssätze haben auch eine geistliche Dimension. Gerade die Bereiche, in denen wir eine Berufung von Gott haben und einen echten Unterschied machen können, sind oft sehr umkämpft. Der Feind Gottes und der Feind unserer Herzen hat großes Interesse, uns daran zu hindern, unser Potenzial zu entfalten. Er möchte nicht, dass wir unsere Stärken in Freiheit ausleben und Gottes Schönheit durch uns wirksam wird.

- Unsicherheit und Selbstzweifel können auch seelische Ursachen haben, die tief in unserem Unterbewusstsein, in unserem inneren Kind, entstanden sind.

Wenn wir heranwachsen, entwickeln wir unter anderem unsere Selbstwirksamkeitserwartung, das heißt, unsere Überzeugung darüber, ob und wozu wir fähig sind. Eine gesund entwickelte Selbstwirksamkeit zeigt sich daran, dass wir uns genau richtige Ziele setzen. Wir übernehmen uns nicht mit dem Unmöglichen, sondern suchen uns Aufgaben, an denen wir kontinuierlich wachsen. Diese Aufgaben führen wir dann mit Selbstbewusstsein und Zuversicht aus.

Wenn wir als Kinder die Erfahrung machen, dass das, was wir tun, mit Erfolg gekrönt ist und positives Feedback bekommt – sei es das gemalte Bild, das Wettkampfergebnis oder die Schulnote –, dann bilden sich positive Glaubenssätze in uns, wie: „Ich kann das schaffen, wenn ich es probiere." Oder: „Ich bin fähig, Verantwortung zu übernehmen!"

Machen wir in unserer Kindheit nur wenige Erfahrungen, in denen wir uns wirklich kompetent fühlen, kann unsere Selbstwirksamkeit angekratzt sein. Wir stellen uns Herausforderungen – wenn überhaupt – mit wenig Zuversicht. Unsere Ziele sind entweder viel zu klein oder unerreichbar. Unser inneres Kind bestätigt dann immer wieder seinen Glaubenssatz: „Ich kann das nicht."

Oft sind unsere Glaubenssätze aber auch abgeschaut von unseren Rollenvorbildern, unseren Eltern, Großeltern, Lehrern, Freunden. Waren Mama und Papa davon überzeugt, dass sie zu Dingen in der Lage sind? Habe ich zugesehen, wie Mama sich selbst Ziele gesetzt hat und sie auch erreicht hat? Hat Papa mir das Gefühl gegeben, dass meine Leistungen gut genug sind? Oder hatte ich immer das Gefühl, ich und meine Leistungen würden nicht reichen? Ein Kind beobachtet sein Umfeld und macht seine eigenen Erfahrungen. Dabei interpretiert es das Erlebte nach seinem individuellen Schema und bildet eigene Überzeugungen und Glaubenssätze.

Wie geht es dir damit? Glaubst du tief in deinem Herzen, dass du zu etwas fähig bist? Wenn ich dir heute sage, dass du viele Talente und Stärken in dir hast, glaubst du das? Wenn ich dir erzähle, dass Gott dich wunderbar und einzigartig gemacht hat und du das Potenzial hast, diese Welt ein wenig besser zu machen, kommt das in deinem Herzen an oder prallt das an dir ab, weil du es einfach nicht glauben kannst?

→ *Fühlst du dich kompetent und fähig? Oder kämpfst du mit Selbstzweifeln?*

Ein unsicherer Befreier

Die Bibel erzählt im Alten Testament die Geschichte des Volkes Israel. Gott hat dieses Volk aus Ägypten befreit, aus Sklaverei, Angst und Kraftlosigkeit. Er führte sie in die Wüste, wo er sie ganz nah an sein Herz rief, ihnen Weisungen für ein Leben nach seinem Willen gab und einen Bund mit ihnen schloss. Das Ziel ihrer Reise war das gelobte Land. Ein Land der Kraft, der Freiheit, des Mutes.[24]

> Gott ist nicht auf unsere Stärke angewiesen. Im Gegenteil: Er liebt es, das zu nutzen, was wir verwerfen.

Ich glaube, dass die Geschichte des Volkes Israel symbolisch für das steht, was Gott mit deinem und meinem Leben vorhat. Gott will uns befreien von einem Leben in Gefangenschaft und Angst und uns zu freien und mutigen Menschen machen, die ihn kennen und nach seinem Willen kraftvoll handeln. Menschen, die das „verheißene Land" einnehmen und in Beziehung zu ihm gestalten.

Man würde vermuten, dass Gott für die Befreiung seines Volkes einen unerschrockenen Helden auswählen würde. Einen kraftvollen Krieger. Ein Vorbild an Furchtlosigkeit. Doch wenn wir uns die Berufungsgeschichte des großen Befreiers Mose anschauen, dann klingt das alles andere als furchtlos. Gott ist nicht auf unsere Stärke angewiesen. Im Gegenteil: Er liebt es, das zu nutzen, was wir verwerfen.

Gott begegnete Mose im berühmten brennenden Dornbusch. Mose hörte die Stimme Gottes, die ihm offenbarte, dass Gott die Gebete des Volkes gehört hat und er nun vorhatte, sein Volk zu befreien. Als Gott Mose mitteilte, dass er ihn als Befreier für sein Volk auserwählt hatte, antwortete der: „Wer bin ich, dass ich zum Pharao gehen und die Israeliten aus Ägypten führen sollte?“ (2. Mose 3,11).

Gott versicherte ihm, dass er bei ihm sein würde, und sagte ihm ein Zeichen zu. Doch Mose war nicht überzeugt. Er wollte wissen, wer dieser Gott eigentlich ist. Und tatsächlich ging Gott auf seine Frage ein und stellte sich ihm vor: „Ich bin, der ich immer bin. Sag ihnen einfach: ‚Ich bin‘ hat mich zu euch gesandt.“ … Doch Mose protestierte erneut: „Aber sie werden mir nicht glauben und nicht auf mich hören. Sie werden einwenden: ‚Der Herr ist dir nicht erschienen!‘“ (2. Mose 3,14.4,1).

Daraufhin gab Gott Mose drei kraftvolle Zeichen, durch die er die Israeliten überzeugen sollte. Und dennoch weigerte sich Mose immer noch: „O Herr, ich bin kein guter Redner; ich bin es nie gewesen – und seit du mit mir, deinem Diener, sprichst, hat sich daran nichts geändert. Ich kann nicht gut reden“ (2. Mose 4,10). Hier wird es mir beim Lesen schon fast ungemütlich. „Mose, du redest mit Gott! Er hat dir Wunder gezeigt. Was ist los mit dir?“ Doch Gott ging weiter auf Mose ein, bis dieser schließlich bat: „Herr, bitte schick doch einen anderen!“ (2. Mose 4,13).

Nun wurde Gott zornig. Doch er war so überzeugt davon, Mose gebrauchen zu wollen, dass er auch auf diese Bitte einging. Ja, er hatte es bereits gewusst und Aaron schon vorher auf den Weg zu Mose geschickt, um ihm zu helfen.

Mose war so unsicher. Er fühlte sich klein, unbedeutend, wenig überzeugend. Er zweifelte an seinen Fähigkeiten. Und doch wollte Gott ihn gebrauchen. Genau ihn. Diesen unsicheren Mann wollte er einsetzen, um sein Volk von ängstlichen, kleinen Sklaven zu kraftvollen Riesenbezwingern zu verwandeln.

Warum? Weil Gott nicht angewiesen ist auf unsere menschliche Stärke. Im Gegenteil. Er liebt es, das zu nutzen, was wir für „nicht genug“ erachten und dadurch Wunder zu bewirken. Seine „Kraft kommt gerade in der Schwachheit zur vollen Auswirkung“ (2. Korinther 12,9) und „was nach dem Urteil der Welt schwach ist, das hat Gott erwählt, um die Stärke der Starken zunichte zu machen“ (1. Korinther 1,27).

So ist Gott. Und so handelt er auch mit dir. Er hat sich entschieden, dich zu gebrauchen, mit dir zusammen ein furchtloses, großes Abenteuerleben zu leben, jenseits deiner eigenen Kraft und Fähigkeiten. Kannst du das glauben? Möchtest du das erleben?

Gott hat sich entschieden, mit dir
zusammen ein furchtloses, großes
Abenteuerleben zu leben,
jenseits deiner eigenen

Kraft & Fähigkeiten.

Kraft oder Kontrolle?

Wenn wir mal ehrlich sind, dann haben wir doch wirklich allen Grund, um uns zu fürchten, oder? Wir haben allen Grund, um uns klein und unsicher zu fühlen, denn unsere Kraft ist unheimlich begrenzt. Diese Welt, alles was uns wichtig ist, ist jenseits unserer Kontrolle.

- Wir haben nicht die Kontrolle über unseren Körper oder unsere Gesundheit. Wir können unseren Körper zwar trainieren und uns gesund ernähren, aber dem Alter, Krankheiten und dem Tod werden wir nicht entfliehen. Wir konnten nicht entscheiden, ob und wann wir geboren werden, und haben es nicht in der Hand, wann und wie wir sterben werden.

- Wir können unsere Fähigkeiten zwar kennenlernen und ausfeilen, aber es wird immer jemanden geben, der in dieser oder jener Sache besser und stärker ist als wir. Wir können lernen und uns weiterentwickeln, aber die Geheimnisse dieser Welt werden wir nie ganz ergründen.

- Wir haben nicht die Kontrolle über unsere Lebensumstände, über unsere Versorgung, unseren Job, die Wirtschaft oder Politik. Wir können mitgestalten, aber nicht kontrollieren. Ein kleines, unsichtbares Virus kann alles, was wir aufgebaut haben, von einem Tag auf den anderen ins Wanken bringen.

- Wir haben auch nicht die Kontrolle über unsere Kinder. Wir können ihnen viel Gutes mitgeben, aber wir haben sie letztlich nicht in der Hand. Alle unsere Beziehungen liegen außerhalb unserer Kontrolle. Wir können niemanden dazu zwingen, zu uns zu stehen und uns zu lieben.

- Wir können uns bemühen – und das sollten wir –, diese Erde zu schützen und zu bewahren. Aber wirkliche Macht über die Kräfte, die um uns herum wirken, haben wir nicht. Es ist so und wird so bleiben: Wir haben uns selbst und diese Welt nicht in der Hand.

Doch wir Menschen haben eine angeborene Motivation, uns sicher und kraftvoll fühlen zu wollen. Wir wollen nicht den Kopf in den Sand stecken. Wir wollen nicht das Gefühl haben, ausgeliefert und hilflos zu sein. Wir wollen die Dinge in die Hand nehmen, die Zügel unseres Lebens im Griff behalten. Das ist eine wunderbare gottgegebene Eigenschaft, die wir seit unserem Schöpfungsauftrag, für diese Welt zu sorgen und sie zu regieren, in uns tragen. Gott hat uns mit Kraft und Macht ausgestattet. Er hat uns dazu berufen, zu leiten, Lösungen für Probleme zu finden und Einfluss zu nehmen.

Wenn aber tief in uns die Überzeugung schlummert, dass wir nicht haben, was wir brauchen, dass wir nicht ausreichen, nicht fähig sind, uns den Herausforderungen des Lebens zu stellen, dann sitzt uns die Angst bei jeder Herausforderung, die uns begegnet, im Nacken. Dann fällt es uns schwer, zielgerichtet und gelassen in unserer gottgegebenen Kraft voranzugehen.

Was tun wir also? Wir verwechseln Kraft mit Kontrolle. Wir werden hektisch. Wir reagieren über. Wir versuchen krampfhaft, die Dinge in den Griff zu kriegen, um nicht ständig mit unserer Unsicherheit konfrontiert zu sein.

Dabei tendieren wir meist wieder in zwei verschiedene Richtungen: Entweder versuchen wir zu kontrollieren, indem wir uns wie ein verletzter Krieger irgendwo anlehnen und aufstützen, um uns sicherer zu fühlen. Oder wir versuchen uns kraftvoll und mächtig zu fühlen, indem wir uns selbst antreiben oder andere vor unseren Karren spannen. Wir greifen zu Krücken oder Peitschen.[25]

KRÜCKEN

„Krücken" sind oft bestimmte Dinge, die uns erst guttun und die wir als Kraftquellen empfinden. Doch irgendwann merken wir, dass wir ohne sie nicht mehr gut zurechtkommen. Wir klammern uns krampfhaft an Dinge wie Essen, Vergnügungen, Geld oder unser Hab und Gut, um unsere Unsicherheit zu kompensieren. Die Schokolade auf dem Sofa nach dem harten Arbeitstag beispielsweise und das Scrollen durch Instagram tun gut und unterhalten - solange, bis sich ein zwanghafter Fluchtreflex entwickelt. Wir entwickeln Süchte und Zwänge, die uns noch unfreier machen, als wir vorher waren.

Auch Beziehungen, die uns eigentlich guttun und stärken sollen, können zu angstgetriebenen Krücken werden, wenn wir uns an Personen so sehr anlehnen, dass wir selbst ohne diese Krücke nicht mehr laufen können. Wenn wir ohne diese Freundschaft, ohne diese Clique nicht mehr wissen, wer wir eigentlich sind, und was uns wichtig ist. Schwierig wird es besonders dann, wenn wir ein Problem in unseren Beziehungen lieber ignorieren, anstatt es zu klären, weil eine Störung der Beziehung unsere Krücke gefährden und Kontrollverlust bedeuten könnte. Wir entwickeln dann eine Abhängigkeit zu Menschen, die uns blind macht und können nicht mehr beurteilen, ob diese Person es wirklich gut mit uns meint und uns guttut oder nicht.

Auch Regeln, Schutzmaßnahmen oder gesellschaftliche Normen können uns zunächst Sicherheit schenken. Wir vereinbaren sie, um gut und effektiv miteinander zu arbeiten und zu leben. Doch auch sie können für uns zu Krücken werden, ohne die wir uns völlig verloren fühlen. Gerade in Deutschland sind wir Meister der Sicherheitsvorkehrungen. Wir sichern uns und alles, was uns wichtig ist in alle Richtung ab, wir regulieren alles bis ins kleinste Detail bis wir uns kaum noch bewegen können. Ähnliches kann uns in unserem Glaubensleben passieren. Statt wirklich in einer lebendigen Beziehung zu Jesus zu leben, können uns die Prinzipien der Gruppe, unsere Rolle und das Ansehen der

Leute wichtiger werden als unsere reinen Herzen vor Gott. Anstatt dass Gottes Liebe unser Herz erfüllt und unser Leben prägt, treibt Angst uns in Religiosität. Dinge, die wir tun, oder Beziehungen, an denen wir festhalten, um Unsicherheit zu kompensieren, werden zu Krücken in unserem Leben. Anstatt uns Sicherheit und Kraft zu geben, machen sie uns schwach und abhängig.

PEITSCHEN

Leistung und Selbstdisziplin, denen die Angst im Nacken sitzt, werden zu unseren Sklaventreibern. Mit einer angstgesteuerten Peitsche in der Hand geißeln wir uns selbst. Unliebsame, unkontrollierbare Gefühle werden in ein Korsett gezwängt oder in innere Abstellkammern verbannt. Gnadenlos spornen wir uns selbst zu guten Taten und besten Ergebnissen an. Wir versuchen uns zu optimieren und hart an uns zu arbeiten – und kriegen immer weniger Luft.

Besonders ungemütlich wird es, wenn unser Wunsch nach Sicherheit zur Peitsche in unserer Hand mutiert, mit der wir andere Menschen antreiben. Wenn wir, um uns selbst größer und stärker zu fühlen, andere kleinermachen und kontrollieren wollen. Diese Taktik ist oft recht subtil und schwer zu entlarven – vor allem bei uns selbst. Denn wer will schon so „gemein" sein? Die Haltung, andere kleinzumachen, beginnt oft ganz harmlos in abwertenden Gedanken. Häufig entlädt sie sich in negativem Getratsche, bei dem wir nicht die betroffene Person direkt ansprechen, sondern sie vor anderen kleinmachen, um uns selbst besser zu fühlen. Ich glaube tatsächlich, dass negatives Gerede meistens Unsicherheit als Ursache hat und mehr über denjenigen offenbart, der negativ redet, als über den, der das Thema des Gesprächs ist.

Regelrecht gefährlich kann diese „Peitsche" werden, wenn wir, um unsere Unsicherheit zu kompensieren, andere Menschen bewusst oder unbewusst manipulieren, sie vor unseren Karren spannen und dabei ihre Grenzen und Wünsche außer Acht lassen.

Unsere Fähigkeit, etwas zu leisten, Verantwortung zu übernehmen und Lösungen herbeizuführen, ist ein Gottesgeschenk. Doch wenn sie von Angst gesteuert ist, kann sie zu einer gefährlichen Peitsche werden, die uns und anderen erheblich schaden kann.

Aus der Sklaverei in die Freiheit

Als Gott Mose am Dornbusch begegnete, war Mose ein innerlich gebrochener und ängstlicher Mann. „Du bist falsch! Du solltest nicht hier sein!", waren vielleicht Glaubenssätze, die wie Schwerter über seiner Seele hingen und ihn innerlich bedrohten.

Als Säugling entging er nur knapp dem Genozid, den der Pharao angeordnet hatte, um das Volk Israel daran zu hindern, zu stark zu werden. Alle Jungen in seinem Alter waren grausam ermordet worden. Seine Mutter hatte ihn im Schilf versteckt, wo er von der Tochter des Pharaos gefunden wurde, die ihn in ihr Herz schloss und adoptierte. Seine Mutter bot sich ihr an, das Findelkind zu stillen, und so wuchs Mose zwischen den Welten auf. Ich kann mir vorstellen, dass seine Familie ihn vor den Augen all der trauernden Mütter und Väter des eigenen Volkes versteckte.

Später, als Mose im Haus des Pharaos lebte, wurde er zwar in den Sitten des ägyptischen Königshauses erzogen, aber dennoch fühlte er sich wahrscheinlich immer wie ein Außenseiter. Fehl am Platz. Nicht dazugehörig. Wahrscheinlich hatte er als Kind bereits sprechen gelernt und einen israelitischen Akzent. Der kam im Hause des Pharaos sicher nicht gut an und so hielt er vielleicht lieber den Mund und sprach so wenig wie möglich. (Vielleicht war das bereits die Ursache seines „Sprachfehlers"?) Für die Ägypter war er zu israelitisch, für die Israeliten zu ägyptisch. Er lebte zwischen den Fronten. In der Höhle der Löwen, die sein eigenes Volk grausam unterdrückten. Inmitten von Hass und Feindschaft. Diese Ungerechtigkeit, dieser Zwiespalt muss Mose innerlich fast zerrissen haben.

Als Mose eines Tages sah, dass ein Ägypter einen Israeliten schlug, griff er selbst zur Peitsche und erschlug den Ägypter. Er wusste sich nicht anders zu helfen. Alle angestaute Wut und Angst entluden sich in diesem Moment. Doch seine Tat blieb nicht unentdeckt. Als er dann damit konfrontiert wurde, floh Mose von Angst getrieben in die Wüste, um der Rache des Pharaos zu entgehen.

> Die Jahre der Unterdrückung hatten dem Volk Israel Angst tief in ihre Herzen gepflanzt.

Im Land der Midianiter versteckte er sich hinter seinem Hirtenstab, hinter seiner persönlichen Krücke. Doch Gott hatte andere Pläne mit ihm. Er wollte durch Mose das Volk Israel befreien, das seinerseits gebrochen und von Angst getrieben war. Genau wie Mose wussten auch sie nicht mehr, wie man kraftvoll und frei lebt. All die Jahre der Unterdrückung und Sklaverei hatten sie innerlich zerbrochen und Angst tief in ihre Herzen gepflanzt. Doch Gott wollte ihre Freiheit. Er wollte, dass sie von ängstlichen, machtlosen Sklaven zu einem starken, mächtigen Volk werden, die das gelobte Land einnehmen, das Gott ihrem Vorfahren Abraham versprochen hatte.

Am Ende der fünf Bücher Mose beschreibt Mose den Plan und den Segen, den Gott für sie vorgesehen hat: „Jahwe wird dich zum Kopf machen und nicht zum Schwanz, du wirst immer die Oberhand haben und nicht unterliegen" (5. Mose 28,13; NeÜ). In anderen Worten: „Du bist ein Anführer und läufst nicht nur hinterher! Du bist ein Gewinnertyp und nicht der Loser vom Dienst. Du bist kraftvoll!"

Doch um das Volk Israel bereit zu machen für seine Stärke, musste Gott die Israeliten nicht nur aus Ägypten holen, er musste auch Ägypten aus ihnen herausholen. Nicht nur körperlich mussten sie aus der Sklaverei geführt werden. Auch ihre Herzen mussten befreit werden. Sie dachten wie Sklaven, fühlten wie Sklaven und sahen sich selbst als machtlose, kleine Sklaven. Deshalb griffen auch sie zu Krücken und Peitschen.

Die Krücken, auf die das Volk Israel sich stützte, hießen „Götzen". In Ägypten hatten sie den Brauch der Ägypter übernommen und beteten neben dem Gott ihrer Väter für jede beängstigende, unkontrollierbare Situation verschiedene Götzen an: den Gott für das Wetter, den Gott für den Fluss, die Sonne usw. Als Gott die Israeliten befreite, forderte er jeden von diesen vermeintlichen Göttern durch eine der Zehn Plagen heraus.[26] Er demonstrierte auf kraftvolle Weise, dass diese Götzen überhaupt keine Kraft besaßen. Und dennoch, Götzen anzubeten, war so viel einfacher, als Gott zu vertrauen. Auch wenn sie nur aus Holz geschnitzt waren – man konnte sie zumindest sehen, anfassen, anschreien, sich an sie anlehnen. Und so fielen sie auch in der Wüste in diese Gewohnheit zurück und suchten Sicherheit bei toten Götzen, anstatt sich ganz auf Gott zu verlassen.

Immer wenn es in der Wüste ungemütlich und unsicher für sie wurde, griffen die Israeliten zur Peitsche, anstatt Gott zu vertrauen. Sie versuchen, Mose durch Gezeter und Gejammer zu beeinflussen und anzutreiben. Sie meckerten, dass sie zurück nach Ägypten wollten, weil es ihnen dort angeblich an nichts gefehlt hatte. Gut, sie wurden versklavt und geschlagen und mussten über ihre Kräfte arbeiten. Aber wenigstens wussten sie dort, woran sie waren und was der nächste Tag mit sich bringen würde. In all dem Leid hatten sie zumindest irgendeine Art von Sicherheit. Und die wollten sie zurück. Sie jammerten, dass Gott sie versorgen sollte, und nörgelten über die Versorgung, die sie dann bekamen. Mit ihrem Gemecker versuchten sie auf subtile und manipulative Art, Kontrolle und Macht auszuüben.

Das negative Gerede des Volkes brachte die erste Generation der Israeliten um ihr Versprechen, das verheißene Land zu sehen. Denn als sie zum ersten Mal vor ihrem Ziel standen, konnten sie nicht glauben, dass sie dieses Land tatsächlich einnehmen könnten. Sie kamen sich im Vergleich zu den „Riesen", die dieses Land bewohnten, wie „Heuschrecken" vor – klein, unbedeutend, kraftlos, einfach zu zerquetschen.[27] Anstatt zu glauben, klagten sie Gott an, woraufhin sie weitere vierzig Jahre in der Wüste zubrachten, wo Gott schließlich nach und nach ihre Herzen veränderte.

Ehrfurcht statt Furcht

→ *Wie befreite Gott Mose und das Volk Israel von ihrer Angst? Und wie befreit er uns?*

Gottes Alternative für unsere Angst und Unsicherheit ist seine Gegenwart. Und ein entscheidender Schlüssel, um sich bewusst zu werden, wer mit uns ist, ist die Ehrfurcht.

Gott offenbarte Mose und den Israeliten Stück für Stück eine Macht, die viel gewaltiger ist als alles, was ihnen Angst machte: sich selbst. „Ich bin, der ich bin", so stellte sich Gott Mose vor. „Ich bin der Herr, dein Gott, der ich dich aus Ägyptenland, aus der Knechtschaft, geführt habe. Du sollst keine anderen Götter haben neben mir" (2. Mose 20,2-3; LUT). So eröffnete Gott seinen Bund mit dem Volk Israel. Niemand anders sollte ihre Lebensgrundlage und der Grund für ihre Sicherheit sein als nur Gott allein. Gott sagt zu dir: „Fürchte dich nicht, denn ICH BIN bei dir" (Jesaja 41,10).

All unsere Taktiken und Schutzstrategien, die wir aufbauen, um Sicherheit und Kontrolle zu gewinnen, tun uns oft zunächst wirklich gut und sind wichtig für uns, um festen Boden unter die Füße zu bekommen. Doch halten wir zu lange an ihnen fest, fangen sie an, unser Leben zu kontrollieren, anstatt uns Sicherheit und Freiheit zu geben.

Sie werden dann zu Götzen in unseren Herzen. Götzen sind Sklaventreiber. Sie machen uns abhängig, statt frei. Sie überspielen die Angst, statt uns von ihr zu heilen. Gott will aber unsere Freiheit. Er will uns zu freien, selbstständigen, kraftvollen Menschen machen. Wie macht er das? Indem er uns immer mehr offenbart, wer er ist und wer wir sind in ihm. Wie wir mit ihm zusammen unsere Kraft entfalten und Siege erringen können.

Ehrfurcht bedeutet, zu erkennen, wer Gott ist, welche Macht und Möglichkeiten er hat.

Die Israeliten führte Gott dafür in die Wüste – mitten in die heftigste Krise ihres Lebens. Wüsten sind oft die Orte, wo alle Sicherheiten wegbrechen und die hässliche Fratze unserer Angst deutlich sichtbar wird. Das Angstmonster stürmt aus unserem Keller in unser Wohnzimmer und bringt erst mal alles durcheinander. Doch genau an diesem Ort, in dieser Situation zeigt uns Gott, wer er ist. Er konfrontiert das Angstmonster. Er entlarvt es. In seinem Licht wird plötzlich klar, dass es nur der Schatten dieses Monsters war, der uns so unüberwindbar vorkam. In Gottes Licht erkennen wir, wie kraftlos und lächerlich es im Vergleich zur unendlichen Kraft Gottes tatsächlich ist.

Ehrfurcht bedeutet, zu erkennen, wer Gott ist, welche Macht und Möglichkeiten er hat. Es bedeutet, zu staunen und niederzuknien vor seiner Größe und Majestät. Es bedeutet, Gott aus jeder

Box herauszulassen, die ihn klein macht, und ihm zu erlauben, unseren Verstand und unser Herz zu sprengen. Es bedeutet, ihm einzugestehen, dass er über allem steht, dass er regiert, dass er das Sagen hat. Seine Macht und Autorität stehen weit über uns Menschen. Gott hat die absolute Entscheidungsgewalt, was mit uns passiert. In diesem Leben und darüber hinaus.

Ehrfurcht bedeutet, einzugestehen, dass wir nichts wirklich in unserer Kontrolle haben können, aber auch dass wir es nicht in der Hand haben müssen. Ehrfurcht bedeutet zu erkennen, dass es jemanden gibt, der, wie das Kinderlied sagt, „die ganze Welt in seiner Hand" hält.

Ehrfurcht bedeutet, Gott Gott sein zu lassen und vor ihm allein niederzuknien.

Vertrauen statt Kontrolle

Als das Volk Israel Gott erkannte, hatte es zunächst noch mehr Angst. Die Israeliten erkannten die Majestät und Allmacht Gottes und zitterten vor ihm. Bei einer Begegnung am Berg Sinai, flehte das Volk Mose an, dass er doch ihr Stellvertreter sein sollte. Sie wollten die Stimme Gottes nicht mehr hören.[28] Er war ihnen zu gewaltig. Als Sklavengeneration hatten sie bisher nur Herren gekannt, die unterdrückten, straften und Böses im Sinn hatten. Sie konnten sich nicht vorstellen, dass Gott – obwohl er so mächtig ist –, gleichzeitig nahbar und liebevoll sein konnte. Einen solchen Gott hatten sie bisher nicht erlebt.

Gott kann uns Angst machen, weil er so viel mächtiger ist als alles und wir ihm letztendlich ausgeliefert sind. Doch alles ändert sich, wenn wir begreifen, dass dieser Gott nicht nur ehrfurchtsgebietend ist, sondern gut und für uns ist.

Wenn Vertrauen an die Seite der Ehrfurcht kommt, dann ehren wir Gott nicht mehr nur aus der Ferne, sondern kommen nah. Wir kommen in eine intime Beziehung mit unserem König-Gott und machen den Weg frei für die Fülle und Kraft Gottes in unserem eigenen Leben.

> Wenn Vertrauen zur Ehrfurcht kommt, dann ehren wir Gott nicht mehr nur aus der Ferne, sondern kommen nah.

Vertrauen klingt so einfach, so kindlich: „Die auf den Herrn warten, gewinnen neue Kraft", lesen wir in Jesaja 40,31. Und: „Die Freude am Herrn ist eure Stärke" in Nehemia 8,10 (LUT). Einfach nur warten, einfach nur freuen - klingt easy-peasy. Kriegen wir doch hin, oder? Gerade dann, wenn wir uns unsicher und ängstlich fühlen, ist „Warten" und „Freuen" alles andere als unsere natürliche Reaktion.

Vertrauen ist wohl eine der schwersten Übungen. Unser Herz fragt sich: „Kann ich diesem mächtigen Gott vertrauen? Wenn ich an Gott glaube, warum passieren trotzdem schlimme Dinge? Warum gerate ich trotzdem in Schwierigkeiten? Werde ich sicher sein, wenn ich an Gott festhalte?"

Ist Gott sicher? Genau diese Frage stellt Susan dem Bieber in C.S. Lewis' Narnia-Geschichte, bevor sie Aslan, den Löwen, der Jesus symbolisiert, treffen soll. Denn verständlicherweise ist sie etwas nervös, einen Löwen zu treffen. Der Bieber erklärt ihr, dass es schon ganz richtig und angemessen ist, vor Aslan in Furcht zu zittern. Auf ihre Frage, ob Aslan denn sicher sei, antwortet er: Natürlich ist er nicht sicher. Aber er ist gut!

Gott ist Gott! Wir sind es nicht! Und wir können ihn nicht immer verstehen. Auch als Christen haben wir keine Garantie, dass wir kein Leid erleben werden. Aber: Gott ist gut!

→ *Kannst du das glauben? Hast du Gott als einen guten Gott erlebt? Oder ist Gott dir vielleicht fremd, weit weg, distanziert? Bist du vielleicht misstrauisch, enttäuscht von Gott oder wütend darauf, dass er Leid in deinem Leben zugelassen hat?*

Gott kann deine Anklagen aushalten. Und trotzdem ist er ein guter Gott. Der gerade im Leid nah an deiner Seite sein möchte. Und gerade in diesen Zeiten brauchen wir ihn ja am dringendsten.

David, der so einiges an Leid, Schmerz und Enttäuschung in seinem Leben erlebt hat, kannte Gott als guten, vertrauenswürdigen Gott. Und er wusste, dass er sich trotz Leid – und gerade dann – voll auf Gott verlassen konnte. Aus tiefstem Herzen rief er:

> Der Herr ist mein Licht und mein Heil – vor wem sollte ich mich fürchten? Der Herr beschützt mich vor Gefahr – vor wem sollte ich erschrecken? – Psalm 27,1; LUT

Paulus hat das auch erkannt und sagt es so: „Gott ist für uns; wer kann uns da noch etwas anhaben?" (Römer 8,31). Vertrauen ist, was Gottes Kraft in unserem Leben zur Entfaltung kommen lässt. Doch um vertrauen zu können, müssen wir ihn kennenlernen, diesen mächtigen und liebevollen, gewaltigen und sanften, ehrfurchtgebietenden und guten Gott. Diesen Gott, der überall ist und ganz nah bei dir. Diesen Gott, der alles sieht und der dich ganz persönlich im Blick hat. In Daniel 11,32 heißt es: „Das Volk, das seinen Gott kennt, wird sich stark erweisen" (ELB). So ist es. Wenn wir Gott kennenlernen, so wie er wirklich ist, dann wird die Angst nach und nach ihre Macht verlieren und unsere Stärke wird durchbrechen.

Quer durch die Bibel ziehen sich Geschichten von Menschen, die Gott erlebt haben. In dem Moment, wo sie erkennen, dass es Gott ist, der hier handelt, rufen sie oft Namen für ihn aus: „Gott, du bist *Jahwe Jireh*, mein Versorger! Jahwe Rapha, mein Arzt! *Jahweh Shalom*, mein Friede! *Jahwe Zidqenu*, meine Stärke!“ Und viele weitere Namen.

Auch ich kann aus meinem Leben viele kleine Geschichten erzählen, wo ich Gott erlebt habe und tiefer erkannt habe, wer er ist: Ich habe übernatürliche Versorgung erlebt, als ich ein Jahr lang nicht arbeiten konnte und kein Einkommen hatte, aber mein Konto niemals im Minus war. Ich habe Gott erlebt, als ich weit weg von meiner Familie war und einsam und voll von Heimweh in einem Park auf einer Schaukel sein Flüstern in meinem Herzen hörte: „Ich bin dein Zuhause.“ Ich habe Gott mehr als einmal als Heiler erlebt. Ich habe Gott als Kraft-, Ideen- und Ratgeber erlebt, wo ich nicht mehr weiterwusste. Das sind Schätze in meinem Herzen. In beängstigenden Situationen kann ich mich daran erinnern und mich auf die Erfahrung stellen, die ich mit Gott habe. Ich erinnere mein Herz daran, wer Gott für mich ganz persönlich ist.

Loslassen

Ehrfurcht und Vertrauen bringen alles andere in die richtige Perspektive. Wenn ich erkenne, wie mächtig Gott ist, geht es nicht mehr um meine eigene Stärke oder Schwachheit. Gott ist Gott. Ich bin sein Geschöpf. Ich darf mich selbst – begrenzt wie ich bin – im Licht der Ehrfurcht vor Gott annehmen und mich vertrauensvoll bei ihm anlehnen.

Ich brauche mich nicht selbst erhöhen oder andere kleinmachen, muss mich nicht hinter Süchten und Zwängen oder gesellschaftlichen Normen verstecken oder andere vor meinen Karren spannen. Denn dieser großartige Schöpfer hat uns alle würdevoll und achtenswert geschaffen. Ich kann ihm vertrauen, dass er mich genau wie meine Mitmenschen kennt und liebt.

Wenn wir lernen, Gott zu vertrauen, können wir unsere Krücken und Peitschen vor ihm ablegen. Wir lassen unsere selbstsüchtige und angstgetriebene Kontrolle los und machen Gott zum Herrn unseres Herzens. Wir lernen, zu rennen und zu leisten, aber auch zu ruhen und zu entspannen – ganz ohne Hamsterrad. Wir lernen, Lösungen zu finden, zu führen und zu beeinflussen, ohne die Grenzen des anderen zu überschreiten. Wir klammern uns nicht mehr an Krücken oder Peitschen, sondern nur an eine einzige Größe: die Macht und Majestät des liebevollen und vertrauenswürdigen Schöpfer-Gottes.

> Wir klammern uns nur an eine einzige Größe: den liebevollen und vertrauenswürdigen Schöpfer-Gott.

Als Mose vor Gott stand und mit ihm feilschte, fragte Gott ihn: „‘Was hast du da in deiner Hand?‘ ‚Einen Hirtenstab‘, antwortete Mose. ‚Wirf ihn auf den Boden‘, befahl ihm der Herr. Mose gehorchte" (2. Mose 4,2-3). Gott bittet Mose, das vor seine Füße zu legen, was ihm bis dahin Sicherheit gegeben hatte.

Vielleicht fordert Gott dich ebenso heraus, alles, woran du dich festhältst, vor seine Füße zu legen. Deine Krücken, das, worauf du mehr vertraust als auf Gott. Deine Peitschen, das, wodurch du dich stark und mächtig fühlst. Gott sagt: „Gib es mir. Vertrau es mir an. Lass mich dir dadurch meine Kraft offenbaren."

→ *Gibt es etwas in deinem Leben, das du Gott vertrauensvoll in seine Hände legen solltest?*

Gott tat Wunder durch Moses Hirtenstab: Eine Schlange wurde daraus, das Meer teilte er damit und Wasser sprudelte aus einem Felsen, nachdem er mit seinem Stab darauf schlug. In unserer Hand sind unsere Peitschen und Krücken kraftlos und vielleicht sogar zerstörerisch. In Gottes Hand werden dadurch Wunder wahr.

Die Krone seiner Kraft

Wenn wir uns entscheiden, statt in unsere Kraft in Gottes Kraft zu vertrauen und mit leeren Händen zu ihm zu kommen, empfangen wir von ihm eine Krone der Kraft. Er setzt sie uns als seinen Kindern, den Kindern des Königs, auf. Es ist seine Autorität, die er uns schenkt – die Autorität des höchsten Machthabers. Es ist seine Kraft, die in uns mächtig wird, weil der höchste König auf unserer Seite ist. Es ist eine Krone, die für all das steht, was er ist, was er kann und was er in unserem Leben tun möchte. Diese Kraft entfesselt Gott in uns durch den Heiligen Geist.

> Er möge euch nach dem Reichtum seiner Herrlichkeit mit Kraft beschenken, dass ihr durch seinen Geist innerlich stark werdet. – Epheser 3,16; NeÜ

Unser Schlüsselvers sagt, dass Gott uns statt Angst den Geist der Kraft schenkt. Wenn Gottes Geist in unser Leben kommt, dann aktiviert er die Kraft der Krone, die uns als Kindern Gottes gehört, in unserem Leben. Der Heilige Geist offenbart uns, wer Gott ist. Er erinnert uns an alles, was uns als Kindern Gottes zusteht, und er befähigt uns, ein Leben aus Gottes Kraft zu führen.[29] Er schenkt uns göttliche Autorität, wirkt Heilung und Freiheit, Trost und Hoffnung, Geduld und Stärke und so viel mehr.

Das Wort für den Geist der Kraft ist dynamis. Wir kennen Worte wie Dynamit oder Dynamik, die davon abgeleitet sind. Ich muss bei dynamis sofort an das Dynamo an meinem Fahrrad denken. Wenn das Dynamo mit meinem Rad in Berührung ist, dann entsteht Energie, sobald ich mein Fahrrad in Bewegung setze. Diese Energie bringt die Fahrradlampe zum Leuchten. Ich liebe dieses Bild: Ich setze meine natürliche Kraft ein, stelle einfach das, was ich kann, Gott zur Verfügung. Doch durch die Verbindung mit dem Heiligen Geist entsteht übernatürliche Energie, die mein Licht zum Leuchten bringt und Wunder wirkt.

Dieser Heilige Geist ist derselbe, der aus dem unsicheren Mose, einen kraftvollen Anführer machte. Der Könige und Propheten befähigte, den Willen Gottes zu tun und in seinem Namen zu sprechen. Der Geist, der mit einer Horde verängstigter Jünger die kraftvollste Bewegung aller Zeiten gründete – die Kirche.[30]

„Nun ist ja der Geist, der in euch wohnt, der Geist dessen, der Jesus von den Toten auferweckt hat" (Römer 8,11). Die Kraft, die Christus von den Toten auferweckt hat, lebt in dir! Ist das nicht unfassbar! Lass es dir auf der Zunge zergehen und dein Herz von dieser Wahrheit durchdringen. Gottes Kraft lebt in dir! Wenn dieser Geist den Tod besiegen kann, dann ist deine Angst auch nicht zu schwer für ihn!

Gottes Geist befähigt uns, das zu tun, wozu Gott uns beauftragt. Als Mose Gott seine Unfähigkeit vorhielt, sagte dieser nur: „Wer hat den Menschen einen Mund gegeben? ... Wer macht die Menschen stumm oder taub, sehend oder blind? Ich bin es, der Herr!" (2. Mose 4,11). Gott hätte Mose mit Leichtigkeit einen neuen Mund geben können, ihn heilen können von allem, was ihn zurückhielt. Doch es geht nicht um das, was du kannst oder nicht kannst. Es geht darum, dass Gott fähig ist. Er hat dich geschaffen. Er hat einen Plan. Er ist es, der dich beauftragt und beruft. Gott kann dir mit Leichtigkeit alles geben, was du brauchst, um ein abenteuerliches, furchtloses, kraftvolles, großes Leben zu leben. Und er kann sich gerade auch in deiner Schwachheit als mächtig erweisen (vgl. 2. Korinther 12,9) „‚Nicht durch Gewalt und Kraft wird es geschehen, sondern durch meinen Geist', spricht der Herr, der Allmächtige" (Sacharja 4,6).

> Wenn Gottes Geist den Tod besiegen kann, dann ist deine Angst auch nicht zu schwer für ihn!

Ich muss mich selbst daran immer wieder erinnern. Ich kann dieses Leben nicht aus meiner Kraft heraus bestreiten. Egal, wie sehr ich mich bemühe, mich anstrenge und antreibe. Ich bin auch nicht dafür berufen, es allein zu schaffen und irgendjemandem zu beweisen, wie gut und stark ich bin. Auch Gott muss ich nichts beweisen. Er lädt mich ein, mit ihm zusammen zu gehen. Nah an ihm dran zu bleiben. Ihm meine Kraft zur Verfügung zu stellen und seine Kraft in meiner Schwachheit zu erleben. Nur mit dieser Krone der Kraft kann ich kraftvoll leben. Nur mit dieser Krone der Kraft kann ich furchtlos sein.

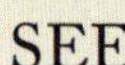

SEE

Nachdem du dieses Kapitel gelesen hast, schreibe alles auf, was gerade in dir vor sich geht. Was nimmst du in deinem Körper wahr? Was fühlst du? Was denkst du? Bleibe dabei neugierig und offen, ohne dich zu bewerten. Mache dir bewusst, dass Gott jetzt gerade bei dir ist und dir zuhört. Lausche auch darauf, was er dir zuflüstert.

REFLECT

WAS GLAUBT DEIN HERZ? Welche Glaubenssätze hast du in Bezug auf deine Fähigkeit und Kraft?

POSITIVE GLAUBENSSÄTZE

- ○ *Ich bin genug!*
- ○ *Ich bin gut so, wie ich bin!*
- ○ *Ich kann vieles schaffen, wenn ich es will!*
- ○ *Ich habe Kraft!*
- ○ *Ich habe Einfluss!*
- ○ *Ich darf Fehler machen!*
- ○ *Ich darf mich wehren!*
- ○ *Ich darf zeigen, was ich kann!*
- ○ *Ich darf Schwäche zeigen!*
- ○ *Meine Hilfe ist erwünscht!*
- ○ *Ich bin fähig, Verantwortung zu übernehmen!*
- ○ *Ich bin klug!*
- ○ *Ich bin talentiert!*
- ○ *Ich darf mich ausruhen!*
- ○ *Ich bin gut!*
- ○ *Ich habe das, was ich brauche!*

Andere:

NEGATIVE GLAUBENSSÄTZE

- ◯ *Ich bin schwach!*
- ◯ *Ich bin schlecht!*
- ◯ *Ich bin nicht gut genug!*
- ◯ *Ich genüge nicht!*
- ◯ *Ich bin klein!*
- ◯ *Ich bin dumm!*
- ◯ *Ich kann nichts!*
- ◯ *Ich bin ein Versager!*
- ◯ *Ich bin falsch!*
- ◯ *Ich bin stärker als du!*
- ◯ *Ich bin unterlegen!*
- ◯ *Ich bin nichts wert!*
- ◯ *Mein Beitrag zählt nichts!*
- ◯ *Ich bin ohnmächtig!*
- ◯ *Ich bin hilflos!*
- ◯ *Ich mache alles falsch!*

Andere:

Wähle einen negativen Glaubenssatz, der dir besonders im Weg steht. Fällt dir eine Situation aus deiner Vergangenheit ein, die diesen negativen Glaubenssatz gefördert haben könnte? Wie hat dein Herz diese Situation für sich interpretiert?

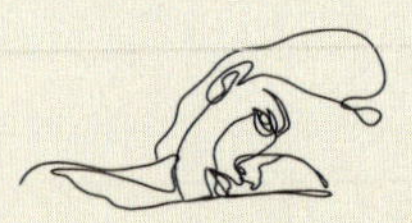

SCHATTENKIND Übertrage nun den lautesten negativen Glaubenssatz zu deinem Schattenkind.

KÖNIGSKIND Übertrage nun den wichtigsten positiven Glaubenssatz zu deinem Königskind (nicht ins Herz – das füllen wir später).

KRÜCKEN

Wozu tendierst du, wenn du dich unsicher fühlst? Wenn ich mich unsicher fühle, greife ich zu folgenden Dingen (z.B. Essen, Substanzen, Regeln, To-do-Listen, Luxusgütern …):

Wenn ich mich unsicher fühle, brauche ich folgende Person:

Habe ich andere Krücken?

Was ist dabei der positive Effekt für mich? Inwieweit hilft mir die Krücke wirklich - zum Beispiel dabei, dass ich mich besser fühle?

Ist der Effekt wirklich positiv? Inwieweit hilft mir die Krücke nicht oder schadet mir sogar?

PEITSCHEN

Wenn ich mich unsicher fühle, treibe ich **mich selbst** an, indem ich:

Wenn ich mich unsicher fühle, versuche ich **andere Menschen** zu beeinflussen, indem ich:

Habe ich andere Peitschen?

Was ist der positive Effekt für mich? Inwieweit nützt mir diese Peitsche wirklich?

Ist der Effekt wirklich positiv? Inwieweit nützt mir diese Peitsche nicht, sondern schadet mir?

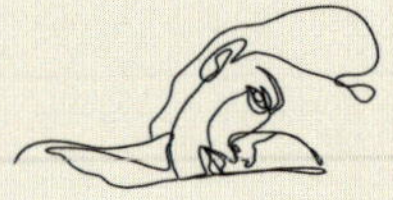

SCHATTENKIND Male eine Krücke oder eine Peitsche an dein Schattenkind und schreibe dazu, woran du dich in ängstlichen Situationen festhälst.

CHOOSE

DEINE KRONE Durch den Heiligen Geist wohnt Gott selbst in dir mit seiner Kraft und Autorität. Die Namen Gottes beschreiben seinen Charakter und seine Macht. Wie hast du Gott bereits erlebt? Wie möchtest du ihn gerne erleben? Umkreise die Namen Gottes, die dir besonders wichtig sind. Schreibe dazu, wie Gott sich dir persönlich vorgestellt hat (zum Beispiel: „Ich bin dein Zuhause“).

KÖNIGSKIND Übertrage die für dich wichtigsten Namen Gottes in die Krone deines Königskindes.

Jahwe-Schalom – Jahwe, mein Friede

El Roï – Gott, der mich sieht

Alpha und Omega – der Anfang und das Ziel, der Erste und der Letzte

El Chanun – gnädiger Gott

El Qana – eifernder, leidenschaftlicher Gott

Elohej Jischi – Gott meines Heils

Immanuel – Gott mit uns

El HaGadol – der große Gott

El Jeschuati – Gott meines Heils, meiner Rettung

Jahwe Zurih – der Herr, mein Fels

Abba – Papa, Vater

Eli – mein Gott

Adonaj – mein Herr

El Olam – ewiger Gott

Mein Gott ist …

El HaSchamajim – Gott der Himmel

El Eljon – höchster Gott

El Chai – lebendiger Gott

El Schaddaj – allmächtiger Gott

El Emet – zuverlässiger, treuer Gott

El Deoth – Gott der Weisheit und Erkenntnis

Elohej Mauzzi – Gott meiner Zuflucht und Stärke

Eloah Selichot – Gott der Vergebung

Jahwe Jiräh – Jahwe wird ersehen

Elohej Mischpat – Gott des Rechts, des Gerichts

Jahwe Rapha – Jahwe, der heilt

ACT

TAUSCH AM KREUZ Welchen falschen Glaubenssatz möchtest du heute am Kreuz gegen Gottes Wahrheit tauschen? (Wahrheiten, die Gott dir zusagt, findest du auch auf S. 92-93.) Ergänze es und sprich das Gebet im Glauben, in Vertrauen und Ehrfurcht aus:

Im Namen von Jesus Christus widerrufe ich folgenden falschen Glaubenssatz, den mein Herz glaubt:

Ich breche seine Kraft über mich im Namen von Jesus Christus. Ich nehme die Wahrheit an, die Gott über mich ausspricht:

Sprich ein Gebet, mit dem du deine Krücken und Peitschen vor deinen inneren Augen bewusst an das Kreuz von Jesus hängst. Frage den Heiligen Geist, was er dir stattdessen schenken möchte.

Jesus, danke, dass du für mich am Kreuz gestorben bist und alles überwunden hast, was mich unfrei macht. Ich gebe dir jetzt:

Es tut mir leid, dass ich mich darauf mehr verlassen habe als auf dich. Bitte befreie mich davon. Ich empfange jetzt von dir, was du mir schenken möchtest:

Danke dafür!

EHRFURCHT UND VERTRAUEN Möchtest du dir in dieser Woche konkret etwas vornehmen, um Gott deine Ehrfurcht und dein Vertrauen auszudrücken?

Wo die Liebe regiert, hat die Angst keinen Platz;
Gottes vollkommene Liebe vertreibt jede Angst.

1. Johannes 4,18

Habe ich die nötige Unterstützung?

Meine mittlere Tochter ist neulich in die Schule gekommen. Weißt du, wo ich den ganzen Abend vor der Einschulung verbracht habe? In ihrem Bett. Sie konnte nicht schlafen. Sie war zu aufgeregt. Wir haben geredet, sind in Gedanken zusammen durch die ganze Schule gegangen, haben gebetet und gekuschelt. Sie brauchte mich.

Wenn Kinder aufgeregt und unsicher sind, klammern sie sich fest an die Hand ihrer Eltern oder verstecken sich hinter ihren Beinen. Die Eltern sind ihr sicherer Hafen. Von hier aus können sie die Welt entdecken und immer wieder zurückkommen, wenn sie sich ängstlich fühlen oder Unterstützung brauchen.

Vor großen Herausforderungen in unserem Leben stellen wir neben der Frage nach unserer Kraft noch eine weitere, elementar wichtige Frage: Bin ich geliebt? Das heißt: Habe ich die nötige Unterstützung an meiner Seite? Werde ich beschützt? Wer geht mit mir? Wer wird bei mir sein und mit mir feiern, wenn ich Erfolg habe? Und wer wird mich trösten und mich ermutigen, wenn ich scheitere? Neben der Kraft brauchen wir die Liebe, um mutig zu sein und ein großes Leben zu leben.

→ *Wer ist es in deinem Leben, der dir Halt und Sicherheit gibt? Hast du eine Familie, der du vertraust? Freunde, die dein Herz, deine Stärken und Schwächen kennen, dich lieben, so wie du bist?*

Ich bin sehr dankbar für die Unterstützung, die ich in meinem Leben habe. Allen voran mein Mann, der mich ermutigt, spiegelt, herausfordert und freisetzt. Aber auch für meine Familie und meine Freunde. Gerade jetzt, wo ich dieses Buch schreibe und der Prozess viele Unsicherheiten ans Tageslicht befördert, bin ich so dankbar für Freundinnen, denen ich schreiben kann: „Betet für mich!“ Menschen, die mich anfeuern und unterstützen.

Eben gerade habe ich mir einen Kaffee gemacht und trinke ihn aus einer Tasse, auf der *Jesus Coffee Repeat* steht. Meine Freundin Anke hat sie mir vor ein paar Wochen zugesteckt mit einer liebevollen Karte. Einfach, um mich zu ermutigen. Solche Gesten geben Kraft und stärken unsere Herzen. Wir brauchen Ermutigung, Zuspruch, das Wissen, dass wir nicht allein sind in unserem Abenteuer. Der Hashtag #bettertogether ist nicht nur cool, sondern lebensnotwendig.

Kennst du dieses Sprichwort? „Wenn du schnell gehen willst, dann gehe allein. Wenn du weit gehen willst, dann musst du mit anderen zusammen gehen.“ Er ist so wahr. Ich muss allerdings gestehen, dass ich manchmal lieber allein und schnell gehen möchte. Ich mag es, effektiv zu sein, und Beziehungen sind nicht immer „effektiv“. Manchmal fühlen sie sich vielleicht sogar wie eine Störung, eine Ablenkung an, von den allzu „wichtigen“ Dingen, die wir tun wollen.

Manchmal sind Beziehungen auch furchtbar kompliziert und nicht immer bekommen wir, was wir uns wünschen. Tatsächlich funktionieren Beziehungen nur, wenn es eben nicht darum geht, dass wir immer das bekommen, was wir wollen, sondern bereit sind zu geben, was der andere braucht. Wir müssen zuhören, statt nur zu reden. Wir tragen Päckchen und Lasten von anderen mit, obwohl wir doch selbst schon genug zu tragen haben. Wir sind für andere da, obwohl wir doch selbst Unterstützung brauchen.

Gerade in unserem digitalen Zeitalter sind Beziehungen vielleicht besonders kompliziert. Nie zuvor waren wir mit so vielen Menschen so vernetzt. Unser Beziehungstank ist durch die sozialen Medien einerseits völlig überfüllt, andererseits mangelt es uns oft an tiefen Freundschaften im realen, ungeschminkten Leben. Menschen, die uns wirklich kennen, denen wir uns wirklich nah fühlen. Wir haben so viele Bekannte und Freunde wie nie zuvor und fühlen uns dennoch oft allein. Einen gesunden Umgang damit zu finden, echte Herzensbeziehungen zu bauen, ist nicht einfach.

Und dennoch: Wir brauchen einen *Circle of Trust*, Menschen, die uns unterstützen und stärken, um langfristig ein furchtloses Leben führen zu können.

Auch Jesus Christus brauchte menschliche Unterstützung und Ermutigung. Kurz vor seiner Kreuzigung hatte er furchtbare Angst. Weißt du, was er dann tat? Er ging im Gebet zu seinem Vater, um sich von ihm Kraft und Klarheit geben zu lassen. Aber er bat auch seine Freunde, seine Jünger, mit ihm zusammen zu beten:

> Jesus kam nun mit seinen Jüngern an eine Stelle am Ölberg, die Getsemane genannt wird. Dort sagte er zu ihnen: „Setzt euch hier und wartet! Ich gehe noch ein Stück weiter, um zu beten." Petrus jedoch und die beiden Söhne des Zebedäus nahm er mit. Traurigkeit und Angst wollten ihn überwältigen, und er sagte zu ihnen: „Meine Seele ist zu Tode betrübt. Bleibt hier und wacht mit mir!" – Matthäus 26,36-38

Jesus wählte genau aus, wen er nah bei sich haben wollte. Das dürfen wir auch tun. Wir dürfen entscheiden, wen wir in schwierigen Zeiten nah an unser Herz heranlassen. Und weißt du was? Jesus versteht dich sehr gut, wenn Menschen dich enttäuschen. Er selbst hat es erlebt. Seine Jünger schliefen einfach ein. In der Stunde seines schwersten inneren Kampfes mit der Angst waren sie nicht in der Lage, ihn wirklich zu unterstützen. Sie waren auf sich selbst fixiert und gingen nur ihren eigenen Bedürfnissen nach. Was für eine Enttäuschung.

Habe ich den nötigen Freiraum?

Neben der liebevollen Verbundenheit mit Menschen und ihrer Unterstützung brauchen wir noch eine weitere Zutat, um uns sicher und geliebt zu wissen: Wir brauchen Freiraum. Genauso wie wir uns nach Nähe und Zugehörigkeit sehnen, wollen wir Unabhängigkeit und die Möglichkeit, eigene Entscheidungen zu treffen.

„Was hat das mit Liebe zu tun", fragst du dich? Sehr viel! Wir können nur gesunde Beziehungen führen, wenn wir uns frei und selbstständig dafür entscheiden. Liebe ist immer freiwillig. Liebe ist ein freier Entschluss, den anderen nah an sich heranzulassen, die persönlichen Grenzen für jemanden zu öffnen. Dafür muss ich allerdings wissen, wo meine persönlichen Grenzen liegen, und muss gelernt haben, sie zu verteidigen und zu schützen. Ebenso muss ich gelernt haben, die Grenzen des anderen zu erspüren, zu respektieren und liebevoll und behutsam Nähe herstellen zu können.

Um Ja zu jemandem zu sagen, muss ich auch die Freiheit haben, Nein sagen zu können. Um Gemeinschaft genießen zu können, muss ich auch gelernt haben, das Alleinsein auszuhalten. Meine Grenzen und Wünsche sind es wert, respektiert und ernst genommen zu werden, genauso wie ich auch die Grenzen und Wünsche anderer Menschen ehren muss. Ich darf erspüren, was ich brauche und möchte, und es anderen mitteilen, genauso wie ich auch lernen muss, auf andere einzugehen.

Liebe ist der freie Entschluss, die persönlichen Grenzen für jemanden zu öffnen.

Nur wenn unsere Grenzen im gesunden Maß geschützt sind und wir eine gute Ausgewogenheit zwischen Nähe und Eigenständigkeit entwickelt haben, fühlen wir uns sicher und geliebt. Und dann sind wir auch bereit, anderen Menschen zu vertrauen und sie zu lieben.

Wonach das Herz sich sehnt

Vielleicht hast du in deinem Leben viel Unterstützung erlebt. Liebevolle Menschen, die dich gesehen, dich wertgeschätzt und deine Grenzen respektiert haben. Wenn es so ist, dann fällt es dir wahrscheinlich relativ leicht, Menschen zu vertrauen. Du hast einen sicheren Boden unter den Füßen und fühlst dich geliebt und ernst genommen.

Vielleicht hast du aber auch erlebt, dass diese Welt kein besonders sicherer Ort für dein Herz ist. Menschen haben dich enttäuscht und hängen lassen. Du hast nicht die Unterstützung bekommen, die du gebraucht hättest. Vielleicht sind Menschen in deinem Leben auch über deine Grenzen gegangen und haben dich tief verletzt. Wenn das so ist, dann fällt es dir vielleicht schwer, Menschen zu vertrauen. Du fühlst dich in Beziehungen unsicher und hast keinen so festen Boden unter den Füßen.

Wenn du an deine Beziehungen denkst, welche Glaubenssätze hallen in dir nach? Fällt dir Vertrauen leicht und bist du von Sätzen überzeugt, wie: „Ich bin angenommen! Ich bin liebenswert! Meine Wünsche sind wichtig!"? Oder steckt tief in dir Misstrauen fest und kämpfst du mit solchen Sätzen, wie: „Ich werde übersehen! Ich bin nichts wert! Ich muss für mich selbst kämpfen!"?

Ähnlich wie beim Thema „Kraft" reichen auch diese Glaubenssätze oft weit zurück in die Erfahrungen, die wir als Kinder und Heranwachsende gemacht haben. Haben wir bekommen, was wir brauchten? Wurden wir zärtlich umarmt? Haben wir Wärme und Nähe, Lachen und Fröhlichkeit erlebt? Wurde uns zugehört? Wurden wir angeschaut? Oder waren andere (oder das Handy) immer wichtiger? Haben wir gesunde Grenzen gesetzt bekommen? Wurden unsere Wünsche ernst genommen? Konnten wir lernen, uns auch mal zurückzunehmen und die Grenzen der anderen zu achten?

Die Art, wie wir selbst „erzogen" worden sind – streng oder locker, mit viel Respekt füreinander oder mit aufgeweichten Grenzen –, wird uns sehr geprägt haben in Bezug darauf, wie gut wir uns selbst kennen und wie wir Beziehungen leben.

Alles, was wir in unserem Elternhaus erleben, aber auch im Kindergarten, in der Schule, in der Kirche, mit unseren Freunden, Verwandten und Bekannten – all das interpretieren wir und basteln daraus unsere individuelle Überzeugung, ob wir geliebt sind oder nicht. Ob wir die Unterstützung haben, die wir brauchen oder nicht. Aus all unseren Erfahrungen lernen wir, wie wir gesunde Beziehungen aufbauen und pflegen können. Und wir lernen, ob wir sicher sind oder ob wir unser Herz lieber selbst schützen sollten.

Kommt unser Herz zu dem Schluss: „Ja, ich bin geliebt! Ich werde unterstützt! Ich bin sicher!", dann können wir frei und furchtlos unseren Weg einschlagen, anderen vertrauen und Unterstützung von anderen Menschen annehmen. Wenn wir jedoch tief in unserem Herzen überzeugt sind: „Ich bin allein. Ich kann mich auf niemanden verlassen!", dann wird die Angst uns im Nacken sitzen und unsere Freiheit trüben.

Liebe verlassen oder verdienen?

Wenn Angst und Unsicherheit unser Herz in den Griff nehmen und uns daran zweifeln lassen, ob wir geliebt sind, dann greifen wir automatisch zu Schutzstrategien, um unser Herz zu schützen und uns selbst mit dem zu versorgen, was wir brauchen.

Nach unserem Instinkt – Angriff oder Flucht – tendieren wir dabei meist zu zwei Extremen: Entweder klammern wir uns an die Menschen, die wir lieben und die uns Liebe geben sollen und versuchen, ihre Liebe zu verdienen. Oder wir mauern uns ein und versuchen unser Herz zu schützen, indem wir uns von Liebe unabhängig machen und uns zurückziehen. Wir flüchten uns entweder in die Abhängigkeit oder in die Autonomie.[31]

LIEBE VERLASSEN

Menschen, die dazu tendieren, sich in die Autonomie zu flüchten, wirken oft unabhängig und stark. Sie gehen ihren eigenen Weg und lassen niemanden zu nah an sich heran. Aus Angst davor, nicht dazuzugehören, wollen sie erst gar nicht dazugehören. Sie lehnen andere lieber ab, bevor sie selbst abgelehnt werden. Vielleicht fällt es ihnen nicht schwer, Kritik zu äußern, aber es fällt ihnen schwer, Brücken zu bauen, indem sie Wünsche, Erwartungen und Konflikte direkt ansprechen und klären. Sie bauen lieber eine Mauer mit harter Abwehr, anstatt Verbindung und Nähe herzustellen.

Manche Menschen ergreifen diese Strategie nicht aus Angst davor, abgelehnt zu werden, sondern weil sie sich als Kinder zu sehr eingeengt gefühlt haben. Sie versuchen, sich ihre Freiheit zurückzuerobern. Jede zu enge Bindung wird ihnen unangenehm und nimmt ihnen die Luft zum Atmen.

Ich kenne diese Schutzstrategie. Mir fällt es manchmal schwer, vor anderen mein Herz zu öffnen, Schwäche zu zeigen und Menschen zu erlauben, mir zu helfen. Ich will lieber beweisen, dass ich unabhängig bin und stark. Immer wieder muss ich mein Herz bewusst von Gott „weich" machen lassen und bewusst in Beziehungen und Nähe investieren.

LIEBE VERDIENEN

Wenn unser Herz, um sich zu schützen und sich die Bedürfnisse selbst zu erfüllen, statt in die Unabhängigkeit in die Abhängigkeit flüchtet, dann werden wir alles versuchen, um Menschen zufriedenzustellen und uns die Liebe zu verdienen, die wir brauchen. „Was denken die Leute über mich? Komme ich an?", sind Gedanken, die uns dann leiten und jede Entscheidung bestimmen.

Wie viele Menschen leben so ihre Beziehungen. Sie versuchen, alle Erwartungen zu erfüllen, jedem zu gefallen. Sie sagen lieber dreimal Ja als einmal Nein. Sie sind davon überzeugt, wenn sie nur genug tun, sich nur genug verausgaben, werden sie irgendwann dazugehören. Sie sind bereit, sich anzupassen, ja, vielleicht sogar, sich völlig aufzuopfern, einfach um das Gefühl zu haben, liebenswert und anerkannt zu sein.

Auch diese Strategie kenne ich aus meinem Herzen. Ich mag es, gemocht zu werden. Wenn ich mich unsicher fühle, tendiere ich dazu, Menschen nach dem Mund zu reden und Kompromisse zu machen, damit andere gut finden, was ich mache.

„Menschenfurcht" nennt die Bibel das und findet klare Worte dafür: „Wer das Urteil der Menschen fürchtet, gerät in ihre Abhängigkeit; wer dem Herrn vertraut, ist gelassen und sicher" (Sprüche 29,25; HFA). In Galater 1,10 sagt Paulus es so: „Wenn ich noch Menschen gefallen wollte, wäre ich nicht ein Diener Christi!"

Wir sind zwar berufen, Menschen zu lieben, aber nicht, ihnen alles recht zu machen. Immer mal wieder fordert mich der Heilige Geist heraus, mein Herz zu prüfen, warum ich etwas tue: Tue ich es, um Menschen zu gefallen, oder tue ich das, was Gott mir aufgetragen hat?

Wir sind berufen, Menschen zu lieben, aber nicht, ihnen alles recht zu machen.

Wie wichtig uns die Meinung von Menschen ist, erkennen wir oft auch erst dann, wenn wir mal nicht ihren Applaus ernten, sondern kritisiert werden. Gerade da, wo ich merke, dass Feedback mir zu sehr an die Substanz geht und mich verunsichert, muss ich immer wieder mein Herz Gott hinhalten, um mit ihm gut zu sortieren, und in ihm gelassen und sicher zu werden.

Gott ist nicht wie die Menschen

Auch in unserer Beziehung zu Gott leben wir diese Schutzstrategien, wenn wir uns seiner Liebe nicht sicher sind. Wir kehren Gott den Rücken oder halten ihn auf Abstand. Oder wir versuchen, uns seine Liebe irgendwie zu verdienen.

Vor einigen Jahren legte der Heiligen Geist seinen Finger liebevoll auf eine Lüge in meinem Herzen, die mich davon abgehalten hatte, Gott nah an mich herankommen zu lassen. Ich war auf einer großen Konferenz. Die Band spielte und wir sangen alle zusammen aus vollem Herzen das Lied von Chris Tomlin, *You are a good good Father.* Plötzlich nahm ich das Flüstern des Heiligen Geistes in meinem Herzen wahr: „Ich bin nicht wie dein Vater." Wie bitte? Mein Vater ist doch ein guter Vater! Lustig, freundlich, kreativ, lebensfroh …

Doch in diesem Moment erinnerte mich der Heilige Geist an eine Begebenheit aus meiner Teenagerzeit. Ich hatte meinen Vater gefragt, wer eigentlich seine Vorbilder seien. Er wusste mir nicht ad hoc eine Antwort zu geben und wollte darüber nachdenken. Kurze Zeit später predigte er in unserer Gemeinde. Vor der versammelten Menge erzählte er davon, dass seine Tochter ihn gefragt hatte, wer seine Vorbilder seien. Er sagte, dass er darüber nachdenken musste, aber nun sagen könnte, dass ein bestimmter Mann aus der Bibel (Barnabas, glaube ich) ein Vorbild für ihn sei.

Diese Situation klingt vielleicht banal. Mein Vater hatte wohl einfach nicht mehr daran gedacht, mir persönlich auf meine Frage zu antworten und wollte mich sicher nicht verletzen. Als Teenager nahm ich die Situation zwar als nicht gerade toll wahr, aber ich war mir nicht bewusst, dass sich tief in meinem Herzen eine Lüge einnistete: „Mein Vater redet lieber mit der Gemeinde als mit mir. Ich bin ihm nicht wichtig genug, als dass er mir sein Herz zeigen konnte."

> Ich war mir nicht bewusst, dass sich tief in meinem Herzen eine Lüge einnistete.

Es fiel meinem Vater nie besonders leicht, sein Herz mit uns zu teilen. Und ganz tief drin übertrug mein Herz diese Haltung auf die Beziehung zu meinem Vater im Himmel. Ich bin sicher, dass der Feind unserer Herzen diese Situation nutzte, um Lügensamen in mein Herz zu säen, denn so arbeitet er. Er versucht, Lügen in uns groß werden zu lassen, die uns von anderen Menschen, von uns selbst und vor allem von Gott trennen.

In diesem Moment, Jahre später, im Lobpreis flüsterte mir der Heilige Geist zu: „Ich rede mit dir einfach wegen dir! Nicht nur wegen deinem Dienst in der Kirche." Plötzlich wurde mir bewusst, dass ich jahrelang daran gezweifelt hatte, ob ich wirklich von Gott hören konnte. Ob ich ihm wichtig genug war, dass er mir sein Herz zeigen würde. Ich versuchte, ihm zu dienen und alles Mögliche für ihn zu tun, um ihm näherzukommen, anstatt ihm aus einer gelebten Intimität heraus zu dienen. Doch er wollte mich nicht nur als Dienerin, sondern als Tochter – ganz nah an seinem Herzen!

Wie sieht es in deiner Beziehung zu Gott aus? Kannst du ihn nah an dein Herz heranlassen? Oder hältst du ihn lieber auf Abstand? Bist du dir der Liebe Gottes zu dir bewusst oder versuchst du, dir Gottes Liebe zu verdienen?

→ *Tendierst du dazu, Mauern zu bauen oder Liebe verdienen zu wollen?*

Die Liebe des Vaters

In Lukas 15 erzählt Jesus seinen Jüngern eine Geschichte von zwei Brüdern, die diese beiden Schutzstrategien unseres Herzens auf erstaunliche Weise deutlich macht. Aber noch viel wichtiger: Jesus macht darin deutlich, wie unglaublich, radikal und heilend die Liebe unseres Vaters im Himmel ist.

Der erste Bruder verlässt die Liebe seines Vaters. Als Kind fand ich diesen Bruder immer irgendwie cool. Er wirkte so stark, unabhängig und abenteuerlustig. Er nimmt sein Leben in die Hand und erobert die Welt. Was ist so schlimm daran? Wenn wir uns die Geschichte genauer anschauen, dann erkennen wir das Problem: Dieser Bruder wollte das Erbe des Vaters – und das noch bevor der überhaupt unter der Erde war. Würdest du zu deinen Eltern gehen und sagen: „Ich will jetzt sofort mein Erbe haben?“ Was würde das kommunizieren? Damals wie heute bedeutet das nichts anderes als: „Du bist für mich gestorben!“

Man muss zudem verstehen, dass es damals nicht um ein Erbe im Sinne von Geld auf dem Konto ging, sondern um Ländereien und Besitz, der verkauft und zu Geld gemacht werden musste. Der Sohn schwächt mit seiner selbstsüchtigen Aktion den wirtschaftlichen und sozialen Stand seines Vaters erheblich. Er will das Geld des Vaters, seinen Besitz, aber mit seinem Vater selbst will er nichts mehr zu tun haben. Er kehrt ihm den Rücken. Er mauert sich ein und blockiert jede Begegnung mit ihm. Selbst als er in eine große Hungersnot gerät, geht er zunächst lieber zu den Schweinen und isst von deren Futter, als direkt zu seinem Vater zurückzukehren.

Irgendwann zwingt die Hungersnot den „verlorenen Sohn“ jedoch in die Knie. Völlig am Ende kommt er schließlich zur Besinnung und macht sich auf den Weg zurück zu seinem Vater. Ob es Reue und Sehnsucht ist oder einfach nur der Hunger, der ihn zurücktreibt? Wer weiß. Der Sohn jedenfalls weiß, dass er nicht so tun konnte, als wäre nichts gewesen. Er bietet dem Vater einen Deal an, der nur aus einer tief gebrochenen Seele kommen kann: „Ich bin es nicht mehr wert, dein Sohn genannt zu werden. Mach mich zu einem deiner Tagelöhner!“ (Lukas 15,19).

Ein Tagelöhner ist nicht dasselbe wie ein Diener, der zumindest noch im selben Haus wohnen kann. Der Tagelöhner wird nur tageweise „gebucht“. Der Sohn wollte also immer noch auf Abstand bleiben. Doch nun wollte er seinem Vater dienen, um zumindest noch seine Versorgung bekommen zu können, wenn es auch für Liebe zu spät zu sein schien.

Die Strategie, sich die Liebe und Fürsorge des Vaters zu erarbeiten, lebt der ältere Bruder schon lange. Er ist zwar bei seinem Vater geblieben und doch hat sein Herz die Liebe des Vaters nicht wirklich begriffen. Er versuchte schon sein ganzes Leben lang sich die Gunst und das Erbe seines Vaters zu verdienen, indem er immer gehorsam das tut, was sein Vater verlangt (Lukas 15,29). In dieser Geschichte setzt Jesus Gott mit diesem Vater gleich. Er möchte, dass die Jünger, dass wir begreifen, wie Gottes Herz ist, wie Gott uns sieht und wie Gott mit uns umgeht. Und die Liebe dieses Vaters ist unglaublich – auf mehreren Ebenen!

LIEBE, DIE FREIGIBT

Das Erste, was radikal ist an dieser Geschichte der „verlorenen Söhne", ist: Der Vater erhört die Bitte seines jüngeren Sohnes und lässt ihn samt Erbe ziehen. In der damaligen Kultur hätte er das als Patriarch definitiv nicht tun müssen, ja, er hätte es nicht tun sollen. Die Zuhörer von Jesus waren damals sicher empört über diese „Barmherzigkeit", die die unehrenhafte Haltung des Sohnes sogar noch unterstützte.

Doch so ist Gott: Gott respektiert deine Grenzen und deinen Willen. Seine Liebe ist eine Einladung, aber Gott zwingt uns nicht in eine Beziehung zu ihm. Er lässt uns ziehen. Er akzeptiert unser Nein zu ihm, auch wenn es ihm das Herz bricht.

Ich hätte es manchmal lieber, dass Gott klarer und lauter wäre. Dass er weniger zulassen würde, dass Menschen ihre eigenen Wege gehen und so anderen Menschen und sich selbst Leid zufügen. Manchmal finde ich es frustrierend, dass Gott sich nicht öfter und offensichtlicher zeigt, sodass niemand mehr irgendwelche Zweifel an ihm haben kann und daran, was sein Wille ist.

Gott respektiert deine Grenzen und deinen Willen. Seine Liebe ist eine Einladung.

Aber Gott möchte gesucht werden. Er möchte, dass wir anklopfen, nachforschen, uns auf die Suche machen nach ihm.[32] Er möchte gewollt werden. Beziehung mit Gott beruht auf deiner Entscheidung, auf deinem Glauben, auf deinem Ja zu ihm.

Gott offenbart seinen Willen, aber er respektiert auch unseren. Er ist klar darin, welcher Segen für die bereit liegt, die ihn ehren und respektieren. Er ist auch klar darin, welche Konsequenzen es nach sich zieht, wenn wir seinen Willen nicht respektieren. Aber er zwingt sich nicht auf. Er will unser Herz – und zwar nicht in Ketten, sondern frei. Ich liebe das an Gott. Wer sind wir Menschen, dass er uns so ernst nimmt? Er hätte alle Macht, uns zu zwingen, alles für ihn zu tun. Aber er zwingt uns nicht. Er liebt uns!

LIEBE, DIE VERGIBT

Dass der Vater den Sohn ziehen lässt, ist schon unglaublich. Doch, dass er ihn wieder bei sich aufnimmt, nachdem der Sohn den Vater derart beleidigt hat, war für die damalige Kultur unvorstellbar. Fast schon ein Skandal. Nach dem damaligen Gesetz hätte der Sohn keine Gnade, sondern vielmehr die härteste Strafe für seinen Ungehorsam und sein ausschweifendes Leben verdient.[33]

Als der Vater den Sohn von Weitem erblickt, rennt er ihm entgegen – wieder so eine Sache, die Patriarchen zur damaligen Zeit niemals gemacht hätten. Denn die Würde zu wahren, war in dieser Kultur sehr wichtig, und zu rennen galt definitiv nicht als würdevoll und angemessen. Die eigene Würde war dem Vater in der Geschichte offensichtlich egal. Er schloss seinen Sohn in die Arme und küsste ihn, noch bevor der ihn um Vergebung bitten konnte.

So ist Gott. Seine Arme sind weit offen für jeden, der sich ihm nähert: „Kommt zu Gott, und Gott wird euch entgegenkommen" (Jakobus 4,8). Gott kommt uns entgegen. Nicht mit einem vorwurfsvollen Blick, nicht mit einer Liste unserer Vergehen. Nicht mit einem „Hab ich's doch gesagt!". Wenn wir zu ihm zurückkommen, finden wir in seinem Blick Annahme, Vergebung und Liebe.

Manchmal ist es für uns westlich denkende Menschen schwer zu begreifen, wie wenig wir diese Barmherzigkeit Gottes verdienen. Dass Gott uns so bedingungslos liebt und uns in seine Familie aufnimmt, basiert nicht darauf, dass wir so tolle Menschen sind. Gott schuldet uns gar nichts. Im Gegenteil. Wer sind wir, dass Gott sich um uns kümmert? Wir sind wie Playmobilfiguren im Vergleich zu ihm. Er hat uns geschaffen! Er ist so viel höher als wir. Wenn wir uns nicht nach seinem Willen richten, hätten wir es verdient, dass er uns links liegen lässt. Aber Gott ist so nicht. Seine Liebe ist radikal und hingegeben.

LIEBE, DIE GIBT

Vor lauter Freude schmeißt der Vater eine Party für seinen heimgekehrten Sohn. Er schlachtet das gemästete Kalb – eine nur für ganz besondere Tage reservierte Köstlichkeit. Er kleidet ihn mit dem besten Gewand und mit Sandalen und legt ihm den Familienring an. „Du gehörst zu uns! Du bist mein Sohn", sagt der Vater damit.

Der ältere Bruder ärgert sich tierisch darüber. Er ist eifersüchtig und wütend, dass für diesen Herumtreiber ein Fest gefeiert wird, das natürlich mit seinem verbliebenen Teil des Erbes bezahlt wird. Er ist so bitter, dass er nicht Teil dieser fröhlichen Gemeinschaft sein will. Sein Vater muss zu ihm herauskommen, um mit ihm zu reden und ihn einzuladen, mit ihnen zusammen zu feiern. Der Ältere nennt seinen Bruder nur „dein Sohn" und ärgert sich über die Barmherzigkeit seines Vaters. Er meint, der Vater sei ihm etwas schuldig, weil er ihm so viele Jahre gedient hatte und ihm gehorsam war. Doch der Vater sagt liebevoll zu ihm: „Kind, … du bist immer bei mir, und alles, was mir gehört, gehört auch dir" (Lukas 15,31). Der Vater hatte nie verlangt, dass sich der Sohn für ihn abrackert. Er wollte ihm schon immer nah sein, mit ihm feiern und das Leben mit ihm teilen. Der Theologe und Pastor Timothy Keller erklärt, dass es eigentlich die Aufgabe des älteren Sohnes gewesen wäre, seinen jüngeren Bruder zurückzuholen.[34] Doch dieser Bruder hier wollte nicht, dass sein Bruder zurückkam und sich auch noch an dem übrigen Erbteil vergreifen konnte. Sein Herz war so hart geworden, dass er nur noch seine eigenen Bedürfnisse sehen konnte, anstatt Liebe zu empfangen und zu verschenken.

Jesus Christus ist ein echter großer Bruder für uns geworden. Er hat uns zurückgeholt. Er hat uns den Weg geebnet. Er hat alles für uns aufgegeben, sein eigenes Leben. Durch ihn bekommen wir wieder Anteil an dem Erbe des Vaters.

Liebe annehmen

Ob du von Gott nun weit entfernt warst und ihm lange Zeit den Rücken gekehrt hast, ob du seine Liebe verlassen und seinen Segen mit Füßen getreten hast, oder ob du versucht hast, dir die Liebe des Vaters zu verdienen und alles richtig zu machen – der Vater sagt zu dir: „Du bist meine Tochter! Du gehörst zu mir! Ich möchte dir nah sein! Ich möchte dich kennen und ich möchte, dass du mich kennst!"

Der Vater legt seinem jüngeren Sohn den Siegelring der Familie an, den sein älterer Bruder sicher auch trug. Mit diesem Ring konnten sie in der Autorität ihres Vaters handeln und Geschäfte abschließen. Was für ein Vertrauen! Damit sagt der Vater zu ihnen: „Alles, was mir gehört, steht euch zur Verfügung." Auch du trägst diesen Ring. Wenn du zu Gottes Familie gehörst und seine vergebende Liebe annimmst, dann verleiht Jesus dir das Recht, Gottes Kind zu sein. Du hast dann eine neue Identität in Christus. Die Bibel spricht davon, dass dir ein unfassbar großes Erbe zur Verfügung steht:

> Denn der Geist, den ihr empfangen habt, macht euch nicht zu Sklaven, sodass ihr von neuem in Angst und Furcht leben müsstet; er hat euch zu Söhnen und Töchtern gemacht, und durch ihn rufen wir, wenn wir beten: „Abba, Vater!" Ja, der Geist selbst bezeugt es uns in unserem Innersten, dass wir Gottes Kinder sind. Wenn wir aber Kinder sind, sind wir auch Erben – Erben Gottes und Miterben mit Christus.
> – Römer 8,15-17

Alles, was Gott im Himmel hat, steht uns zur Verfügung: ewiges Leben, Freiheit, Rettung, Heilung, Freude, Frieden, Kraft – Gott hält nichts vor uns zurück. Seine Unterstützung ist dir sicher. Seine Freiheit darfst du genießen. Und vor allem: seine Gegenwart! Ihn selbst darfst du kennenlernen!

→ *Weißt du, dass Gott dich liebt? Nicht nur in deinem Kopf, sondern weiß es dein Herz?*

Ich erinnere mich an einen Spaziergang, bei dem Jesus meinem Herzen zuflüsterte, ob er für immer meine erste Liebe sein dürfe. Das war für mich fast wie ein Heiratsantrag. Ganz leise und tief in mir drin. Man hätte es auch wegdiskutieren können, aber ich wusste in dem Moment: Ich bin gesehen und geliebt. Gottes Liebe ist etwas tiefer in mein Herz hineingerutscht.

Hast du eine Ahnung davon, wie sehr Gott dich liebt? Hast du das jemals gehört? Er hat die Haare auf deinem Kopf gezählt, sagt die Bibel.[35] Er hat dich im Mutterleib zusammengewoben, genauso, wie du sein solltest. Er kennt jeden Winkel deiner Seele, er durchforscht deine Gedanken.[36] Er ist interessiert an dir und an jedem Moment deines Lebens. Das ist unglaublich, oder? Und wenn ja, weiß es dein Kopf, hat dein Herz es wirklich begriffen? Gab es Momente in deinem Leben, wo du gespürt hast: „Wow, Gott meint wirklich mich! Er sieht mich! Nicht nur die ganze Welt, sondern mich!"

Vielleicht erinnerst du dich gerade an Momente, wo der Himmel dir ganz nah kam. Dein Herz wird warm und du fühlst dich glücklich und dankbar, weil du weißt, dass du geliebt bist. Vielleicht spürst du aber auch gerade Sehnsucht oder sogar Frust, weil du Gottes Liebe noch nie so erlebt hast. Ich kenne beides: Die Freude und den Frust, das Sehen und das Sehnen. Doch egal, ob wir sie spüren oder nicht – Gottes Liebe zu uns wird nicht davon definiert, wie wir sie erleben. Gottes Liebe zu uns steht. Unerschütterlich.

Mein Vater hat in seiner Kindheit selbst nie gelernt zu sagen: „Ich liebe dich." Darum hat er es auch seinen Kindern nie gesagt. Erst als ich schon ausgezogen war, wurde ihm bewusst, wie wichtig es für Kinder ist, diese Worte so ausdrücklich zu hören. Und so fing er damit an, immer wenn wir uns verabschiedeten, klar und deutlich zu sagen: „Ich hab dich lieb!" Bis heute fühlt es sich jedes Mal etwas seltsam an. Wunderschön und seltsam. Ich grinse verlegen und sage: „Ich dich auch." Irgendwie fällt es mir schwer, diesen Satz von ihm, den mein Herz so sehr braucht, wie selbstverständlich anzunehmen.

> Die schwerste Übung für ein verwundetes Herz ist es, die Liebe Gottes anzunehmen.

Dass wir Gottes Liebe empfangen und annehmen können, ist ein Werk des Heiligen Geistes in uns: „Und in unserer Hoffnung werden wir nicht enttäuscht. Denn Gott hat uns den Heiligen Geist gegeben und hat unser Herz durch ihn mit der Gewissheit erfüllt, dass er uns liebt" (Römer 5,5). Manchmal passiert das von einem Moment auf den anderen. Oft ist es auch ein Prozess, der über Jahre geht. Der Heilige Geist kommt mit Gottes Liebe in unser Herz und beginnt, Stück für Stück die Angst aus unserem Herzen auszutreiben: „Wo die Liebe regiert, hat die Angst keinen Platz; Gottes vollkommene Liebe vertreibt jede Angst" (1. Johannes 4,18).

Du kannst es dir wie einen Hausputz vorstellen. In allen möglichen Ecken unseres Herzes regiert das Chaos – nicht die Liebe, sondern die Angst. Verletzungen, Lügen, Schuld. All das müllt unser Seelenhaus zu. Der Heilige Geist kommt und reinigt es Stück für Stück. Er entlarvt Lügen, deckt Schuld auf[37] und legt seinen Finger liebevoll auf Verletzungen in unserem Leben. Je mehr wir das zulassen, desto besser kann Gott, der Vater, uns mit seiner liebevollen Umarmung erreichen.

Der Vater sagt zu dir: „Du bist meine Tochter! Du gehörst zu mir! Ich möchte dir nah sein! Ich möchte dich kennen und ich möchte, dass du mich kennst!

Ich liebe dich!

Doch Gott braucht dafür unser Ja! Unsere Erlaubnis. Seine Gnade braucht unseren Glauben, um wirksam in unserem Leben zu werden. Wir müssen zu ihm umkehren. „Buße" klingt in unseren Ohren oft so schrecklich verurteilend, strafend. Doch eigentlich bedeutet es nichts anderes als „Umkehr" – Übereinstimmung mit Gott. Statt den Lügen glauben wir nun die Wahrheit Gottes. Statt unsere Schuld zu verstecken, geben wir sie zu und nehmen Vergebung an. Statt Verletzungen in unserem Leben zu bunkern und Schutzstrategien aufrechtzuerhalten, entscheiden wir uns dafür, Gottes heilende Liebe zuzulassen.

Der Heilige Geist kommt in unser Herz und macht dort das Licht an. Er sieht alles, was in uns vorgeht. Gnade bedeutet, dass Gott alles sieht und uns einfach liebt. Glaube bedeutet, dass wir uns vertrauensvoll öffnen, uns zeigen, wie wir sind, und uns einfach lieben lassen.

→ *Hast du jemals Ja gesagt zu dieser Gnade und Liebe Gottes? Hat der Heilige Geist Zugang zu deinem Herzen? Auch zu den schmerzhaften Stellen?*

Das erneuerte Herz

Gottes Geist verändert uns von innen heraus. Er erneuert unser Herz Stück für Stück.

> Ich will euch ein neues Herz und einen neuen Geist geben. Ja, ich nehme das versteinerte Herz aus eurer Brust und gebe euch ein lebendiges Herz. Mit meinem Geist erfülle ich euch, damit ihr nach meinen Weisungen lebt, meine Gebote achtet und sie befolgt. – Hesekiel 36,26-27; HFA

Unser Schlüsselvers aus 2. Timotheus sagt, dass Gott uns statt dem Geist der Furcht den Geist der Liebe gegeben hat. Das Wort für Liebe ist hier agape. Diese Liebe ist anders als elterliche Liebe (*storge*), anders als freundschaftliche Liebe (*philia*), ganz anders als körperliche Anziehung (*eros*). Agape ist göttlich. Liebe von göttlicher Qualität. Liebe, die wie ein Leben bringender Fluss von Gottes Herzen zu einem Menschen und weiter zu anderen Herzen fließt. Erfüllt mit göttlicher Liebe, werden wir darin wachsen, andere so zu lieben, wie er uns geliebt hat:

> *LIEBE, DIE FREIGIBT* Erfüllt mit Gottes Liebe lernen wir, andere Menschen freizugeben. Wir lassen unsere überhöhten Erwartungen an sie los. Sie dürfen uns lieben und unterstützen, aber wir sind nicht mehr abhängig davon. Wir können es aushalten, dass Menschen Fehler machen und uns enttäuschen. Mit göttlicher Gnade können wir ihnen begegnen. Wir geben auch uns selbst frei und versuchen nicht mehr, Liebe zu verdienen. Wir sind keine Sklaven, sondern Kinder Gottes!

LIEBE, DIE VERGIBT So wie Gott uns vergibt und heilt, lernt unser Herz dann auch anderen Menschen zu vergeben. „Vergib uns unsere Schuld, wie auch wir denen vergeben haben, die an uns schuldig geworden sind" (Matthäus 6,12).

Vergebung empfangen und Vergebung verschenken gehört untrennbar zusammen, wenn Gottes Liebe unser Herz erfüllt. Vergebung bedeutet, dass wir uns zunächst klarmachen, was es ist, das uns verletzt hat. Das kann ein sehr schmerzhafter Weg sein. Vielleicht brauchst du dafür die Unterstützung einer Freundin oder einer Seelsorgerin, die mit dir zusammen diese Dinge anschaut und vor das Kreuz von Jesus trägt. In der Gegenwart von Jesus benennen wir dann unseren Schmerz und das, was uns angetan wurde. Und dann lassen wir es los und geben es in Gottes Hand, indem wir laut aussprechen, dass wir im Namen von Jesus Christus vergeben.[38]

Ich habe schon mehrfach erlebt, dass ich Vergebung ausgesprochen habe, ohne es dabei unbedingt zu fühlen. Und dennoch spürte ich Veränderung nach diesen Gebeten. In einem Fall kam die betreffende Person kurze Zeit später auf mich zu und meinte, dass sie den Eindruck habe, dass sich zwischen uns etwas verändert hätte. Sie wusste nichts von meinem Prozess und dennoch hatte sie die Kraft der Vergebung gespürt.

Ich habe Joyce Meyer in einer Predigt einmal sagen hören: „Wenn wir nicht vergeben, ist es so, als würden wir Gift trinken und hoffen, dass der andere stirbt." Es stimmt. Gott will unsere Freiheit. Vergebung ist keine Auflage, keine Pflicht, die wir erfüllen müssen. Niemand wird dich zwingen zu vergeben, wenn du nicht bereit dazu bist. Gott ist sehr behutsam in seinem Weg mit dir. Dennoch ist Vergebung die logische Konsequenz von einem Herzen, in dem nicht mehr die Angst, sondern die Liebe regiert.

LIEBE, DIE GIBT Wenn Liebe statt Angst unsere Herzen regiert, dann können wir frei werden und uns selbst an andere verschenken. Nicht, um Liebe zu verdienen, sondern weil Liebe uns von innen heraus motiviert. Auf der Grundlage, dass Jesus uns sieht, uns liebt, uns den höchsten Wert zuspricht, können wir nun von uns selbst wegschauen und selbstlos andere Menschen lieben und ihnen Wert schenken: „Der tiefste Grund für unsere Zuversicht liegt in Gottes Liebe zu uns: Wir lieben, weil er uns zuerst geliebt hat" (1. Johannes 4,19).

Bleib in meiner Liebe!

Vor ein paar Wochen war ich sehr gestresst. Ich fühlte mich so unsicher, so getrieben von meiner eigenen Erwartung. Ich weiß nicht genau, wie oder warum, aber aus irgendeinem Grund fiel mir an diesem Tag ein altes Notizbuch in die Hände, in dem ich Worte, die ich vom Heiligen Geist höre, oder Prophetien und Bilder, die ich von anderen Menschen bekomme, festgehalten habe. Ich las ein Bild, das ein Freund mir vor einigen Jahren geschickt hatte:

> Du stehst in einem schwarzdunklen, großen Raum und ein Spot ist von oben auf dich gerichtet. Das Licht ist starr, unbeweglich, kühl und du wirkst recht einsam. In der Hand, wo sonst das Mikro ist, hältst du eine Rose, die aber zusehends verwelkt. So wie sie verwelkt, wirst du blasser, trauriger und faltiger (älter) im Gesicht. Jesus kommt zu dir, schick angezogen mit einer neuen Rose für dich, und lädt dich zum Tanzen ein. Das Lied, das läuft, als du mit Jesus beginnst zu tanzen ist We dance von Bethel Music.
>
> Er zieht dich aus dem Spotlight und tanzt mit dir durch den ganzen Raum. Der Raum wird hell, das Licht wird warm, Menschen sind zu sehen, die euch zuschauen. Du lässt dich von Jesus führen und er tanzt mit dir so durch den Raum, wie er es will. Dein Gesichtsausdruck verändert sich, die Falten verschwinden, die Farbe kehrt zurück und mit jedem Dreher und Schlenker mehr auch das Lachen. Ihr tanzt an Einzelpersonen und kleinen Grüppchen vorbei, verteilt Rosen und in dem Moment, wo ihr sie berührt, fangen auch sie an zu tanzen. Am Ende ist es eine Stimmung wie bei einem großen Ball und das ganze Haus feiert.

Ich habe diese Worte gelesen und erst mal geheult. Dann habe ich mir meine kleine Babytochter geschnappt, dieses Lied angemacht und wir sind durch die Küche getanzt. Mit Jesus. Ich brauche das: Tanzen mit Jesus. Intimität mit ihm. Nähe zu ihm. Wenn meine Schutzstrategien am Werk sind, werde ich krampfhaft, distanziert, versuche aus meiner Kraft alles richtig zu machen und spüre dabei, wie langsam, aber sicher die Freude und das Leben schwinden.

In der Nähe von Jesus wird mein Herz wieder weich. Ich spüre neu: Ich bin geliebt. Einfach so. Ich muss dafür nichts leisten. Ich muss mich nicht verbiegen. Ich darf einfach sein. Nah bei ihm. Er lädt mich ein und sagt: „Ich habe euch genauso geliebt, wie der Vater mich geliebt hat. Bleibt in meiner Liebe!" (Johannes 15,9). Dieser Ort ist der einzige Ort, an dem ich Frucht bringen kann. Diese Quelle ist die einzige, durch die Leben fließt. Diese Verbindung ist es, die das, was ich mache, sinnvoll und effektiv werden lässt. Nicht effektiv in meinem Sinne, sondern lebendig, kraftvoll, wirkungsvoll.

Gottes Vaterliebe ist genau das, wonach unser inneres Kind sich sehnt. Kein menschlicher Vater kann je so lieben, wie Gott uns liebt. Keine menschliche Mutter wird uns je alles geben können, was wir brauchen. Denn unser menschliches Herz – unser inneres Kind – wurde für einen anderen Vater geschaffen: für unseren Vater im Himmel, dessen vollkommene Liebe jede Verletzung heilt und jede Angst vertreibt.[39]

In der Nähe von Jesus wird mein Herz wieder weich. Ich spüre neu: Ich bin geliebt.

Jesus' Freundschaft ist das, was unseren Tank mit Vertrauen und Sicherheit füllt. Keine andere Person, kein Ehemann, keine Freundin kann uns je so ermutigen und unterstützen, wie wir es brauchen. Jesus ist es, der uns beauftragt. Er ist es, der uns versteht, der uns vorausgegangen ist und der durch den Heiligen Geist immer an unserer Seite bleibt.

Gott sagt: „Fürchte dich nicht, denn ich bin bei dir!" Wir sind geschaffen für diese Liebe. Und Gottes Liebe ist für uns. Bleib in seiner Liebe!

In Christus bin ich wertvoll und teuer erkauft:

Ich gehöre nun Gott.

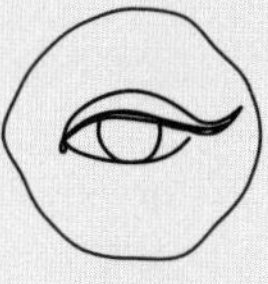

SEE

Nachdem du dieses Kapitel gelesen hast, schreibe alles auf, was gerade in dir vor sich geht. Was nimmst du in deinem Körper wahr? Was fühlst du? Was denkst du? Bleibe dabei neugierig und offen, ohne dich zu bewerten. Mache dir bewusst, dass Gott jetzt gerade bei dir ist und dir zuhört. Lausche auch darauf, was er dir zuflüstert.

REFLECT

WAS GLAUBT DEIN HERZ? Welche Glaubenssätze glaubst du in Bezug darauf, wie geliebt du bist?

POSITIVE GLAUBENSSÄTZE

- ◯ *Ich bin gewollt!*
- ◯ *Ich bin gut so wie ich bin!*
- ◯ *Ich bin schön!*
- ◯ *Mein Körper ist gut so wie er ist!*
- ◯ *Meine Gefühle sind wichtig!*
- ◯ *Ich finde meinen Platz in der Gruppe!*
- ◯ *Ich weiß, wann ich dran bin und wann andere dran sind!*
- ◯ *Meine Meinung wird gehört!*
- ◯ *Ich kann auch mal allein sein!*
- ◯ *Ich darf auch Nein sagen!*
- ◯ *Ich bin nicht perfekt, aber trotzdem geliebt!*
- ◯ *Ich darf Ansprüche stellen!*
- ◯ *Meine Erwartungen werden gehört!*
- ◯ *Ich darf genießen!*
- ◯ *Ich bin eine Bereicherung für andere!*
- ◯ *Ich kann vertrauen!*
- ◯ *Ich bin geliebt!*
- ◯ *Ich bin genauso wichtig wie andere auch!*
- ◯ *Ich werde unterstützt!*
- ◯ *Ich kann Nähe zulassen!*

Andere:

NEGATIVE GLAUBENSSÄTZE

- ◯ *Ich bin nicht gewollt!*
- ◯ *Ich bin nicht willkommen!*
- ◯ *Ich bin unerwünscht!*
- ◯ *Ich bin nicht liebenswert!*
- ◯ *Ich bin nicht wichtig!*
- ◯ *Ich werde nicht gesehen!*
- ◯ *Ich bin allein!*
- ◯ *Ich falle zur Last!*
- ◯ *Ich bin dafür verantwortlich, dass es anderen gut geht!*
- ◯ *Ich kann anderen nicht vertrauen!*
- ◯ *Ich bin schuld!*
- ◯ *Ich enttäusche andere!*
- ◯ *Ich darf nicht fühlen!*
- ◯ *Ich bin nicht schön!*
- ◯ *Ich bin nicht attraktiv!*
- ◯ *Ich bin zu dick!*
- ◯ *Beziehungen sind gefährlich!*
- ◯ *Ich werde bestimmt enttäuscht!*
- ◯ *Ich werde bestimmt verlassen!*
- ◯ *Meine Gefühle sind nicht wichtig!*

Andere:

SCHATTENKIND Übertrage nun den wichtigsten negativen Glaubenssatz zu deinem Schattenkind.

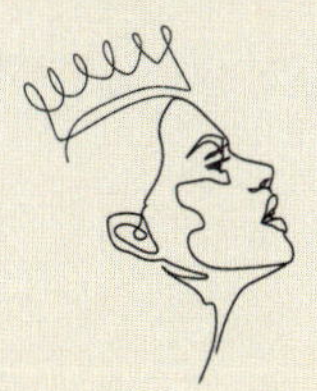

KÖNIGSKIND Übertrage den wichtigsten positiven Glaubenssatz zu deinem Königskind (nicht ins Herz – das füllen wir später).

LIEBE VERDIENEN Wenn ich mich unsicher fühle, versuche ich die Anerkennung und **Liebe von Menschen zu verdienen**, indem ich …

Wenn ich mich unsicher fühle, versuche ich **Gottes Liebe zu verdienen**, indem ich …

Inwieweit hilft mir diese Schutzstrategie?

Inwieweit schadet es mir, meiner Beziehung zu anderen und meiner Beziehung zu Gott?

LIEBE VERLASSEN Wenn ich mich unsicher fühle, **ziehe ich mich zurück von Menschen,** indem ich …

Wenn ich mich unsicher fühle, **entferne ich mich von Gott**, indem ich …

Inwieweit schützt es mich wirklich? Was versuche ich damit zu erreichen?

Inwieweit tut es mir nicht gut?

Inwieweit schadet es mir, meiner Beziehung zu anderen und meiner Beziehung zu Gott?

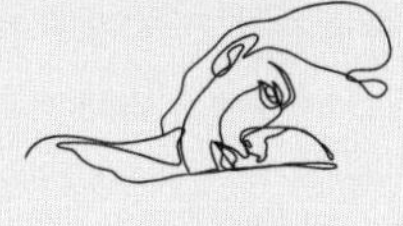

SCHATTENKIND Schreibe die Schutzstrategie, die du aus deinem Leben wiedererkennst zu deinem Schattenkind.

CHOOSE

DEINE IDENTITÄT IN CHRISTUS In Christus hast du eine neue Identität. Der Heilige Geist füllt dein Herz mit der Liebe Gottes und erinnert dich daran, welche Wahrheit Christus über dir ausspricht. Welche Wahrheiten möchtest du heute neu für dich annehmen? Umkreise sie auf den nächsten beiden Seiten.

KÖNIGSKIND Übertrage die für dich wichtigsten Wahrheiten in das Herz deines Königskindes.

vor der Erschaffung der Welt von Gott auserwählt (Epheser 1,11; 1. Thessalonicher 1,4)!

Gottes Werk und eine neue Schöpfung (Epheser 2,10; 2. Korinther 5,17)!

erwählt, heilig, makellos (Kolosser 3,12; Epheser 1,4)!

eine siegreiche Überwinderin (1. Johannes 5,4; Römer 8,37)!

Teil von Gottes Triumphzug (2. Korinther 2,14)!

Miterbe mit Christus (Römer 8,17)!

Gott freut sich über mich (Zephanja 3,17)!

gefestigt im Glauben, gesalbt und versiegelt (2. Korinther 1,21-22; Epheser 1,13)!

Ausgerüstet, seinen Willen zu tun (Hebräer 13,21)!

wertvoll und teuer erkauft: Ich gehöre nun Gott (1. Korinther 6,20; Jesaja 43,1.4)!

aus Gott geboren und der Feind kann mich nicht anrühren (1. Johannes 5,18)!

ein Kind Gottes und Teil seiner Familie (Epheser 1,5. 2,9; Johannes 1,12)!

errettet und erlöst aus Gnade (Epheser 1,7-8)!

befreit aus der Gewalt der Finsternis (Kolosser 1,13)!

auferstanden und lebendig gemacht mit Christus (Epheser 2,5-6; Römer 6,2.11)!

mit Autorität über die Macht des Feindes ausgestattet (Lukas 10,19)!

gerecht gesprochen und heilig (Epheser 4,24; 2. Korinther 5,21; Römer 5,1)!

ein Bürger des Himmels (Philipper 3,20)!

Salz und Licht der Welt (Matthäus 5,13-14)!

erfüllt mit der Fülle des geistlichen Segens (Epheser 1,3, Kolosser 2,10)!

wunderbar gemacht (Psalm 139,13-14)!

eine Botin der Versöhnung (2. Korinther 5,20)!

auf dem Weg der Verwandlung in sein Ebenbild (2. Korinther 3,18)!

eine Freundin von Jesus (Johannes 15,15)!

mit Christus verbunden und in Gott verborgen (1. Korinther 1,30; Kolosser 3,3)!

ein Glied am Leib Christi (1. Korinther 12,27)!

stark im Herrn (Epheser 6,10; Kolosser 1,11)!

ein fähiger Diener (2. Korinther 3,4-6)!

frei von Verdammnis (Römer 8,1)!

begabt und berufen (Römer 11,29)!

beschützt (Psalm 23,4)!

In Christus bin ich …

im Frieden mit Gott (Epheser 2,14)!

geheilt durch seine Wunden (1. Petrus 2,24)!

Teilhaberin der göttlichen Natur (2. Petrus 1,4)!

dazu bestimmt, Frucht zu tragen (Johannes 15,16)!

jederzeit frei, zum Vater zu kommen (Epheser 2,18; Hebräer 4,16)!

ein Tempel des Heiligen Geistes (Epheser 2,22; 1. Korinther 6,19)!

von Gott geliebt (Epheser 2,4)!

gewiss, dass Gott sein Werk in mir vollenden wird (Philipper 1,6)!

Wenn du magst, drucke dir diese Grafik aus und hänge sie sichtbar auf, um dich daran zu erinnern, wer du bist in Christus.

ACT

DANKE SAGEN Wie kannst du heute einer Freundin und Unterstützerin danke sagen und sie ermutigen?

ZEIT MIT JESUS Nimm dir heute bewusst Zeit, Gottes Liebe zu genießen. Gehe mit Jesus spazieren, singe oder tanze zu Lobpreismusik, male ein Bild oder tu, was auch immer dir einfällt – mit ihm zusammen. Was hilft dir, in Gottes Gegenwart zu kommen?

TAUSCH AM KREUZ Vielleicht hast du in diesem Kapitel gemerkt, dass es Zeit für dich ist, ein paar Dinge aufzuräumen. Du kannst am Kreuz von Jesus Lügen gegen Wahrheit tauschen und Verletzungen zur Vergebung bringen. Hier findest du Vorschläge für Gebete, die dich durch diesen Prozess begleiten können. Lade gerne eine Freundin ein, die Jesus gut kennt, diese Gebete mit dir zu beten. Oder suche dir eine christliche Seelsorgerin, die dich dabei begleiten kann.

Trost für dein Herz – Lade den Heiligen Geist ein, dein Herz zu trösten und es aufzuräumen.

> *Hallo, Heiliger Geist.*
> *Ich wünsche mir Freiheit für mein Herz und ich glaube dir, dass du mir dabei helfen kannst. Bitte nimm mich an die Hand, sei mein Tröster und führe mich in deine Wahrheit und in Freiheit. Fülle mein Herz mit der Liebe Gottes. Ich erlaube dir in meinem Herzen zu tun, was du tun möchtest, und aufzudecken, was du heilen möchtest.*
> *Amen.*

Wahrheit statt Lüge – Tausche falsche Glaubenssätze gegen Gottes Wahrheit.

Im Namen von Jesus Christus widerrufe ich folgende falsche Glaubenssätze, die mein Herz glaubt:

Ich breche ihre Kraft über mich im Namen von Jesus Christus. Ich nehme die Wahrheit an, die du über mich aussprichst:

Ich nehme Gottes Vaterliebe für mich an. Danke, Gott, dass ich dein Kind sein darf.
Amen.

→ Sprich diese Wahrheit immer wieder, möglichst jeden Tag, über deinem Leben aus.

Vergebung für dich – Bitte den Heiligen Geist, dir zu zeigen, wo du selbst Vergebung brauchst.

„Wenn wir aber unsre Sünden bekennen, so ist er treu und gerecht, dass er uns die Sünden vergibt und reinigt uns von aller Ungerechtigkeit" – 1. Johannes 1,9; LUT

Jesus,
danke, dass du mich liebst und für meine Schuld am Kreuz gestorben bist. Ich bitte jetzt um Vergebung für:

Ich lasse das alles los und gebe es in deine Hand. Danke, dass du es auf dich nimmst und ich frei sein kann. Ich empfange jetzt deine Vergebung und Freiheit.
Amen.

Vergebung für andere – Bring zum Kreuz, was du heute loslassen möchtest.

Hallo, Heiliger Geist.
Ich wünsche mir Freiheit für mein Herz und ich glaube dir, dass du mir dabei helfen kannst. Bitte nimm mich an die Hand, sei mein Tröster und führe mich in deine Wahrheit und in Freiheit. Fülle mein Herz mit der Liebe Gottes. Ich erlaube dir in meinem Herzen zu tun, was du tun möchtest, und aufzudecken, was du heilen möchtest.
Amen.

Nimm dir zunächst Zeit, konkret aufzuschreiben, was dich verletzt hat (z.B. als Liste) und gehe dann mit einer Person deines Vertrauens ins Gebet. Wenn du magst, kannst du all das, was du vergeben möchtest, auch auf Zettel schreiben, die du verbrennst, wegwirfst oder durch irgendeine andere konkrete Handlung loslässt.

Im Namen von Jesus Christus vergebe ich ____________________ für:

....

....

Danke, Jesus, dass dein Blut auch dafür ganz ausreicht. „Wahrlich, ich sage euch: Alles, was ihr auf Erden binden werdet, soll auch im Himmel gebunden sein, und alles, was ihr auf Erden lösen werdet, soll auch im Himmel gelöst sein" (Matthäus 18,18).

Freiheit von falschen Bindungen

Wenn du spürst, dass dein Herz zu sehr an Personen gebunden ist, die dich verletzt haben oder dich übermäßig stark beeinflussen, dann ist es vielleicht Zeit, diese falsche Bindung zu lösen.

Im Namen von Jesus Christus löse ich jede ungesunde Bindung zu den Personen, die mich verletzt haben. Ich entlasse ____________________ (z.B. meine Eltern) aus der Verantwortung für mein Herz. Ich übernehme selbst Verantwortung und gebe mich in die liebevolle Fürsorge meines himmlischen Vaters. Jesus Christus allein ist der Herr meines Herzens.
Amen.

PLATZ FÜR NOTIZEN

Hallo Besonnenheit!

Richtet euch nicht länger nach den Maßstäben dieser Welt, sondern lernt, in einer neuen Weise zu denken, damit ihr verändert werdet und beurteilen könnt, ob etwas Gottes Wille ist – ob es gut ist, ob Gott Freude daran hat und ob es vollkommen ist.

Römer 12,2

Besonnenheit – Was ist das?

Kennst du das? Du läufst durch den Tag wie mit einer dichten Nebelwolke um dich herum. Alles ist irgendwie ätzend. Alle nerven dich. Tausend negative Gedanken wirbeln durch deinen Kopf. Du fühlst dich klein, unbedeutend und unsicher. Wann das angefangen hat, weißt du nicht mehr. Wie du das ändern kannst, erst recht nicht. Als hättest du einen Knoten im Hirn und im Herzen. Endlich kommst du nach Hause und willst dich entspannen, doch irgendjemand aus deiner Familie nervt dich, stellt tausend Fragen und macht 'nen blöden Kommentar. Das bringt das Fass zum Überlaufen und du fährst aus der Haut. Du motzt los und reagierst völlig über. Dabei willst du doch liebevoll und geduldig sein. Du weißt selbst nicht, was los ist, und kannst deine Reaktion einfach nicht beeinflussen. Kennst du das? Ich kenne zumindest jemanden, der das kennt … und mein Mann und meine Kinder auch. ☺

Besonnenheit ist die dritte Komponente aus unserem Schlüsselvers in 2. Timotheus 1,7. Wie Kraft und Liebe uns helfen, um Ängstlichkeit zu überwinden, darüber haben wir in den letzten beiden Kapiteln gesprochen. Doch was bitte ist Besonnenheit? Wozu brauchen wir sie und wie kann sie uns helfen?

Das Wort „Besonnenheit" gehört nicht unbedingt zu unserem alltäglichen Wortschatz. Was bedeutet es eigentlich? Das altgriechische Wort *sophrosýne*, von dem sich „Besonnenheit" herleiten lässt, bedeutet „gesunder Verstand" und „richtige Erkenntnis" und kann auch mit „besonnener Gelassenheit", „Selbstbeherrschung" oder „Disziplin" übersetzt werden. Besonnenheit ist im Grunde das Gegenteil von Impulsivität. Wie die Mutter eines tobenden, kreischenden Kindes reagiert sie ruhig, gelassen und beherrscht. Während die Impulsivität durchbrennt und überreagiert, trifft die Besonnenheit keine vorschnellen Entscheidungen. Sie überlegt, wägt ab und behält auch in heiklen Situationen die Ruhe.

Besonnenheit ist bewusstes Fühlen, gesundes Denken und gezieltes Handeln.

→ *Die Besonnenheit schafft es, zwischen einer Erfahrung und einer Emotion, einer Emotion und einer Reaktion einen Raum zu erzeugen. Einen Raum zum Durchatmen, zum Reflektieren und Entscheiden. Eine Art inneren Ruheraum, in dem wir völlig wach und präsent sind.*

Wie der jüdisch-österreichische Neurologe, Psychiater und KZ-Überlebende Viktor Frankl sagte: „Zwischen Reiz und Reaktion liegt ein Raum. In diesem Raum liegt unsere Macht zur Wahl unserer Reaktion. In unserer Reaktion liegen unsere Entwicklung und unsere Freiheit."

Genau das ist Besonnenheit. Auch wenn der Weg der Impulsivität für den Moment der leichtere wäre, wendet die Besonnenheit diese extra Portion Kraft auf – mit einem gelassenen und gleichzeitig disziplinierten Schritt in den Ruheraum. Mit Besonnenheit halten wir inne. Wir nehmen wahr, was gerade passiert und was das mit uns macht. Wir beobachten bewusst unsere Gefühle und Gedanken, doch wir reagieren nicht sofort, sondern entscheiden besonnen, was wir als Nächstes denken und tun möchten. Besonnenheit ist bewusstes Fühlen, gesundes Denken und gezieltes Handeln. Klingt gut? Ist es auch! Und das Beste daran: Besonnenheit kann man lernen und einüben.

Eine einfache Formel hilft uns dabei. Du hast sie bereits in den letzten Einheiten als Furchtlos-Übungen angewandt: SEE, REFLECT, CHOOSE, ACT. Jetzt schauen wir uns die vier Schritte noch etwas näher an und lernen, wie und warum sie gut funktionieren.

See – Sehen und wahrnehmen lernen

Der erste Schritt ist, bewusst hinzusehen, was in meiner Seele vor sich geht. „Achtsam“ sein meint genau das. Unsere multimediale Gesellschaft ist so übervoll von Informationen und Eindrücken, die um uns herumwirbeln, dass ich an mir beobachte, wie schwer es mir oft fällt, mich zu fokussieren, wirklich zu sehen und wahrzunehmen, was gerade passiert. Achtsamkeit schüttelt die Ablenkung ab und schaut genauer hin: Was passiert hier gerade? Welche Gedanken wirbeln durch meinen Kopf? Welche Gefühle wurden in mir ausgelöst?

NIMM DEINE GEFÜHLE WAHR

Zunächst einmal dürfen wir begreifen, dass unsere Gefühle wichtig sind. Sie sind die Sprache unserer Seele und offenbaren uns, was tief in uns drin vor sich geht. Sie zeigen uns, was wir brauchen. Besonnenheit nimmt Gefühle wahr und ernst. Negative Gefühle weisen uns auf das hin, was uns scheinbar fehlt, welches Bedürfnis nicht gestillt wird. Sie wollen uns dazu bringen, für uns zu sorgen und uns zu beschaffen, was wir brauchen.

Unsere Seele hat dabei verschiedene Arten, sich mitzuteilen: in Form von Gefühlen, durch körperliche Signale, in unseren Gedanken oder auch durch plötzliche Handlungen. Kinder drücken ihre Gefühle oft ungefiltert aus. Sie schreien und toben, mit dem Ziel, dass ihnen endlich jemand gibt, was sie wollen und brauchen. Als Erwachsene haben wir gelernt, uns zu „beherrschen“ und nehmen die Botschaft unserer Gefühle nicht mehr so gut wahr. Mir fällt es nicht immer leicht, meine Gefühle zu verstehen. Oft nehme ich erst dann wahr, dass mich etwas die ganze Zeit schon frustriert hat, wenn ich völlig überreagiere und meinen Mann oder meine Kinder anmotze.

Auch als Christen tendieren viele Menschen dazu, negative Gefühle schnell zur Seite zu drängen.

Wir wissen doch die „christliche" Antwort schon. Wir sollen uns freuen im Herrn, wir sollen ihm vertrauen. Also schlucken wir runter, was uns nicht schmeckt.

Die Psalmisten in der Bibel tun das nicht. Sie bringen ihre Wut, ihre Trauer, ihre Angst, ihre Freude zum Ausdruck. Das klingt dann beispielsweise so: „Tränen sind meine einzige Speise Tag und Nacht. … Ich erinnere mich an frühere Zeiten, lasse meinen Gedanken und Gefühlen freien Lauf" (Psalm 42,4-5; NGÜ).

Der Psalmist klagt und jammert Gott sein Leid. Er schüttet seine Seele vor ihm aus. Er rennt nicht impulsiv zu seinem Nachbarn und jammert den voll, sondern seine erste Anlaufstelle ist Gott. Denn er weiß: Gott nimmt unsere Gefühle ernst. Er geht nicht einfach darüber hinweg. Psalm 56,9 spricht sogar davon, dass Gott jede unserer Tränen in einem Gefäß aufsammelt.

Auch wir dürfen wahrnehmen, fühlen, hinsehen. Und vielleicht müssen wir genau das erst mal lernen. Die großen übermächtigen Gefühle, aber auch die kleinen leisen Unsicherheiten des Alltags: Den Kloß im Hals, wenn ich mit einer fremden Person spreche. Die schwitzigen Hände, wenn ich eine Frage beim Elternabend stellen will. Die zusammengebissenen Zähne, wenn ich einen Post oder Kommentar bei Instagram lese, der mich ärgert. Das Kribbeln im Bauch, wenn ich etwas Persönliches von mir teilen möchte. Das mulmige Gefühl, wenn ich einen Konflikt ansprechen muss. Die Irritation, die ein Blick oder ein Satz bei mir auslöst. All das hat Bedeutung.

NEUGIERIG UND OFFEN HINSCHAUEN

Diese Art zu sehen hat viel mit Neugierde gemeinsam. Besonnenheit ist nicht verurteilend, sondern liebevoll neugierig und will einfach verstehen. Wie der Psalmist, der liebevoll mit seiner eigenen Seele spricht: „Warum bist du so bedrückt, meine Seele? Warum stöhnst du so verzweifelt?" (Psalm 42,6; NGÜ). Besonnenheit fragt sich in einer beängstigenden Situation bewusst: „Was genau passiert hier gerade? Was macht das mit mir? Wie fühle ich mich jetzt? Wie reagiert mein Körper gerade? Verspanne ich mich? Bekomme ich Kopfschmerzen, schwitzige Hände? Was denke ich gerade? Was geht in meiner Seele vor sich?"

Der Geist der Besonnenheit kommt bei der Selbstwahrnehmung liebevoll an unsere Seite und hilft uns zu sehen, was wirklich vor sich geht. In Johannes 16,8 stellt Jesus den Heiligen Geist als denjenigen vor, der der Welt die Augen öffnet. Der Heilige Geist hilft uns dabei, uns selbst so zu sehen, wie Gott uns sieht. Psalm 139,23 ist für mich ein ständiges Gebet geworden: „Erforsche mich, Gott, und erkenne, was in meinem Herzen vor sich geht" (NGÜ). Ich lade den Heiligen Geist bewusst ein, mir zu helfen, zu sehen und wahrzunehmen.

Wie wär's, wenn du in der nächsten Situation, in der du dich unsicher oder angstvoll fühlst, einen Schritt zurücktrittst, nicht direkt reagierst, sondern erst mal neugierig auf deine Gedanken und

Gefühle achtest. Lade den Heiligen Geist ein, dir die Augen zu öffnen und dir zu offenbaren, was in deinem Körper, in deiner Seele und in deinem Geist los ist.

→ *Fällt es dir leicht oder schwer, deinen Körper zu spüren und deine Gefühle und Gedanken bewusst wahrzunehmen?*

Sehen zu lernen, macht einen riesigen Unterschied. Es ist aber nur der erste Schritt.

Reflect – Die innere Ordnung finden

Bestimmt hast du schon mal den Ausspruch gehört: „Höre auf dein Herz." Das macht Sinn, wenn es sich dabei um den ersten Schritt handelt: SEE. Nimm wahr, was in deinem Herzen passiert. Aber gerade in angstvollen Situationen ist das, was im Herz los ist, nicht unbedingt die beste Option zum Handeln. Da will dein Herz nämlich impulsiv reagieren und nicht besonnen, es will fliehen oder angreifen und Dinge tun, die eher schaden als nützen. Darum brauchen wir für die Besonnenheit den zweiten Schritt: REFLECT. Hier lernen wir zu reflektieren, warum wir etwas fühlen und denken und wie gewisse Gedankenmuster in uns entstanden sind.

UNSERE GRUNDBEDÜRFNISSE

In den letzten beiden Kapiteln habe ich dir vier Zutaten genannt, die unser Herz braucht, um ein gesundes Urvertrauen zu entwickeln und sich sicher zu fühlen. Psychologisch betrachtet hat jedes Kind und jeder Erwachsene diese vier Grundbedürfnisse:[40]

- *BEDÜRFNISBEFRIEDIGUNG* (die nötige körperliche Kraft): Als Kleinkinder sind wir darauf angewiesen, dass unsere Bezugspersonen uns versorgen. Doch auch später brauchen wir es, dass unsere körperlichen Grundbedürfnisse, wie Nahrung, Schutz, Schlaf und anderes gestillt werden.

- *KOMPETENZ* (die nötigen Fähigkeiten): Wir brauchen es, dass wir unsere Kompetenzen entwickeln können und Anerkennung und Erfolg genießen.

- *ZUGEHÖRIGKEIT* (die nötige Unterstützung): Wir brauchen gesunde Bindungen zu anderen und das Gefühl, dazuzugehören und unterstützt zu werden.

- *AUTONOMIE* (den nötigen Freiraum): Wir brauchen eine gesunde Unabhängigkeit und Autonomie zur eigenen Lebensgestaltung und auch gesunde Grenzen.

Wenn diese Bedürfnisse erfüllt sind, machen sich in unserem Inneren positive Gefühle und Gedanken breit. Werden sie jedoch frustriert oder dauerhaft nicht beachtet, dann melden sich unsere Gefühle und wollen uns und unsere Bezugspersonen dazu bringen, unsere Bedürfnisse zu stillen.

UNSER BEWERTUNGSSYSTEM

Im Laufe unserer Kindheit entwickeln wir bestimmte Grundüberzeugungen, die unser Leben formen und prägen. Nach ihnen interpretieren wir unsere Erlebnisse und verstehen unsere Welt. Manche nennen diese Einstellungen Mindsets, Gedankenmuster oder auch Schemata.

Stell sie dir wie ein Regal mit Schubladen vor, in das du alle Informationen und Emotionen, die dir seit frühester Kindheit begegnet sind, einsortierst. Jede Beobachtung die du machst, jedes positive und jedes schmerzhafte Erlebnis. Im Laufe der Zeit wird dieses Regal immer größer und die Regalfächer immer spezifischer. Alles findet irgendwie seinen Platz.

Ich habe eine Küche mit über dreißig Schubladen (in unserer alten Küche hatte ich genau zwei, daher habe ich bei unserer Küchenplanung möglicherweise etwas überreagiert ☺). Ich weiß genau, wo sich was befindet, und deshalb kann ich beim Kochen blitzschnell, ohne groß darüber nachzudenken, auf alles zugreifen. Nur die Scheren haben scheinbar noch kein richtiges „Zuhause", denn die suchen wir gefühlt jeden Tag wieder neu.

Unsere Psyche legt aus demselben Grund ihr inneres Sortiersystem an, damit wir im Alltag blitzschnell reagieren können. Wir haben keine Zeit, immer lange zu reflektieren, sondern müssen schnell reagieren. Deshalb sortieren wir unsere Erinnerungen, Annahmen, Gedanken, Emotionen und legen uns vorgefertigte Reaktionen und Verhaltensstrategien zurecht, auf die wir blitzschnell zurückgreifen können. Manche Erfahrungen, die wir machen, passen zunächst nicht in unser Schema. Sie irritieren uns, bringen uns durcheinander und lösen damit automatisch Gefühle der Unsicherheit und Ängstlichkeit aus. Erst wenn wir sie einsortiert haben, spüren wir, dass wieder alles in Ordnung ist. Wir fühlen uns innerlich aufgeräumt und haben Frieden.

Wenn wir als Kinder erleben, dass unsere Bedürfnisse ernst genommen und erfüllt werden, dann ziehen wir meistens positive Schlüsse daraus. Unser Regalfach ist aufgeräumt und sauber. Erleben wir jedoch, dass unsere Bedürfnisse nicht ernst genommen oder verletzt wurden, dann entwickeln wir negative Überzeugungen. Negative Erfahrungen liegen in unserem „inneren Regal" wie ein verschimmeltes Käsebrot oder ein Mäusekadaver. Sie verbreiten einen giftigen Gestank. Wir entwickeln Strategien, die diesen Gestank übertünchen sollen, oder sperren den Müll irgendwo weg, damit niemand ihn findet. Aber er ist da und beeinflusst unsere Wahrnehmung der Welt.

Die Glaubenssätze, die wir entwickeln, kannst du dir vielleicht wie ein Label auf einer Schublade vorstellen. Nimm zum Beispiel die Schublade deines Körpergefühls. Dort liegt alles drin, was du über deinen eigenen Körper denkst, wie du ihn empfindest. Dort liegt jede Reaktion von anderen Menschen auf deinen Körper, jede Zärtlichkeit und auch jede Ablehnung, jedes „Du siehst aber schön aus" oder „Du bist aber dick". Auch jede Beobachtung, die du gemacht hast, hast du dort abgelegt. Die Bilder aus Zeitschriften, die Art, wie deine Mutter mit ihrem Körper umgegangen ist, wie sie über ihn gesprochen hat. Aus all diesen Erfahrungen ziehst du ein Fazit und klebst ein „Ich bin schön!" oder ein „Ich bin hässlich!" – oder wie auch immer dein Label heißt – auf deine Schublade.

UNSER VERHALTEN

Unser Verhalten ist die logische Konsequenz aus dem, was wir erleben, wie wir das Erlebte einsortiert haben und welche Schlüsse wir daraus gezogen haben.

Ist dein inneres Regal gut sortiert und sauber, dann wirst du leichter ein kraftvolles Leben führen können. Ist dein Herz voll von negativen Erfahrungen, Verletzungen und Lügen, dann wirst du mit größerer Wahrscheinlichkeit Entscheidungen treffen, die dein Leben negativ beeinflussen. Dein Verhalten wird deine Gefühle und dein Bewertungssystem offenbaren. Natürlich ist kein Leben nur schwarz-weiß, in der Realität gibt es in jedem inneren Regal negative und positive Erfahrungen.

Ein Beispiel dazu von mir: Als Kind hatte ich oft Kopfschmerzen. Nach einigen Untersuchungen wurde mir eine „Anfallbereitschaft zur Epilepsie" diagnostiziert. Der Arzt sagte damals zu meiner Mutter: „Achten Sie darauf, dass das Kind nicht zu viel macht." Die Schwierigkeit war nur, dass ich es liebte, viel zu machen. Ich wollte kreativ und aktiv sein und das Leben auskosten. Jedes Mal, wenn ich unterwegs war, machte meine Mutter sich Sorgen um mich. In Gedanken sah sie mich irgendwo liegen, krampfend und mit dem Leben kämpfend. Sie versuchte deshalb ständig, mich zu bremsen: „Kind, du machst zu viel. Schaffst du das auch? Sei bitte pünktlich zu Hause. Geh jetzt ins Bett, du siehst müde aus." Sie selbst hatte als siebtes Kind von acht Kindern nicht immer besonders viel Aufmerksamkeit und Fürsorge erlebt. Bei ihren eigenen Kindern wollte sie es besonders richtig machen.

Leider führte das nicht dazu, dass ich mich mäßigte. Das Gegenteil war der Fall. Mein inneres Kind hörte: „Meine Mutter traut mir nichts zu. Ich darf nichts selbst entscheiden. Sie glaubt, ich bin schwach." Ich fühlte mich kontrolliert und eingeengt. Tief in mir traf ich unbewusst die Entscheidung, allen zu beweisen, dass ich stark bin und mich von niemandem abhängig machen würde. Niemand sollte mir sagen, was ich zu tun habe.

Am „verrücktesten" äußerte sich das in unserer Ehe. Renke und ich chillten beispielsweise auf dem Sofa, schauten einen Film und ich schlief dabei ein. Renke sagte liebevoll zu mir: „Komm, Sara, geh ins Bett." Meinem inneren Kind stellten sich die Nackenhaare auf: „Er will mich kontrollieren." An einem Abend blieb ich bockig bis drei Uhr nachts auf dem Sofa, nur um mich nicht von ihm „kontrollieren" zu lassen. Völlig Banane! Aber unsere inneren Kinder handeln nun mal „kindisch" und nicht besonders rational.

UNSERE VERANTWORTUNG

Einer meiner Lieblingsbibelverse steht in Sprüche 4,23: „Vor allem aber behüte dein Herz, denn dein Herz beeinflusst dein ganzes Leben." Dieser Vers ist so wahr und kraftvoll! Alles, wovon unser Herz erfüllt ist, beeinflusst unser Leben!

Gott fordert uns heraus, Verantwortung für unser Herz – unser Denken, Fühlen und Wollen – zu übernehmen. Wir sind für unser Regal verantwortlich und müssen von Zeit zu Zeit aufräumen, sortieren und entmüllen, was wir nicht länger mit uns herumschleppen wollen.

Unsere inneren Kinder handeln „kindisch" und nicht besonders rational.

Besonnenheit ist wie eine Mutter, die sich die Spielzeugschublade des inneren Kindes vornimmt und es mit ihm zusammen sortiert. Sie nimmt wahr, was sich darin befindet, weicht den negativen Gefühlen nicht aus, sondern tröstet das Kind und hilft ihm, die stinkenden Müllreste als solche zu erkennen, auszusortieren und eine neue, gesunde Ordnung zu finden. Mit gezielten Fragen geht sie den falschen Glaubenssätzen und dem inneren Ordnungssystem auf den Grund.

Das sogenannte „Abc der Gefühle" ist dabei eine hilfreiche Methode.[41] Hier fragst du dich:

A – AUSLÖSER Seit wann fühle ich mich so? Was ist der Auslöser des Gefühls, das ich besser verstehen will? Welche Situation, welche Tatsache, welches Erlebnis hat mich möglicherweise „getriggert"?

B – BEWERTUNGSSYSTEM Wie denke ich bewusst und unbewusst über diese Situation? Wie bewerte ich sie im Licht meiner Erfahrung, meiner Werte etc.? Welche Glaubenssätze höre ich in mir? Gibt es ein Erlebnis aus meiner Vergangenheit, das diesen Glaubenssatz gefördert hat? Muss ich so denken? Könnte ich auch anders denken, wenn ja, wie genau? Wie interpretiere ich die Situation? Muss ich das so interpretieren? Welche Interpretation wäre hilfreicher?

C – KONSEQUENZ Wie habe ich gehandelt? Wie haben meine Gefühle und Gedanken mein Verhalten beeinflusst?

Den Auslöser können wir nicht wirklich beeinflussen. Doch wir haben die Möglichkeit, unsere Bewertungen zu verändern. Veränderte Bewertungen führen dann automatisch zu einer veränderten Konsequenz, zu veränderten Gefühlen und anderem Verhalten.

Wenn der Geist der Besonnenheit an unsere Seite kommt, dann hilft er uns, unser Regal zu sortieren. Er hilft uns nicht nur wahrzunehmen, was in uns vorgeht, sondern auch dabei, zu reflektieren, woher es kommt und wohin es führt, wenn wir damit weiter machen. In Psalm 139, den ich bereits zitiert habe, steht noch weiter:

> Erforsche mich, Gott, und erkenne, was in meinem Herzen vor sich geht; prüfe mich und erkenne meine Gedanken! Sieh, ob ich einen Weg eingeschlagen habe, der mich von dir wegführen würde, und leite mich auf dem Weg, der ewig Bestand hat! – Psalm 139,23-24

Jesus nennt den Heiligen Geist „Tröster" und „Beistand", der uns an alles erinnert, was Jesus gelehrt hat.[42] Er ist „der Geist der Weisheit und des Verstandes, der Geist des Rates und der Macht, der Geist der Erkenntnis und der Furcht des Herrn" (Jesaja 11,2), der uns „zum vollen Verständnis der Wahrheit führen" (Johannes 16,13) wird. Der Heilige Geist überführt uns von Sünde.[43] Er deckt auf, wo wir uns auf einem Weg befinden, der nicht gut für uns ist und nicht zu dem Leben führt, das Gott für uns vorbereitet hat. Und er offenbart uns die Geheimnisse und Gedanken Gottes.[44] Wow!

In unserer Kirche bietet das Seelsorgeteam „Hörendes Gebet" an. Dabei werden den Menschen keine klugen Ratschläge gegeben, sondern wir gehen mit ihnen zusammen im Gebet zu Jesus und hören, was der Heilige Geist ihnen sagt. Wie oft hat der Heilige Geist dabei Dinge aufgedeckt, die den Personen selbst vorher gar nicht bewusst waren. Vielleicht erinnert er uns im Gebet an Situationen in unserem Leben oder an Aussagen von Menschen, die giftige Spuren in unserem Herzen hinterlassen haben. Vielleicht auch an Aussagen von uns selbst, die zu Festlegungen in unserem Leben geworden sind. Manchmal deckt der Heilige Geist sogar Dinge auf, die nicht aus unserem Leben kommen, sondern von unseren Vorfahren als giftige Erblasten weitergereicht wurden, wie Flüche, Schuld oder Festlegungen.

Wenn uns diese Wurzeln bewusst geworden sind, können wir tun, was 2. Korinther 10,5 sagt: Wir „nehmen jeden Gedanken gefangen unter den Gehorsam Christi" (ELB). Wir können toxische Gedankenspiralen z.B. durch ein lautes „Stopp!" unterbrechen, bewusst anschauen. Wie einen Apfel, den wir im Regal gefunden haben. Wir können prüfen, ob er gesund ist oder verfault, ob wir ihn weiterdenken oder aussortieren möchten.

Vielleicht klingt das, was ich schreibe, für dich jetzt noch etwas zu einfach. Tatsächlich ist unsere Seele sehr komplex. Unsere Gedanken fühlen sich manchmal eher an wie ein Schlachtfeld oder ein Wirbelsturm, wo alles durcheinanderwirbelt. Vielleicht ist dein ganzes Regal so durcheinander und du kennst dich darin so wenig aus, dass du kaum etwas sortiert und reflektiert bekommst.

Wenn du das denkst, darfst du dich entspannen. Du kannst Besonnenheit lernen. Je mehr du es einübst zu reflektieren, desto leichter wird es dir fallen. Gute Freunde oder auch Seelsorger und Therapeuten können dir helfen, deine Gefühle und Gedanken zu sortieren. Lass dich also ermutigen: Du musst das nicht alleine schaffen. Such dir Unterstützung und sei dir bewusst: Der Heilige Geist steht dir zur Seite. Lade ihn ein, zu dir zu sprechen. Er wird es tun.

Choose – Neu einsortieren

SEE und REFLECT – das sind schon sehr wichtige Schritte in Richtung Freiheit! Doch auch an diesem Punkt dürfen wir nicht stehen bleiben. Sonst geraten wir leicht in eine Spirale der Überreflexion, die wieder nur um sich selbst kreist, anstatt mehr Furchtlosigkeit tatsächlich zu erleben. Deshalb gehen wir jetzt den dritten Schritt: CHOOSE. Besonnenheit überreflektiert nicht, sondern trifft bewusste, mutige Entscheidungen.

DU HAST DIE WAHL

Jeden Tag, jede Minute kannst du wählen, was du denken und wie du leben möchtest. Du hast die Wahl, in welche Richtung sich dein Leben entwickeln wird. Du kannst niemandem die Schuld in die Schuhe schieben. Weder deine Eltern noch irgendwelche Freunde sind heute für die Ordnung in deinem Seelenregal verantwortlich. Jetzt trägst du die Verantwortung. Selbst Gott kannst du nicht für den Müll in deiner Seele verantwortlich machen. Er hat dir die Verantwortung für dein Herz gegeben.

Die Neurowissenschaftlerin Dr. Caroline Leaf beschreibt Gedankenmuster, die wir immer wieder gehen, als ausgebaute Straßen in unserem Hirn. Gedanken sind nicht einfach Luft, sondern haben eine tatsächliche Form, die verändert werden kann. Je weniger wir einen Gedanken denken, desto mehr wuchert diese Gedankenstraße zu. Wenn wir stattdessen einen anderen gedanklichen Weg einschlagen, fühlt es sich zunächst so an, als müssten wir uns den Weg durch den Urwald schlagen. Doch nach und nach wird er vom Trampelpfad zur gut ausgebauten Straße.

> Besonnenheit überreflektiert nicht, sondern trifft bewusste, mutige Entscheidungen.

Auch wenn du nicht bewusst entscheidest, triffst du eine Entscheidung. Du entscheidest dann unterbewusst, dich deinen negativen, sorgenvollen, giftigen Gedanken hinzugeben, dich gehen zu lassen und ein Leben mit deiner Angst zu leben. Aber du kannst auch entscheiden, den mühsamen Weg der Freiheit einzuschlagen. Denn bei aller Motivation muss ich ehrlich zu dir sein: Besonnenheit ist nicht einfach. Gute Entscheidungen zu treffen, ist kein Kinderspiel. Regale neu sortieren, ist mühsam und braucht Disziplin. Aber du kämpfst nicht alleine. Der Geist der Kraft, der Liebe und der Besonnenheit kämpft mit dir und feiert mit dir jeden kleinen Schritt, den du gehst.

In 5. Mose 30,15 spricht Gott zum Volk Israel: „Hört mir zu! Heute stelle ich euch vor die Wahl zwischen Gut und Böse, zwischen Leben und Tod." Und damit wir es auch wirklich raffen, fügt er noch hinzu: „Wählt doch das Leben!" (Vers 19).

Gott hat uns die Wahl gelassen. Doch er stellt uns nicht vor tausend Optionen und unendliche Wahlmöglichkeiten, sondern er macht ziemlich klar, welche Wahl die beste für uns ist: „Entschließt euch, den Herrn, euren Gott, zu lieben, ihm zu gehorchen und euch ihm ganz anzuvertrauen, denn er ist euer Leben" (5. Mose 30,20). Gott ist deine beste Wahl! Ihn zum Herrn deines Herzens zu machen, ist die beste Entscheidung und die sicherste Grundlage, um gute Entscheidungen zu treffen.

NEU DENKEN, NEU FÜHLEN

Veränderung deines Lebens braucht zuerst eine Veränderung deines Denkens. Und Veränderung zu dem guten Leben, das Gott für dich vorbereitet hat, braucht Veränderung deines Denkens auf göttliche Art und Weise.

Das Normale ist aber, dass unsere Werte und Entscheidungskriterien erst mal nicht von Gott, sondern von unseren Eltern oder unserem bisherigen Lebensweg geprägt sind. Wir sortieren alles in die Regalfächer, die wir eh schon kennen. Doch die sind nicht immer gut und zielführend für uns. Vielleicht kommt deine Klammer-Angst als Krücke an deine Seite und sagt: „Was würden die Leute sagen? Was würden meine Eltern tun?" Oder deine Mauer-Angst sagt dir: „Wo bin ich am sichersten? Was ist der Weg des geringsten Risikos?" Oder deine Angst kommt als Antreiber und Peitsche und sagt: „Wie kann ich beweisen, dass ich doch etwas wert bin und etwas kann?" Oder sie kommt als Bremse und sagt dir: „Entscheide lieber gar nichts, du könntest auch etwas Falsches entscheiden."

Doch Gott ruft dir zu: „Ich habe eine bessere Alternative für dich: Lerne, ganz neu zu denken! Entscheide dich für ein Leben in meinem Sinne. Richte dich nach mir aus. Frage nach meiner Wahrheit und glaube ihr. Frage nach meinem Weg und folge ihm. Höre auf mein Wort und sei gehorsam. Denn dann findest du das Leben, nach dem du dich sehnst."[45]

Wenn wir zu Jesus gehören, leben wir nicht körpergeleitet. Wir nehmen unseren Körper zwar ernst, aber wir leben nicht nach dem, wozu er gerade Lust hat. Wir leben auch nicht seelengeleitet. Wir nehmen auch unsere Gefühle, unser Denken und unseren Willen ernst, aber wir machen nicht alle unsere Entscheidungen davon abhängig. Wenn wir zu Jesus gehören, leben wir geistgeleitet. Der Geist Gottes, der Geist der Besonnenheit, der uns von innen heraus lebendig macht, gibt nun den Ton an in unseren Entscheidungen: „Wer sich von seiner eigenen Natur bestimmen lässt, dessen

Veränderung deines Lebens braucht Veränderung

deines Denkens.

Leben ist auf das ausgerichtet, was die eigene Natur will; wer sich vom Geist Gottes bestimmen lässt, ist auf das ausgerichtet, was der Geist will" (Römer 8,5).

GOTTES WORT IST UNSERE ENTSCHEIDUNGSHILFE

Die beste Möglichkeit, um zu prüfen, was Gottes Wille ist, ist sein Wort, die Bibel. Sie offenbart uns Gottes Herz und hier finden wir Richtung und Weisheit für unser Leben. Wie Psalm 119,105 sagt: „Dein Wort leuchtet mir dort, wo ich gehe; es ist ein Licht auf meinem Weg" (NGÜ). Deshalb ist es gut, sich immer wieder zu fragen, ob das, was man denkt und möchte, im Einklang mit dem Wort Gottes ist.

Was für ein Geschenk ist die Bibel! Wie hilfreich und freisetzend ist sie! So viel, was die Psychologie heute als heilsam für die Seele entdeckt, findet sich bereits seit Tausenden von Jahren in diesen Schriften. Hier finden wir Geschichten über Geschichten darüber, wie Menschen Gottes Kraft, Liebe und Besonnenheit in ihrem eigenen Leben erfahren haben. Hier finden wir Versprechen Gottes, an denen wir uns festklammern können. Hier finden wir Wahrheit, die wir den Lügen des Feindes entgegenhalten können.

Zugegeben: Die Bibel ist nicht immer einfach zu verstehen. Man muss sie in ihrem Kontext begreifen und interpretieren lernen. Manche Geschichten sind einfach skurril. Manche Aussagen sind harte Nüsse, an denen man jahrelang knabbern kann und die man vielleicht nie begreifen wird. Doch gerade auch dann kommt der Geist der Besonnenheit an unsere Seite, um mit uns zusammen Gottes Wort und sein Herz dahinter zu begreifen und um im richtigen Moment zu highlighten, was für den Moment gerade wichtig ist.

Wie oft habe ich mich innerlich verwirrt mit meiner Bibel und meinem Tagebuch zurückgezogen und habe Gott durch die Bibel zu mir sprechen hören. Wie oft hallen Bibelverse in mir nach und navigieren mich durch schwierige Zeiten. Gottes Wort hilft mir immer wieder, innere Lügen zu entlarven und mich für seine ewige und heilende Wahrheit zu entscheiden.

Also: SEE – lerne zu sehen und wahrzunehmen, was um dich herum und in dir passiert. REFLECT – gehe neugierig und fragend deiner Angst und Unsicherheit auf den Grund. CHOOSE – finde heraus, was Gottes bessere Alternative für dich ist. Und dann gehe voller Entschlossenheit den letzten unserer vier Schritte.

Act – In die Tat umsetzen

Selbst unsere besten Entscheidungen sind wenig wert, wenn wir sie nicht in die Tat umsetzen – denn dann bleiben wir in der Theorie stecken und „betrügen uns selbst“: „Hört euch diese Botschaft nicht nur an, sondern handelt auch danach; andernfalls betrügt ihr euch selbst“ (Jakobus 1,22). Veränderung kann nicht nur theoretisch bleiben, sondern muss praktisch werden. Deswegen fängt Besonnenheit mit aufgeräumtem Denken an und zeigt sich in disziplinierten Handlungen.

Das Erste, wie sich eine innere Entscheidung in unserem Leben als aktive Tat äußert, sind meistens unsere Worte. Jesus vergleicht unsere Worte in Matthäus 12 mit Früchten, die an einem Baum wachsen. Je nachdem, ob der Baum gesund oder ungesund ist, wachsen dort genießbare oder ungenießbare Früchte. Er sagt: „Denn wie der Mensch in seinem Herzen denkt, so redet er“ (Vers 34). Später, in Kapitel 15,18, formuliert Jesus das noch mal ähnlich: „Was jedoch aus dem Mund herauskommt, kommt aus dem Herzen, und diese Dinge sind es, die den Menschen unrein machen.“

Deine Worte offenbaren dir, was in deiner Seele vor sich geht und welche Entscheidungen du vielleicht unbewusst getroffen hast. Ein „Boah, bin ich fett!“ zeigt deutlich, wie es in dem Regalfach deines Körpergefühls aussieht und dass du dich entschieden hast, genau das weiterhin zu denken. Mit deinen Worten bestärkst du diese Entscheidung und festigst dein negatives Körpergefühl. Du könntest stattdessen Verantwortung für deinen Körper übernehmen, ihn ehrlich und wertschätzend betrachten. Selbst wenn du dann immer noch zu dem Schluss kommst, dass du etwas zu viel Speck angesetzt hast, könntest du sagen: „Ich bin dankbar für meinen Körper“ und beginnen, dich ausgewogen zu ernähren oder Sport zu treiben.

Bewusst zu handeln, ist ein Schlüssel auf deinem Weg in ein furchtloses Leben.

Deine Gefühle und deine Gedanken beeinflussen deine Worte, aber deine Worte beeinflussen dann auch wieder deine Gedanken und Gefühle. Dieses Prinzip kannst du entweder laufen lassen und erlauben, dass sich Unsicherheit immer weiter festsetzen kann, oder du machst es dir zunutze, indem du deine Worte bewusst änderst und mit dem in Einklang bringst, was die Wahrheit Gottes zu diesem Thema ist. Bewusst zu handeln, ist ein Schlüssel auf deinem Weg in ein furchtloses Leben.

Besonnenheit einüben

Wenn der Geist der Besonnenheit die Zügel in unserem Leben in die Hand nimmt, dann bringt er Liebe und Kraft in die richtige Richtung. Wir lernen, unser Inneres wahrzunehmen (SEE), uns selbst besser zu verstehen (REFLECT), wir können bewusste und gute Entscheidungen treffen (CHOOSE) und sie voller Überzeugung umsetzen (ACT).

Die vier Schritte der Besonnenheitsformel können dir in vielen kleinen, alltäglichen Situationen helfen, in denen du dich plötzlich unsicher fühlst. Wenn du das nächste Mal spürst, wie eine undefinierbare Laus dir über die Leber läuft, dann halte bewusst an und nimm wahr, was gerade in dir passiert. Achte auf deine körperlichen Reaktionen: Vielleicht merkst du, dass dein Kiefer angespannt ist und du deine Schultern hochziehst. Achte auf deine Gefühle und Gedanken: Vielleicht spürst du Unsicherheit gepaart mit Ärger in dir und hast das Gefühl, dich verteidigen zu müssen.

Reflektiere dich anschließend mit den gezielten Fragen nach dem Abc der Gefühle, um das Bewertungssystem deiner Seele besser zu verstehen. Was war der Auslöser? Vielleicht erinnerst du dich plötzlich an diesen negativen Kommentar, den du unter deinem Instagram-Post gelesen hast. Ohne dass du es bewusst wahrgenommen hast, beschäftigt er dich immer noch. Gehe dem weiter auf den Grund: Warum nimmt dieser Kommentar dich so mit? Liegt es daran, dass du es nicht aushalten kannst, nicht von allen gemocht zu werden? Oder hat dieser Kommentar einen wunden Punkt getroffen?

Wenn du dem Ursprung eines negativen Gefühls etwas mehr auf die Schliche gekommen bist, kannst du eine bewusste Entscheidung treffen, was du stattdessen denken möchtest und wie du handeln kannst, um diese Entscheidung zu festigen. Vielleicht betest du ein kurzes Gebet, indem du dieser Person vergibst und sie segnest. Vielleicht dankst du Gott dafür, dass seine Liebe genug für dich ist, und lässt deine Suche nach Anerkennung bewusst los. Oder du entscheidest dich dazu, einen klaren, kurzen (am besten freundlichen) Kommentar zurückzuschreiben.

Besonnenheit kann dir auch dabei helfen, ungesunde Gewohnheiten in deinem Leben zu entlarven und zu verändern. Der Psychiater und Neurowissenschaftler Dr. Judson A. Brewer spricht in seinem Buch *Unwinding Anxiety* (dt. Angst entwirren) davon, dass schlechte Gewohnheiten sowohl in unserem Denken als auch in unserem Handeln Ursache und Verstärker für Angstgefühle und Unsicherheiten sein können. Er spricht von der *BBO*, dem *„bigger better offer"*, dem größeren, besseren Angebot, für das wir uns entscheiden und als neue Gewohnheit eintrainieren. In seiner *Unwindung Anxiety*-App gibt er dafür Hilfestellung und begleitet Menschen, ihre Gewohnheiten zunächst zu erkennen und dann neue, gute Gewohnheiten zu etablieren.

Wenn wir hinsehen und reflektieren lernen, dann können wir in unserem Leben mehr und mehr erkennen, welche Gewohnheiten uns guttun und welche nur noch mehr Unsicherheit hervorrufen. Oft sind es unsere Krücken und Peitschen, Bremsen, Mauern und Klammern – unsere Schutzmechanismen, von denen wir bereits sprachen –, die ungesunde Gewohnheiten in unserem Leben nach sich ziehen.

Gerade bei Social Media lerne ich immer mehr den Punkt herauszuspüren, wo es bei mir „kippt" von einem Medium, das mich inspiriert, zu einem Trigger, der mich wie eine Peitsche antreibt und verunsichert. Zu schnell schleicht sich in meinem Leben die Gewohnheit ein, ständig zwischendurch auf mein Handy zu schauen und mich berieseln zu lassen. Ich fühle mich zwar zunächst unterhalten, dann aber sehr schnell gestresst und gerate in einen Strudel aus Vergleichsgedanken. Um gute Entscheidungen zu treffen, die mein Herz schützen und meine Ziele stärken, gehe ich immer mal wieder die vier Besonnenheitsschritte durch. Sie helfen mir, mich nicht treiben zu lassen, sondern bewusst gesunde Gewohnheiten zu etablieren, wie beispielsweise die Nutzung von Instagram auf bestimmte Tage in der Woche zu beschränken oder die App von Zeit zu Zeit von meinem Handy zu löschen.

→ *Kannst du Gewohnheiten benennen, bei denen du Gefahr läufst, in eine Spirale der Unsicherheit zu geraten?*

Besonnenheit ist wunderschön und so wichtig! Vielleicht kommt sie dir gerade noch vor wie eine viel zu hohe Kunst. Aber ich möchte dich ermutigen: Du kannst Besonnenheit lernen. Halte dich an den Geist der Besonnenheit und halte ihm immer wieder dein Herz hin. Er wird dich leiten und dich in Wahrheit und Freiheit führen.

SEE

Nachdem du dieses Kapitel gelesen hast, schreibe alles auf, was gerade in dir vor sich geht. Was nimmst du in deinem Körper wahr? Was fühlst du? Was denkst du? Bleibe dabei neugierig und offen, ohne dich zu bewerten. Mache dir bewusst, dass Gott jetzt gerade bei dir ist und dir zuhört. Lausche auch darauf, was er dir zuflüstert.

REFLECT

WELCHE ANGSTSIGNALE SENDET DEIN KÖRPER? Kreuze an.

- ◯ ***Zittern***
  Mir schlottern die Knie. Ich zittere wie Espenlaub. Schwindel oder Koordinationsschwierigkeiten.

- ◯ ***Verspannung***
  Das ist mir zu spannend. Die Angst sitzt mir im Nacken. Da sträuben sich mir die Nackenhaare.

- ◯ ***Kieferschmerzen***
  Mir klappern die Zähne. Das ist zum Zähneknirschen.

- ◯ ***Kopfschmerzen***
  Ich habe einen Knoten im Kopf.

- ◯ ***Halsschmerzen oder Atemnot***
  Ich habe einen Kloß im Hals. Das schnürt mir den Hals zu.

- ◯ ***Herzklopfen***
  Das Herz klopft mir bis zum Hals.

- ◯ ***Bauchschmerzen***
  Das macht mir Bauchschmerzen. Da krampft sich bei mir alles zusammen.

- ◯ ***Verdauungsbeschwerden***
  Ich mache mir in die Hose/ins Hemd. Das Herz rutscht mir in die Hose.

- ◯ ***Juckreiz***
  Da krieg ich die Krätze.

- ◯ ***Kältegefühl***
  Ich krieg eine Gänsehaut. Da krieg ich kalte Füße.

- ◯ ***Schweißausbrüche***
  Ich habe Lampenfieber.

- ◯ ***Gefühl der Lähmung oder Leere***
  Ich bin vor Angst wie gelähmt. Mein Kopf ist leer.

- ◯ ***Krankheitsgefühl***
  Das macht mich ganz krank.

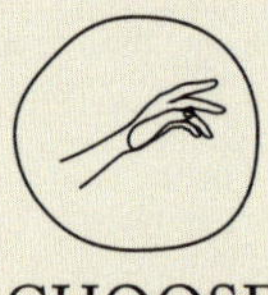

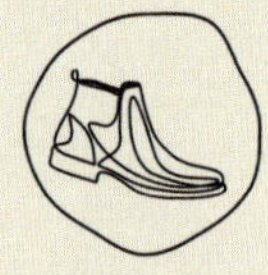

CHOOSE ACT

ÜBE BESONNENHEIT! An dieser Stelle möchte ich dich herausfordern, dich für Besonnenheit in konkreten Situationen deines Lebens zu entscheiden und einzuüben. Kopiere die folgenden Vorlagen (von Seite 118/119) sooft du möchtest und fülle sie in Situationen aus, in denen du dich ängstlich, unsicher oder einfach komisch fühlst. Alternativ kannst du die zweite Vorlage nutzen, um Gewohnheiten zu reflektieren, die du als destruktiv erkannt hast und verändern möchtest.

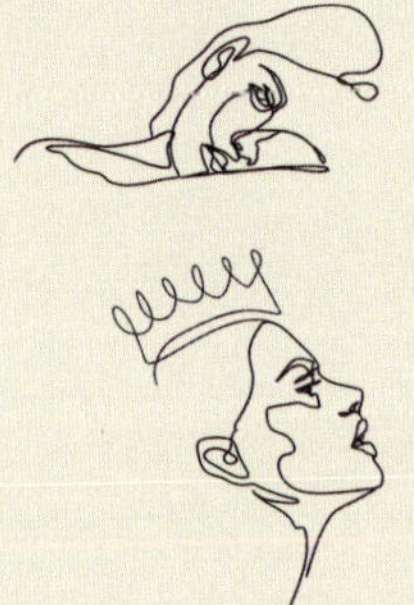

SCHATTENKIND/KÖNIGSKIND Gibt es etwas, das dir bewusst geworden ist, das du in dein Schattenkind oder in dein Königskind übertragen möchtest?

SEE

Was fühle und denke ich gerade?

REFLECT

A – AUSLÖSER Was hat dieses negative Gefühl ausgelöst?

B – BEWERTUNG Wie bewertet mein Herz diese Situation?

C – KONSEQUENZ Zu welchem impulsiven Verhalten tendiere ich?

CHOOSE

Welche bessere Alternative kann ich wählen?
Was ist Gottes Wahrheit zu diesem Thema?

ACT

Wie werde ich diese bessere Alternative in die Tat umsetzen?

SEE

Was fühle und denke ich gerade?

REFLECT

A – AUSLÖSER Wann möchte ich diese Gewohnheit ausleben?

B – BEWERTUNG Wie bewertet mein Herz diese Situation?
Was ist der gefühlte Nutzen für mich?

C – KONSEQUENZ Wohin führt mich die Gewohnheit, wenn ich ich ihr weiter nachgehe?

CHOOSE

Welche bessere Alternative kann ich wählen? Was ist Gottes Wahrheit zu diesem Thema?

ACT

Wie werde ich diese bessere Alternative in die Tat umsetzen?

Hallo Gedankenkarussell!

Macht euch um nichts Sorgen! Wendet euch vielmehr in jeder Lage mit Bitten und Flehen und voll Dankbarkeit an Gott und bringt eure Anliegen vor ihn. Dann wird der Frieden Gottes, der weit über alles Verstehen hinausreicht, über euren Gedanken wachen und euch in eurem Innersten bewahren – euch, die ihr mit Jesus Christus verbunden seid.

Philipper 4,6-7

Das Grübelkabinett

3:05 … 3:45 … 4:13 … Ich liege im Bett und wälze mich von links nach rechts. Ich habe das Zimmer bereits verlassen und schlafe auf der Couch, damit ich meinen Mann nicht störe. Ich versuche es mit Schäfchen zählen. Ich lese noch etwas. Ich atme tief in meinen Bauch. Ich höre ruhige Lobpreismusik. Ich bete. Ich schreibe Tagebuch. Ich stehe auf und trinke Einschlaftee oder heiße Milch mit Honig. Nichts hilft. Ich kann einfach nicht einschlafen. Und das seit Tagen. Oder sind es bereits Wochen?

Die Gedanken kreisen und wollen sich einfach nicht beruhigen. Ich bin wie aufgedreht. Mein Kopf kann einfach nicht loslassen. Wenn ich doch wenigstens weinen könnte und davon müde würde …

Kennst du das, dass die Gedanken kreisen, den ganzen Tag und vielleicht sogar nachts? Du willst sie abstellen, aber sie hören nicht auf dich. Du willst dich beruhigen, entspannen, aber der Ausknopf ist kaputt. Das Gedankenkarussell dreht sich einfach weiter.

Vielleicht sind es Sorgengedanken: „Was, wenn …" Sorgen um deine Kinder, deine Zukunft, diese Welt, die Politik, deine Gesundheit. Du malst dir Horrorszenarien aus und siehst überall Schreckensgespenster.

Vielleicht sind es Grübeleien, bei denen du versuchst, irgendwelche Lösungen zu finden, aber immer wieder verhedderst du dich. Deine Gedanken sind wie ein riesiges, verworrenes Wollknäuel, bei dem es keinen Anfang und kein Ende mehr gibt.

Was hilft? Ich würde dir hier gern *den* Trick nennen. Das Allheilmittel gegen nervige Gedankenspiralen. Die Formel, um Frieden in deinen Gedanken zu finden. Doch ich muss dich enttäuschen. Ich habe sie nicht. Doch ich kenne den Geist der Besonnenheit und wir können mit ihm zusammen einüben, wie wir unsere Gedanken leiten, anstatt uns von ihnen an der Nase herumführen zu lassen. Mit seiner Hilfe können wir sehen und entlarven, was unsere Gedanken gefangen hält. Und er gibt uns viele gute Alternativen für unsere Sorgen. Lasst sie uns gemeinsam entdecken.

Macht euch keine Sorgen

Immer wieder in der Bibel werden wir aufgefordert, uns keine Sorgen zu machen.[46] Wenn das mal so einfach wäre! Jesus selbst war Meister darin und scheinbar völlig tiefenentspannt. Selbst im schlimmsten Sturm konnte er sich einfach gemütlich auf ein Kissen legen und einschlafen. Die Jünger hat das wahnsinnig gemacht – hätte es mich wahrscheinlich auch. „Meister, macht es dir nichts aus, dass wir umkommen?" (Markus 4,38), so weckten sie ihn, bis auf die Knochen nass und voller Panik in den Augen. Doch Jesus streckte nur einmal die Hand aus, sprach zum Sturm: „Schweig! Sei still!" (Vers 39) und drehte sich dann zu seinen Jüngern um, nach dem Motto: „Was ist denn? Was habt ihr denn?" Und er sagte: „Warum habt ihr solche Angst? … Habt ihr immer noch keinen Glauben?" (Vers 40).

Diese Demonstration seiner Macht versetzte die Jünger in eine andere Art der Furcht – in Ehrfurcht vor diesem Mann, dem Wind und Wellen gehorchen und der sich vor gar nichts fürchtet.

Jesus ist Gott. Wir nicht. Aber Jesus war auch Mensch und als Mensch kann er unsere Sorgen und Ängste nachvollziehen. Doch er hat eine göttliche Perspektive auf alles, was uns begegnet. Eine Perspektive des Glaubens.

Jesus kann unsere Sorgen nachvollziehen. Doch er hat auf alles eine Perspektive des Glaubens.

Diese Perspektive eröffnet er seinen Jüngern und uns in dem berühmten „Sorgenkapitel" in Matthäus 6. Und weil Jesus die Kraft unserer Gedanken kennt und weiß, wie hilfreich es ist, wenn wir unseren Gedanken Fragen stellen, um sie zu reflektieren, gibt er uns hier einige hilfreiche Fragen an die Hand, die uns helfen, Gottes Perspektive zu erkennen. Das Coole an Fragen ist nämlich, dass unser Hirn sie unbedingt beantworten möchte und deshalb auch gerne mal nervige Grübelgedanken loslässt, um sich diesen anderen Fragen zuzuwenden.

Also, lasst uns anhand der Fragen, die Jesus uns stellt, lernen, die göttliche Glaubensperspektive auf unsere negativen Sorgengedanken einzunehmen und unsere Knoten gegen seine Freiheit zu tauschen.

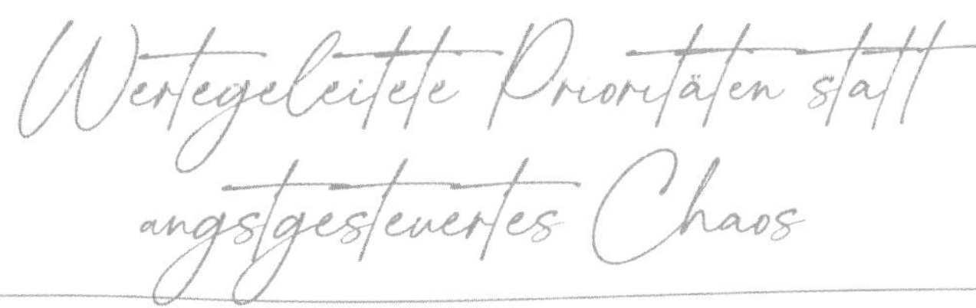

Wertegeleitete Prioritäten statt angstgesteuertes Chaos

> Macht euch keine Sorgen um das, was ihr an Essen und Trinken zum Leben und an Kleidung für euren Körper braucht. Ist das Leben nicht wichtiger als die Nahrung, und ist der Körper nicht wichtiger als die Kleidung? – Matthäus 6,25

Die Frage, die Jesus hier stellt, ist:

→ *Frage 1: Was ist wirklich wichtig?*

Wenn wir uns Sorgen machen, meldet unser Unterbewusstsein, dass unsere Bedürfnisse oder Werte bedroht sind. Sorgenvolle Gedanken gehören zu unserem gottgegebenen Frühwarnsystem. Genau wie die Angst wollen sie uns darauf aufmerksam machen, dass etwas nicht stimmt. Wenn wir herausfinden, was diese Gefahrenmeldung ausgelöst hat und welche Bedürfnisse und Werte unser Herz zu schützen versucht, können wir ihm helfen, sie zu erfüllen. Oder wir helfen unserem Herzen zu erkennen, dass es momentan etwas Wichtigeres gibt als dieses eine Bedürfnis.

Die Corona-Pandemie hat vielen Menschen mächtig viel Grund zum Sorgenmachen geliefert. Alle Bedürfnisse auf einmal schienen unter Beschuss zu stehen. Unsere Grundbedürfnisse nach Versorgung, Sicherheit und Gesundheit wurden durch den Virus und die in Mitleidenschaft gezogene Wirtschaft bedroht. Das Bedürfnis nach Zugehörigkeit litt unter dem Lockdown und der Isolation. Unser Bedürfnis nach Autonomie wehrte sich, eingesperrt und reguliert zu werden. Auch das Bedürfnis nach Kompetenz und Anerkennung wurde durch die erschwerten Arbeitsbedingungen angegriffen. Viel Grund für Grübeleien und Frust.

Was mir beim Sortieren der Bedürfnisse sehr geholfen hat, war, meinem Herzen und dem Heiligen Geist immer wieder die Frage zu stellen, die Jesus hier stellt: Was ist gerade wichtiger? Respekt und Verbundenheit oder meine Meinung? Das Wohl aller oder meine Bequemlichkeit?

Wenn ich diese Frage stellte, kamen immer wieder verschiedene Entscheidungen dabei heraus, wie ich handeln konnte. Aber die waren dann wertegeleitet und nicht angstgesteuert.

Fürsorge statt Sorge

Es gibt Dinge in unserem Leben, um die wir uns kümmern müssen. Um die eigenen Kinder zum Beispiel oder um unsere Finanzen. Diese Themen benötigen unsere Aufmerksamkeit. Gott hat uns bestimmte Dinge anvertraut – uns selbst, unseren Körper, unsere Angehörigen, bestimmte Aufgaben. Doch wie können wir unsere Verantwortung wahrnehmen, ohne uns in ängstlichen Gedankenspiralen zu verstricken? Wie können wir unterscheiden, wann wir fürsorglich sind und wann wir Sorgen bewegen, die keinen wirklichen Unterschied machen?

> Wer von euch kann dadurch, dass er sich Sorgen macht, sein Leben auch nur um eine einzige Stunde verlängern? – Matthäus 6,27

Die Frage, die Jesus hier stellt, ist:

⟶ *Frage 2: Was bringt es, dass du dir Sorgen machst? Was bringt wirklich Veränderung?*

Mit Grübeleien will unser Verstand meistens eine Lösung für ein Problem finden. Deswegen bringt er ungeklärte und schmerzhafte Fragen immer wieder an die Oberfläche unseres Bewusstseins. Doch häufig verstricken wir uns dabei in Fragen, die außerhalb unserer Möglichkeiten liegen. Mit Grübeleien schaffen wir es nicht, die Fülle der Überlegungen zu sortieren und zu fokussieren.

Fürsorge hingegen ist aktiv und besonnen. Sie dreht sich nicht im Kreis, sondern nimmt die Dinge in die Hand. Sie kümmert sich um das, was in ihrer Macht liegt, lässt aber das los, was sie nicht beeinflussen kann, was außerhalb ihrer Kompetenz liegt.

Ich habe zum Beispiel die Verantwortung und Gott sei Dank auch die Möglichkeit, meinen Teil zur Gestaltung der Gesellschaft beizutragen, mich politisch zu informieren, wählen zu gehen und den Auftrag zu erfüllen, den Gott mir innerhalb der Gesellschaft zuteilt. Doch ich brauche nicht ständig misstrauisch auf „die da oben" schauen und alles infrage stellen, was entschieden wird. Denn Gott hat immer noch seine Hand mit im Spiel und nichts geht ungesehen an ihm vorbei.

Ich habe die Verantwortung, meine Kinder zu Vorsorgeuntersuchungen zu bringen, Augenarzt und Zahnarztbesuche zu vereinbaren (ups – *note to self* ☺) und dafür zu sorgen, dass sie bekommen, was sie brauchen, um gesund und stark zu sein. Doch mir ständig darüber Sorgen zu machen, ob alles mit ihnen in Ordnung ist, würde uns nichts nützen, sondern nur unsere Freude trüben und unsere Beziehung belasten.

Um Sorgen in Fürsorge zu verwandeln und mein Gedankenkarussell zu entspannen, hilft mir ein einfaches System. Einmal in der Woche (bei mir ist es der Montag) habe ich meinen „Komm-auf-dein-Leben-klar"-Tag. Dort sortiere ich alles, was in meinem Kopf herumwirbelt und sich in meinem Handy oder in meiner Schublade angesammelt hat. Dann stelle ich mir die folgenden Fragen:

- *WAS KANN ICH HEUTE ERLEDIGEN?* An diesem Tag versuche ich alles zu erledigen, was ich schnell erledigen kann.

- *WAS KANN ICH HEUTE FÜR SPÄTER PLANEN?* Ich mache Arzttermine, plane Verabredungen und sortiere meinen Kalender, um mit Klarheit in die Woche zu starten.

- *WAS MUSS ICH FESTHALTEN?* Das, was ich noch nicht jetzt angehen kann, kommt auf meine Liste, damit ich es nicht vergesse, aber auch nicht im Kopf behalten muss.

- *WAS MUSS ICH LOSLASSEN?* Ich schmeiße alles weg, was ich nicht mehr brauche, delegiere Aufgaben und bringe das, was mich belastet, auch im Gebet zu Gott. Denn manchmal müssen Sorgen nicht nur in Fürsorge verwandelt werden, sondern tatsächlich auch ent-sorgt werden.

Nach diesem Tag fühle ich mich meistens viel aufgeräumter und freier. Ich spüre auch, wie ich unruhig und fahrig werde, wenn ich eine solche Sortier-Session länger nicht gemacht habe. Natürlich ist das einfacher gesagt als getan, Sorge in Fürsorge zu verwandeln. Doch ich glaube, wir haben die Verantwortung und auch die Macht und Möglichkeit, genau das zu tun. Vielleicht kann dir das Gebet von Reinhold Niebuhr bei dem Prozess auch eine Hilfe sein: „Gott, gib mir die Gelassenheit, Dinge hinzunehmen, die ich nicht ändern kann, den Mut, Dinge zu ändern, die ich ändern kann, und die Weisheit, das eine vom anderen zu unterscheiden."

Vertrauen statt Verwirrung

> Seht euch die Vögel an! Sie säen nicht, sie ernten nicht, sie sammeln keine Vorräte, und euer Vater im Himmel ernährt sie doch. Seid ihr nicht viel mehr wert als sie? … Macht euch also keine Sorgen! Fragt nicht: Was sollen wir essen? Was sollen wir trinken? Was sollen wir anziehen? Denn um diese Dinge geht es den Heiden, die Gott nicht kennen. Euer Vater im Himmel aber weiß, dass ihr das alles braucht.
> – Matthäus 6,26.31-32

Du bist Gott wichtig! Du bist Gott etwas wert! Gott weiß, was du brauchst. Und er sorgt für dich! Weißt du das? Vertraust du ihm? Je mehr du Gott kennst, desto leichter wird es dir fallen, ihm zu vertrauen und deine Sorgen bei ihm zu lassen, anstatt sie ständig wieder aus seiner Hand herauszuholen und doch selbst lösen zu wollen. Die Frage, die Jesus hier stellt, ist:

→ *Frage 3: Vertraust du deinem Gott, dass er für dich sorgt?*

Als das Volk Israel zum ersten Mal vor dem gelobten Land stand, um es einzunehmen, kannten sie Gott noch nicht besonders gut. Sie hatten zwar seine Macht erlebt, doch ihre Herzen konnten ihm noch nicht vertrauen. Aus der Zeit der Gefangenschaft und Unterdrückung in Ägypten kannten sie zwar mächtige Herrscher, aber sie konnten sich kaum vorstellen, dass Gott sie liebte und für sie war.

Mose schickte zwölf Spione in das gelobte Land, um es auszukundschaften. Als sie zurückkamen, erstatteten sie einen realistischen Bericht: „Wir kamen in das Land, in das du uns geschickt hast. Dort fließen in der Tat Milch und Honig und das hier sind Früchte, die dort wachsen" (4. Mose 13,27). Sie hatten Weinreben gefunden, die so riesig waren, dass sie sie zu zweit an einer Stange tragen mussten (Vers 23). Was für ein fruchtbares Land! Doch dann kam das Aber: „Die Menschen, die dort leben, sind stark und ihre Städte sind sehr groß und gut befestigt" (Vers 28).

Bis dahin stimmten die Fakten. Doch als Kaleb, einer der Kundschafter, die Israeliten ermutigte, das Land einzunehmen, kam zu den Fakten ein ganz eigener Fokus dazu. Die anderen Spione wandten ein: „Wir können nicht gegen sie in den Kampf ziehen, denn sie sind stärker als wir" (Vers 31).

„Wir können nicht, sie sind stärker!" Diese Bewertung der Fakten ließ nur eine Schlussfolgerung zu: Rückzug und Angst. Und je stärker sie ihren Fokus auf ihre Unzulänglichkeit legten, desto negativer wurde ihr Bericht und desto verzerrter und furchteinflößender wurden die scheinbaren Fakten:

> Und sie stellten den Israeliten das Land, das sie erkundet hatten, negativ dar: „Das Land, durch das wir gezogen sind, um es zu erkunden, verschlingt seine Bewohner. Die Menschen, die wir dort gesehen haben, sind sehr groß. Sogar die Riesen, die Anakiter, haben wir gesehen. Wir kamen uns neben ihnen wie Heuschrecken vor, und in ihren Augen waren wir das auch." – 4. Mose 13,32-33

Das Land verschlingt seine Bewohner? Echt jetzt? Mit Sachlichkeit hat das jetzt nichts mehr zu tun. „Sie sind Riesen und wir Heuschrecken" – hier sprechen nicht mehr die Tatsachen, sondern hier sieht die Angst, was sie sehen will. Kennst du das? Angst nimmt harmlose Sätze, die der Arzt gesagt hat, und dreht und wendet sie hin und her, bis sie am Ende das Allerschlimmste bedeuten. Mit der Brille der Angst wird jede Herausforderung zur Bedrohung und jede Unklarheit zu einem Grund, in Sorge und Grübelei zu verfallen.

Doch es geht auch anders! Kaleb und Josua waren die zwei Kundschafter, die als einzige die Brille des Vertrauens auf ihre Nasen setzten. Sie erklärten leidenschaftlich:

> Das Land, das wir durchwandert und ausgekundschaftet haben, ist sehr gut. Und wenn der Herr uns gut gesinnt ist, wird er uns in dieses Land bringen und es uns geben: Es ist ein Land, in dem Milch und Honig überfließen. Aber lehnt euch nicht gegen den Herrn auf und habt keine Angst vor den Bewohnern des Landes. Sie werden eine leichte Beute für uns sein! Sie haben keinen Schutz, aber mit uns ist der Herr! Habt also keine Angst vor ihnen! – 4. Mose 13,6-9

So nämlich! Die Fakten sind nur ein kleiner Teil der Wahrheit. Viel entscheidender ist die Wahrheit, dass der Herr mit uns ist. Das ändert alles! Das Volk Israel musste noch einige Extrarunden drehen, bis auch sie dieses Vertrauen in Gott fassen konnten. Von den zehn Kundschaftern konnten nur Josua und Kaleb die Verheißung Gottes vierzig Jahre später betreten.

Wenn wir uns Sorgen machen, hilft es, sich bewusst zu fragen: Was ist das Schlimmste, das realistischerweise passieren könnte? Male es dir ganz konkret aus, in allen Farben. Und frage dich dann: Wäre Gott auch in dieser Situation noch Herr der Lage? Könntest du ihm immer noch vertrauen?

Was ist das Schlimmste, das passieren könnte? Kannst du Gott dann immer noch vertrauen?

→ *Gibt es ein Versprechen, dass Gott dir gegeben hat, an dem du dich in sorgenvollen Momenten festhalten kannst?*

Ich möchte mit der richtigen Brille auf der Nase die Fakten betrachten, im Vertrauen darauf, dass der Herr mit mir ist. Du auch?

Dankbarkeit statt Grübeln

> Und warum macht ihr euch Sorgen um eure Kleidung? Seht euch die Lilien auf dem Feld an und lernt von ihnen! Sie wachsen, ohne sich abzumühen und ohne zu spinnen und zu weben. Und doch sage ich euch: Sogar Salomo in all seiner Pracht war nicht so schön gekleidet wie eine von ihnen. Wenn Gott die Feldblumen, die heute blühen und morgen ins Feuer geworfen werden, so herrlich kleidet, wird er sich dann nicht erst recht um euch kümmern, ihr Kleingläubigen? – Matthäus 6,28-30

Eine Freundin von mir erzählte mir neulich von einer Phase in ihrem Leben, in der sie mit diffusen Ängsten zu kämpfen hatte. Sie sagte, dass das Schlimmste bei der Sache eigentlich die Angst vor der Angst war. Sie wollte so unbedingt diese Angst loswerden, dass sie sich viel zu stark darauf konzentrierte. Sie beschrieb ihr Leben wie ein großes, schönes weißes Blatt, auf dem sich ein hässlicher schwarzer Fleck befand. Alles, was sie sehen konnte, war dieser schwarze Fleck. Alles Schöne wurde wie ausgeblendet und dieser schwarze Fleck nahm alle Kraft und Aufmerksamkeit in Anspruch.

Dein Leben ist mehr als diese Angst, mehr als dieser eine Gedanke, der dich quält. Dein Leben ist mehr als diese eine Sorge, die so viel Raum einnimmt. Um dich herum ist so viel Schönheit! Kannst du sie noch sehen?

Vielleicht musst du neu lernen, dich auf all das andere Schöne, Gute und Kraftvolle zu konzentrieren, was es neben dem Schweren in deinem Leben auch gibt. Wie Philipper 4,8 sagt: „Richtet eure Gedanken ganz auf die Dinge, die wahr und achtenswert, gerecht, rein und unanstößig sind und allgemeine Zustimmung verdienen; beschäftigt euch mit dem, was vorbildlich ist und zu Recht gelobt wird."

Eines nachts, als ich mich mal wieder von links nach rechts wälzte, hörte ich ein Flüstern in meinem Herzen. Jesus stellte mir eine Frage: „Sara, was liebst du an mir? Wofür bist du dankbar?" Zuerst war ich frustriert: „Ähm, hast du mir überhaupt zugehört? Ich stelle dir hier tausend Fragen und bitte dich tausend Dinge und du antwortest mit so einer blöden Gegenfrage … Aber gut, du bist Gott und ich nicht, also lass uns mal darüber nachdenken." Mehr aus Verzweiflung als aus Vertrauen begann ich aufzuzählen, was ich an Jesus liebte und wofür ich dankbar war: meine Familie, meine Freunde, unsere Kirche, unser Haus, dass wir gesund sind, dass wir versorgt sind. Ich dankte Gott für alles, was mir so in den Sinn kam. Und stell dir vor: Ich wurde ruhig. Wirklich!

In den darauffolgenden Tagen habe ich immer wieder dieselbe Übung gemacht und ich kann heute sagen, dass das für mich der Schlüssel war gegen meine Schlafprobleme. Den Fokus auf Jesus und Dankbarkeit zu richten, hat mich befreit. Ich kann dir nicht versprechen, dass das in jedem Fall und immer funktioniert, aber in meinem Fall war es so. Dankbarkeit ist ein unfassbar guter Schlüssel gegen Angst und Sorgen.

Lass dir diese Fragen von Jesus stellen:

→ *Frage 4: Wo entdeckst du Gottes Schönheit? Wofür bist du heute dankbar? Was liebst du an Jesus?*

Es gibt dazu eine Geschichte in der Bibel, die mich total berührt. Es ist die Geschichte von Paulus und Silas im Gefängnis. Weil sie von Jesus erzählt hatten, wurden sie gefangen genommen und eingesperrt. Und du kannst sicher sein, das war kein Gefängnis mit Flatscreen, Toilette und

All-inclusive-Versorgung. Das war ein ganz furchtbarer Ort, nass und kalt, und man hat sich dort wahrscheinlich mit schlimmen Krankheiten angesteckt. Rechte hatte man keine und wahrscheinlich wurde man gefoltert.

Ich kann mir vorstellen, dass ich dort gedacht hätte: „Gott, ich bin hier wegen dir! Was ist los? Bist du auf einmal gegen mich? Du hast die Dinge nicht in der Hand!“ Ich hätte Angst bekommen und an Gottes Güte gezweifelt. Aber Paulus und Silas sagten: „Ja, okay. Vielleicht haben wir Angst. Aber wir erinnern uns daran, wer Gott ist und wir sagen, dass er größer ist und dass er die Dinge in der Hand hat.“ Sie haben angefangen, Lieder zu singen und Gott anzubeten. Sie haben ihr ganzes Herz darauf ausgerichtet, wer Gott ist. In dieser Situation war das ihre Art zu kämpfen: „Wir kämpfen mit Ehrfurcht, wir kämpfen mit Anbetung gegen die Angst!“ Und während sie dort saßen und sangen, geschah das Übernatürliche: Gottes Kraft kam in das Gefängnis hinein. Die Ketten wurden gesprengt und die Gefängnisinsassen und Gefängniswärter haben auf einmal erkannt, wer Jesus ist und wie groß Gott ist. Und sie haben ihr Leben diesem Jesus gegeben, dem Paulus und Silas gegen alle Umstände so dankbar vertrauen konnten.

Vielleicht ist es auch für dich an der Zeit, deinen Fokus darauf zu lenken, wie groß Gott ist. Richte deinen Blick auf das, was Gott so wunderschön gemacht hat. Wie viel von dem hat er ganz ohne dein Zutun wunderbar hingekriegt! Du bist nicht der Mittelpunkt der Welt und diese Welt hängt nicht von dir ab. Gottes Kraft ist unabhängig von dir und ziemlich stark am Werk. Vielleicht ist es an der Zeit, dass du Gott dankst für all das, was er dir geschenkt hat, und ihn darüber lobst, wer er ist.

Hier und heute statt überall und nirgends

> Macht euch keine Sorgen um den nächsten Tag! Der nächste Tag wird für sich selbst sorgen. Es genügt, dass jeder Tag seine eigene Last mit sich bringt.
> – Matthäus 6,34

Sorgenvolle Gedankenkarussells drehen sich entweder um die Vergangenheit oder um die Zukunft. Doch auf beides haben wir keinen Zugriff. Wir können nur einen Moment nach dem anderen leben. Nur das Jetzt können wir gestalten. Alles andere liegt außerhalb unserer Kontrolle. Aber Gott hat die Kontrolle. Er ist „Gott, der Herr, der Allmächtige, der da war und der da ist und der da kommt“ (Offenbarung 4,8; LUT). Gott ist außerhalb der Zeit. Und immer genau jetzt präsent.

→ *Frage 5: Was hilft dir, deine Gedanken ins Hier und Jetzt zurückzuholen? Was kannst du heute anpacken?*

Gerade in unserer übervollen Informationsgesellschaft müssen wir trainieren, ganz im Moment präsent zu sein. Nicht mit den Gedanken überall woanders zu sein, sondern wahrzunehmen, was genau jetzt gerade passiert.

Als Mama ist mir das unheimlich wichtig, aber dennoch so schwer. Ich muss hart daran arbeiten. Ständig bin ich abgelenkt von meinem Handy, von Aufgaben, Verantwortungen, To-dos und tausend anderen Dingen. Ich möchte aber aufmerksam und präsent sein: für meine Kinder, für ihre Bedürfnisse, für mich selbst und auch für den Heiligen Geist. Ich möchte mein Leben nicht in der Parallelwelt meiner Gedanken verbringen, sondern die Momente genießen, die Gott mir schenkt.

Gerade wenn du mit Sorgengedanken kämpfst, können verschiedene Übungen helfen, im Hier und Jetzt anzukommen. Zum Beispiel Malen nach Zahlen oder andere kreative Beschäftigungen, bei denen du deine volle Konzentration im aktuellen Moment bündeln musst, dass kein Platz mehr für deine Sorgen bleibt.

Auch handyfreie Zonen oder handyfreie Zeiten sind ein Gamechanger, um wieder mehr im Hier und Jetzt anzukommen. Samstags, an unserem Familiensabbat, lasse ich mein Handy immer mehr aus, um für Gott und meine Familie präsent zu sein. (Ich bin ehrlich – es fällt mir schwer und ich bin nicht immer konsequent damit. Aber jetzt steht es hier in diesem Buch, also muss ich es konsequenter leben!) Außerdem sagen viele Studien, dass es sich negativ auf den Schlaf auswirkt, wenn wir unser Handy nachts in unserem Zimmer behalten. Ich habe uns dafür jetzt jedenfalls einen Wecker angeschafft.

Du merkst, ich bin hier noch auf dem Weg, mir selbst dabei zu helfen, im Alltag wachsam zu sein. Fähig, den Fokus darauf zu setzen, wie Gottes Geist der Kraft, Liebe und Besonnenheit mich in den Alltagsmomenten führen möchte und nicht überall und nirgends mit meinen Gedanken herumzuschwirren. Ist es auch für dich dran, besorgter Ruhelosigkeit so auf die Spur zu kommen?

Auftrag statt Angst

> Es soll euch zuerst um Gottes Reich und Gottes Gerechtigkeit gehen, dann wird euch das Übrige alles dazugegeben. – Matthäus 6,33

Du hast einen Auftrag. Eine Bestimmung. Und die ist zu wertvoll, als dass du deine Zeit zweifelnd, grübelnd und voller Sorgen verbringst.

Frage 6: Sind deine Grübeleien eine Ablenkung von deinem eigentlichen Auftrag?

Vielleicht ist es für dich an der Zeit, aufzustehen und herausfinden, was Gott auf dem Herzen brennt. Was ist ihm wichtig? Woran bricht sein Herz? Lass dich von ihm mit seiner Leidenschaft erfüllen und fülle deine Gedanken mit göttlichen Ideen und Strategien.

Vielleicht ist es an der Zeit, dass du anfängst, zu träumen und Visionen zu entwickeln! Dass du aufhörst, dem Feind zu erlauben, deine Gedanken beschäftigt zu halten mit negativen, angsterfüllten Nebensächlichkeiten. Kämpfe mit dem Geist der Kraft, Liebe und Besonnenheit um Freiheit für deine Gedanken und lerne, das zu denken und zu sehen, was wirklich wichtig ist!

Gebet statt Gegrübel

> Macht euch um nichts Sorgen! Wendet euch vielmehr in jeder Lage mit Bitten und Flehen und voll Dankbarkeit an Gott und bringt eure Anliegen vor ihn.
> – Philipper 4,6

In diesem Bibelvers werden wir ermutigt, statt uns zu sorgen, ins Gebet zu gehen. Gebet ist unglaublich kraftvoll. Es ist Gespräch mit Gott, Einswerden mit seinem Herzen und Einswerden mit seinem Willen. Gott handelt, wenn wir beten, in uns, durch uns und um uns herum. Die Frage, die dir Jesus hier stellt, ist:

Frage 7: Wofür wirst du heute beten?

Gebet ist so einfach und natürlich, dass du gar nicht viel mehr darüber wissen musst, um einfach damit anzufangen. Gleichzeitig gibt es darüber so viel zu lernen, dass du dein ganzes Leben lang darin wachsen kannst. Hier sind ein paar praktische Tipps für deinen Weg, die du direkt anwenden kannst:

- *BETE IN JEDER LAGE.* Um zu beten, brauchst du keinen bestimmten Ort oder kein besonderes Ritual. Du musst nicht die richtigen Worte haben oder Gott bereits eine Lösung für dein Problem präsentieren. Gehe einfach wie ein Kind zu deinem Vater und sprich mit ihm von Herz zu Herz.

- *BETE MIT BITTEN UND FLEHEN.* Jammern ist okay! Die Psalmen sind voll davon. Ich möchte dich aber herausfordern, dir vorzustellen, dass du dabei in Jesus Gesicht schaust und dich nicht von ihm abwendest. Er hält es aus und er wird dir helfen, deine Gefühle zu sortieren. Ich schreibe meine Gebete und auch mein Gejammer oft in mein Tagebuch, weil es mir hilft, nicht in Gedankenkarussells zu verfallen, sondern meine Gedanken zu ordnen und Gott zu mir sprechen zu lassen.

- *BETE VOLL DANKBARKEIT.* Die Kraft von Dankbarkeit haben wir bereits kennengelernt. Suche im Gebet konkret nach dem, wofür du dankbar sein kannst. Das wird deinen Fokus und dein Herz verändern.

- *BETE OHNE UNTERLASS* (1. Thessalonicher 5,17). Der psychologische Fachbegriff für Grübeln heißt „Rumination" und beschreibt ursprünglich den Vorgang des Wiederkäuens bei Kühen. Wenn wir uns Sorgen machen, dann kauen wir immer und immer wieder auf denselben negativen Gedanken herum. Eine Lehrerin in meinem Theologiestudium sagte einmal: „Wenn du weißt, wie man sich Sorgen macht, dann weißt du auch, wie man meditiert." Denn Meditation ist im Grunde ähnlich: Wir denken wieder und wieder über einen Bibelvers nach und kauen auf ihm herum oder wir beten wieder und wieder dasselbe Gebet, bis es zu unserem Herzensgebet wird. Statt negativen Gedanken Raum zu geben, bewege deine Anliegen vor Gott und komme immer und immer wieder zu ihm im Gebet.

- *BETE VOM HEILIGEN GEIST GELEITET* (Epheser 6,18). Frag den Heiligen Geist, wofür du beten sollst. Wenn dir Namen oder andere Dinge in den Sinn kommen, bete konkret dafür. „Im Geist" zu beten, kann auch bedeuten, die Gabe des Sprachengebetes zu nutzen, von der die Bibel spricht. Wenn du diese Geistesgabe noch nicht bekommen hast, strecke dich danach aus. Sie ist ein Geschenk für dich, das dich innerlich stärken kann und kraftvolle Auswirkungen hat. Wenn ich mich innerlich gefangen fühle und nicht weiß, wie ich beten kann, hilft es mir, erst einmal in Sprachen zu beten, um mich bewusst für Gottes Gegenwart zu öffnen.

- *BETE FÜR ANDERE.* Wenn wir uns Sorgen machen oder Angst haben, sehen wir oft nur unsere Nöte. Freiheit und Kraft kommt oft dann, wenn wir wegschauen von uns und uns bewusst vornehmen für die Not anderer Menschen zu beten. Ich liebe es, dass wir uns gegenseitig schützen und stärken können im Gebet. Wenn der eine mal schwach ist, kann der andere im Gebet für ihn einstehen und andersherum.

In Philipper 4,7 heißt es: „Dann wird der Frieden Gottes, der weit über alles Verstehen hinausreicht, über euren Gedanken wachen und euch in eurem Innersten bewahren – euch, die ihr mit Jesus Christus verbunden seid." Was für ein wunderschönes Versprechen: Gottes Friede wird kommen und unser Herz bewahren, wenn wir beten. Nicht weil wir so gut gebetet haben, sondern weil wir mit Jesus Christus verbunden sind.

Jesus ist dein Befreier. Stell dir vor, wie er sich auf dein Gedankenkarussell schwingt, sich neben dich setzt, ein paar Runden mit dir fährt und dann behutsam die Bremse zieht. Er hilft dir, immer ruhiger und friedvoller zu werden, bis du endlich aussteigen und in Freiheit weitergehen kannst.

Jesus ist der furchtlose Held, der an deiner Seite kämpft. Weil er bei dir ist, muss alle Angst schweigen. Denn wie die mutige KZ-Überlebende Corrie ten Boom bereits sagte: „Mut ist Angst, die gebetet hat.“

Deine Furchtlos-Übung

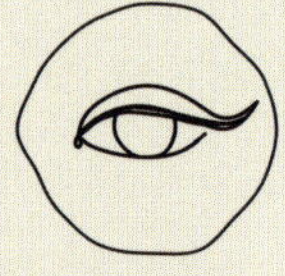

SEE

Nachdem du dieses Kapitel gelesen hast, schreibe alles auf, was gerade in dir vor sich geht. Was nimmst du in deinem Körper wahr? Was fühlst du? Was denkst du? Bleibe dabei neugierig und offen, ohne dich zu bewerten. Mache dir bewusst, dass Gott jetzt gerade bei dir ist und dir zuhört. Lausche auch darauf, was er dir zuflüstert.

REFLECT

WORUM KREISEN DEINE GEDANKEN? Welche konkreten Themen und Fragen bewegen dich? Geht es um die Vergangenheit oder um die Zukunft? Gibt es eine bestimmte Sorge, die dich immer wieder quält?

A – AUSLÖSER Gibt es einen konkreten Auslöser für dein Grübeln, deine Sorge? Zum Beispiel ein Gespräch, eine Nachricht, ein YouTube-Video, einen Konflikt, eine anstehende Entscheidung …?

B – BEWERTUNG Was sagt deine Erfahrung zu diesem Problem? Gibt es eine ähnliche Situation in deiner Vergangenheit, die dich warnen will?

Welche deiner Bedürfnisse oder Werte fühlen sich vielleicht bedroht und wollen deine Aufmerksamkeit?

C – KONSEQUENZ Was folgt jetzt daraus? Wie verhältst du dich?

SCHATTENKIND Schreibe deine Sorge zu deinem Schattenkind.

CHOOSE

DEINE ALTERNATIVE Was wählst du in Bezug auf dein Sorgen-Thema? Ich möchte …

- ◯ *neu erkennen, was wirklich wichtig ist.*
- ◯ *Sorge in Fürsorge verwandeln.*
- ◯ *Vertrauen einüben, um mehr zu glauben, dass er für mich sorgt.*
- ◯ *lernen, Schönheit zu sehen und zu danken.*
- ◯ *mehr im Hier und Heute leben.*
- ◯ *mehr über meinen Auftrag nachdenken als über meine Angst.*
- ◯ *beten statt zu grübeln.*
- ◯ ……………………

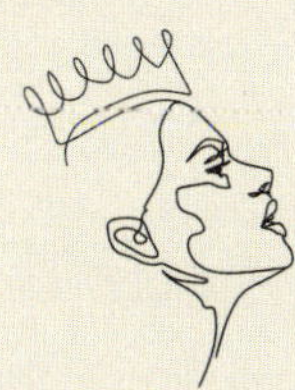

KÖNIGSKIND Schreibe die Alternative, für die du dich entscheidest, zu deinem Königskind: „Ich werde …"

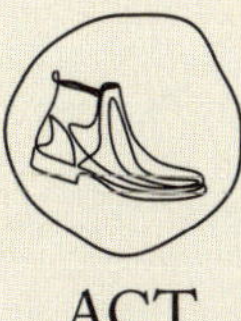

ACT

SETZE DEINEN PLAN UM! Was wirst du tun, um deine Alternative in den Alltag zu integrieren? Zum Beispiel, um Sorge in Fürsorge zu verwandeln oder mehr im Hier und Heute zu leben?

Action Step 1: ______________________ ○ erledigt

Action Step 2: ______________________ ○ erledigt

Action Step 3: ______________________ ○ erledigt

Seid stark in dem Herrn und in der Macht seiner Stärke. Zieht an die Waffenrüstung Gottes.

Epheser 6,10-11; LUT

Der Geist der Angst

Außerhalb von dem, was wir mit unseren fünf Sinnen erfassen können, gibt es noch so viel mehr: die unsichtbare Welt, das Übernatürliche, die der Engel, Geister, Dämonen usw. In unserem Schlüsselvers wird auch für den Geist der Angst das griechische Wort pneuma verwendet. Dasselbe Wort wie für den Geist der Kraft, Liebe und Besonnenheit. Pneuma bezieht sich auf die Mächte, die wir nicht sehen, nicht festhalten und nicht kontrollieren können.

Das klingt für dich möglicherweise jetzt sehr nach Gruselfilmen, Halloween und Aberglaube. Wenn du mit dem Bewusstsein für diese Dimension nicht aufgewachsen bist und persönlich nichts in diese Richtung erlebt hast, denkst du vielleicht, dass ich dir noch mehr Angst machen will. Nein! Das sicher nicht.

> Negative geistliche Mächte, die uns beeinflussen, arbeiten gerne mit Angst.

Die Bibel redet sehr offen über die übernatürliche Dimension und wir wären leichtsinnig zu behaupten, dass alles Negative auf natürliche Umstände zurückzuführen ist. Oder dass alles Negative, das passiert, immer mit unseren Entscheidungen und unserem Verstand, mit Verhaltenstherapien und richtigem Denken überwunden werden könnte. Es gibt negative geistliche Mächte, die uns beeinflussen. Und diese Mächte arbeiten liebend gerne mit Angst. Angst hat nicht nur körperliche und seelische Ursachen, sondern auch geistliche. Deswegen sollten wir sie immer auch geistlich betrachten und bekämpfen.

Eine Bibelstelle, in der wir über dieses Thema lesen und lernen, steht im Epheserbrief, Kapitel 6,10-18. Der Abschnitt steht im Zusammenhang mit Weisheit und Weisung für Christen in Alltagsbeziehungen: in der Ehe, der Familie, am Arbeitsplatz usw. Wir wissen alle: Konflikte, Missverständnisse und Schwierigkeiten gibt es überall. Bestimmt kennst du das aus deinem Alltag, dass in einer Beziehung irgendwie der Wurm drin ist. Du denkst vielleicht, dass andere Menschen dich angreifen: „Diese Person hat etwas gegen mich." Oder: „Mein Partner gönnt mir nichts."

Denn unser Kampf richtet sich nicht gegen Wesen von Fleisch und Blut, sondern gegen die Mächte und Gewalten der Finsternis, die über die Erde herrschen, gegen das Heer der Geister in der unsichtbaren Welt, die hinter allem Bösen stehen. – Epheser 6,12

Die Bibel sagt hier ziemlich deutlich: Wir kämpfen nicht gegen Menschen, sondern gegen die Mächte, die hinter allem Bösen stehen. Der Mensch ist nicht das Problem. Den dürfen wir lieben. Ja, selbst unsere Feinde sollen wir lieben.[47] Doch hinter diesen Beziehungsschwierigkeiten können manchmal geistliche Mächte stehen, gegen die wir entschlossen antreten sollen.

Renke und ich haben uns eine Zeit lang immer vor allem dann gestritten, wenn irgendetwas Wichtiges in der Kirche anstand. Zufall? Es gibt diese „heimtückischen Angriffe“, die Unfrieden stiften, verwirren und auseinanderbringen wollen. Gerade auch in christlichen Familien und Gemeinden. Doch nicht jeder Streit, nicht jeder negative Gedanke ist gleich ein dämonischer Angriff.

Die natürliche und die übernatürliche Dimension sind mehr miteinander verwoben, als uns oft bewusst ist. Wir sind Menschen aus Körper, Seele und Geist, deswegen können auch die Ursachen für Konflikte in allen drei Dimensionen liegen. Oft kommen zwischenmenschliche Missverständnisse und Streitereien aus seelischen oder körperlichen Schwächen oder aus herausfordernden Umständen, die uns das Leben schwer machen. Das ist ganz normal. Doch auch negative geistliche Mächte spielen dabei eine Rolle. So hat der Feind vielleicht das Verhalten deiner Eltern genutzt, um dir eine Lebenslüge ins Herz zu pflanzen, die dich bis heute gefangen hält. Er nutzt vielleicht irgendeine „giftige“ Beziehung in deinem Leben, um dich von dem abzuhalten, was Gott für dein Leben vorhat.

Wir können unseren Müll zum Kreuz bringen und dem Heiligen Geist Zugang zu unseren Rumpelkammern geben.

Wo Verletzungen und unaufgeräumte Probleme unsere Seele und unsere Beziehungen belasten, hat auch der Feind Zugang und leichtes Spiel. Leo Bigger hat dazu ein hilfreiches Bild geprägt, als er über geistliche Kämpfe und Dämonen lehrte. Er sagte in einer Predigt zum Thema: „Dort, wo Müll ist, sind auch Ratten.“ Da, wo wir versäumen aufzuräumen, dort können sich auch geistliche Angriffe und dämonische Belastungen leichter ausbreiten. Darum ist es so wichtig, dass wir unseren Müll zum Kreuz bringen und dem Heiligen Geist Zugang zu unseren Rumpelkammern geben.

Aber was sind das für „Mächte und Gewalten der Finsternis“? Wer ist der „Teufel“? Ein kleines Männchen mit Hörnern und Schwanz, das auf unserer Schulter sitzt und uns dazu überredet, etwas Böses zu tun? Dieses Bild ist weit verbreitet, hat aber nichts mit dem zu tun, was die Bibel uns lehrt. Das Böse hat in der Bibel verschiedene Namen, die wir uns im Laufe dieses Kapitels anschauen werden. Verbreitet ist zum Beispiel der Name „Satan“, was aus dem Hebräischen kommt und „Widersacher“, „Gegner“ oder „Feind“ bedeutet. Ich benutze im Folgenden vor allem den Begriff „Feind“, weil er mir am wenigsten vorbelastet erscheint. Aber schon mal vorweg:

→ *Jesus ist stärker als der Feind! Jesus hat den Feind besiegt! Jesus gewinnt und wir mit ihm.*

Doch damit wir nicht naiv und leicht reinzulegen sind, sollten wir aus der Bibel lernen, wer dieser Feind ist, wie er arbeitet und was wir tun können, um erfolgreich gegen seine Angriffe zu bestehen.

Wie viel Macht hat der Feind?

Zunächst einmal ist wichtig zu verstehen, dass nach dem Verständnis der Bibel in der geistlichen Welt nicht das Gute und das Böse auf gleicher Ebene miteinander kämpfen: Mal ist das Gute stärker, mal ist das Böse auf dem Vormarsch. Ein Engelchen auf der linken Schulter, ein Teufelchen auf der rechten. Mal bekommt der gute Gott seinen Willen, mal der böse Teufel. So ist das nicht. Es gibt nur eine mächtigste Macht und das ist Gott. Niemand ist ihm gleich. Niemand kommt an ihn heran. Nur er hat *alle* Macht im Himmel und auf Erden.

Aber wo kommt „der Böse" dann her? Ich glaube, dass Gott nicht nur den Menschen geschaffen hat, sondern auch Engel und himmlische Wesen. Und er hat beiden die Möglichkeit gegeben, sich für oder gegen seinen Willen zu entscheiden. In Jesaja 14 und Hesekiel 28 gibt uns die Bibel Hinweise, die Theologen zu der Annahme führen, dass der Feind ein Engel Gottes gewesen sein könnte, der ursprünglich gut war, sich aber gegen Gott entschieden hat und sein eigener Herr sein wollte. Daraufhin hat Gott ihn aus seiner Gegenwart verstoßen und gedemütigt. Die Bibel berichtet Ähnliches auch von Adam und Eva. Auch sie wollten sich gegen Gott erheben und wurden aus seiner Gegenwart, aus dem Paradies, verbannt.

Offensichtlich gibt es unter diesen Wesen, die sich von Gott abgewandt haben, unterschiedliche Machtverhältnisse. Satan ist scheinbar ziemlich mächtig. Die Bibel nennt ihn „Gott dieser Welt" (2. Korinther 4,4) und redet von „Mächten und Gewalten der Finsternis", die über die Erde herrschen (Epheser 6,12). Wir leben auf dieser Welt also scheinbar im Herrschaftsbereich des Feindes. Allerdings ist er ein geschaffenes Wesen und nicht auf einer Ebene mit Gott. Das heißt, er ist *nicht* allwissend, *nicht* allmächtig und auch nicht allgegenwärtig. Er kann deine Gedanken nicht lesen.

Wie viel Macht der Feind über uns hat, hängt stark damit zusammen, wie viel Einfluss wir ihm bewusst oder unbewusst geben. „Gebt dem Teufel keinen Raum in eurem Leben!" (Epheser 4,27) ist eine wichtige Warnung, nach der wir uns richten sollten.

Das ist die gute Nachricht: Wir haben von Gott Autorität bekommen, den Feind in seine Schranken zu weisen. Direkt beim Sündenfall schon hat Gott klargemacht, dass ein Nachkomme der Frau der Schlange (so erschien der Feind Adam und Eva) den Kopf zertreten wird.[48] Damit weist er auf Jesus hin. Denn von Anfang an war es Gottes Plan, dass wir Menschen durch Jesus Christus über den Feind siegen. Dadurch, dass Jesus als Mensch auf die Erde kam, für unsere Sünde starb und wieder auferstand, besiegte er den Feind.[49] Satan hat keine Macht gegen Jesus und wenn wir in Jesus sind, hat er auch keine Chance gegen uns.

Bleib stehen!

Wie kämpfen wir nun gegen den Feind? Wenn du dir die Verben in Epheser 6 einmal genauer anschaust, fällt dir etwas auf? Diese Verben sind nicht besonders kämpferisch. Hier steht nichts von rennen, schreien, schießen, deklarieren, sich Sorgen machen, die beste Freundin anrufen, mit allen drüber reden, auf Instagram posten, nachts wach liegen ... Hier steht vielmehr: geben lassen, standhalten, ergreifen, entgegenstellen, dastehen, aufstellen. Luther übersetzt die Verse 13 und 14 so: „Deshalb ergreift die Waffenrüstung Gottes, damit ihr an dem bösen Tag Widerstand leisten und alles überwinden und das Feld behalten könnt. So steht nun fest."

Das Wichtigste, das wir tun können, wenn wir Angriffe der Angst erleben, ist erst mal einfach stehen zu bleiben. Bleib stehen auf dem Fundament, das du hast: Jesus! Bleib stehen auf dem Wissen, dass du geliebt bist, dass Gott alle Dinge zum Besten wenden wird. Bleib stehen in deiner Identität. In deiner Berufung. In dem, was du gelernt hast. Lass dich nicht verunsichern. Zieh dich nicht zurück. Stell nicht alles infrage. Bleib auf dem stehen, was du bisher in deinem Leben erobert hast.

Das Jahr 2020 hat viele Menschen – und auch mich – ziemlich durchgeschüttelt. Konflikte, Frust, ständige Veränderungen. Das, was sich jahrelang so herrlich und aufblühend anfühlte, schmeckte auf einmal komisch und kompliziert. Everything that can be shaken will be shaken – alles, was geschüttelt werden kann, wird geschüttelt werden. Dieser Satz hallte während dieser ganzen Zeit in meinem Kopf und Herzen wider. Im Hebräerbrief wird beschrieben, dass dieses „Geschüttel" passieren muss, damit alles Geschaffene, Menschliche abfällt und nur das Ewige bleibt. Es fühlte sich an wie eine riesige Prüfung: Wie „schüttelfest" ist mein Glaube an Jesus, mein Vertrauen in ihn? Wie fest und sicher kenne ich meine Identität? Weiß ich eigentlich, dass ich geliebt bin? Wie krisensicher steht meine Berufung? Wovon mache ich sie abhängig? Vom Applaus anderer Menschen? Von Erfolg oder davon, dass Gott mich berufen hat?

> Wie „schüttelfest" ist mein Glaube an Jesus, mein Vertrauen in ihn?

Scheinbar hatte Gott dem Feind in diesem Jahr erlaubt, uns alle zu schütteln und zu prüfen. Ich habe dabei so einige Baustellen entdeckt. Ich wusste nicht, dass ich immer noch so abhängig von der Meinung anderer Menschen bin. Ich habe ziemlich viel Raum für Wachstum in Geduld und Liebe gefunden. Meine Schwächen als Mutter, Ehefrau und Leiterin wurden deutlich bloßgestellt.

Vielleicht ging es dir ähnlich in diesem Jahr. Oder du kennst dieses „Durchgeschüttelt"-werden aus anderen Zeiten in deinem Leben. Vielleicht hast du Krankheit erlebt, Beziehungskrisen, den Verlust von deinem Job, Angstattacken. Was machen wir damit, wenn sich auf einmal ungeahnte Abgründe und Baustellen in unserem Leben, in der Seele, in den Gedanken, im Glauben auftun? Die Bibel sagt: stehen bleiben!

> Seht es als einen ganz besonderen Grund zur Freude an, meine Geschwister, wenn ihr Prüfungen verschiedenster Art durchmachen müsst. Ihr wisst doch: Wenn euer Glaube erprobt wird und sich bewährt, bringt das Standhaftigkeit hervor. Und durch die Standhaftigkeit soll das Gute, das in eurem Leben begonnen hat, zur Vollendung kommen. Dann werdet ihr vollkommen und makellos sein, und es wird euch an nichts mehr fehlen. – Jakobus 1,2-4

„Yay! Mein Leben bricht zusammen. Halleluja!" Ernsthaft? Ich soll mich freuen? Ist es nicht besser, einfach zu sagen: „Es ist alles Mist gerade?" Das eine schließt das andere nicht aus. Es geht nicht darum, zu leugnen, dass wir angegriffen werden. Im Sinne von SEE dürfen wir anerkennen, wenn alles gerade schwierig ist. Aber was wir nicht tun sollen, ist, alles hinzuwerfen, uns zu verkriechen, alles infrage zu stellen und aufzugeben. Bleib einfach stehen und du wirst sehen, dass etwas Gutes aus diesen Schwierigkeiten erwächst.

Bobbie Houston, die *Senior Pastorin* von Hillsong, hat einmal von einer Zeit erzählt, wo bei ihnen alles kopfstand und sie sich an jeder Front angegriffen fühlten. Sie berichtet von einem Moment, wo sie auf der Terrasse stand und einfach in den Himmel geschaut und gelächelt hat. Sie hat dem Feind ins Gesicht gelacht nach dem Motto: „Wir bleiben hier. Wir geben nicht auf. Alles wird gut. Jesus ist stärker!" Immer mal wieder muss ich an diese Szene denken. Und dann mache ich genau das Gleiche. Ich nehme mir einen Moment Zeit und werde ruhig. Ich schaue hin und nehme wahr, was gerade anstrengend ist. Ich leugne nicht den Schmerz, ich stelle mich mitten rein. Und dann lächle ich – ich lache dem Feind ins Gesicht. Ich bete eine Art rebellisches Gebet, eine Deklaration meines Vertrauens: „Ich bleibe stehen. Ich gebe nicht einen Zentimeter von dem Feld ab, das mein Jesus und ich gemeinsam erobert haben! Und ich werde Wunder erleben und kraftvoll nach vorne gehen! Das glaube ich."

Dein Tisch der Versorgung

Psalm 23 sagt, dass Gott dir einen Tisch im Angesicht deiner Feinde deckt. Stell dir einmal einen wundervoll reich gedeckten Tisch vor: duftendes Brot mit leckeren Dips, ein riesiger Obstteller mit Ananas, Trauben, Feigen, Physalis, die verschiedensten Antipasti, köstlicher Salat mit karamellisierten Nüssen und Granatapfelkernen, saftiges Fleisch – alles vom Feinsten, das Beste, was du dir vorstellen kannst. Und du darfst dich bedienen – es gehört dir!

Doch dem Feind gefällt das nicht. Er scharwenzelt die ganze Zeit um den Tisch herum und will dir dein Essen madig machen, dich ablenken, dich verunsichern, um dich von deinem Platz zu vertreiben. Jesus sagt, dass der Feind kommt, um „zu stehlen und zu schlachten und um Verderben zu bringen". Und weiter: „Ich aber bin gekommen, um ihnen Leben zu bringen – Leben in ganzer Fülle" (Johannes 10,10).

Weißt du, warum der Feind dich bestehlen will? Weil du reich bist. Gott hat all seine Reichtümer vor dir aufgetischt: seine Freude, seinen Frieden, seine Autorität, jeden geistlichen Segen in den himmlischen Regionen, Annahme, Identität, Bestimmung, Kraft.[50] All das steht dir in Christus zu! Der Feind weiß genau: Wenn du isst, was vor dir steht, wenn du deinen Reichtum in Christus annimmst, dann wirst du stark und unschlagbar.

An diesem Tisch verbringst du Zeit mit Gott und empfängst von ihm. Dort teilt er sein Herz mit dir, gibt dir göttliche Ideen, Strategien, Kreativität, Leidenschaft, Aufträge und Träume. Der Feind hasst das und wird alles versuchen, um dich davon abzulenken. Denn er weiß, je mehr du empfängst, desto gefährlicher wirst du für ihn.

Wenn wir geistlich kämpfen, kämpfen wir nicht um den Sieg, sondern vom Sieg aus.

Das Einzige, was du tun musst, um gegen den Feind zu siegen, ist am Tisch sitzen zu bleiben, dich nicht von deinem Platz vertreiben zu lassen und zu essen, was vor dir steht. Geh nicht auf seine Lügen und Ablenkungsmanöver ein, sondern nimm dir lieber noch eine große Schippe Salat. Renn nicht mit dem Kochlöffel hinter ihm her, sondern lade dir lieber noch mehr Oliven und Datteln im Speckmantel auf den Teller.

Wenn wir geistlich kämpfen, kämpfen wir nicht um den Sieg, sondern vom Sieg aus. Wir kämpfen als Sieger. Wir haben schon gewonnen. Uns gehört schon das Feld. Uns gehört schon der Platz am Tisch. Nicht, weil wir so stark und so toll sind, sondern weil wir so geliebt sind: „Aber in diesem allen sind wir mehr als Überwinder durch den, der uns geliebt hat" (Römer 8,37; LUT). Nichts kann dich trennen von Gottes Liebe und nichts auf der Welt – und sei es noch so böse – kann dir wegnehmen, was dir in Christus gehört. Darum: Bleib einfach stehen.

Schütze dich!

Epheser 6 beschreibt einen Soldaten, der mit einer festen Rüstung gekleidet ist, und bezieht jeden Teil der Rüstung auf eine geistliche Strategie, mit der wir uns schützen und kämpfen können.

> Stellt euch also entschlossen zum Kampf auf! Bindet den Gürtel der Wahrheit um eure Hüften, legt den Brustpanzer der Gerechtigkeit an und tragt an den Füßen das Schuhwerk der Bereitschaft, das Evangelium des Friedens zu verbreiten. Zusätzlich zu all dem ergreift den Schild des Glaubens, mit dem ihr jeden Brandpfeil unschädlich machen könnt, den der Böse gegen euch abschießt. Setzt den Helm der Rettung auf und greift zu dem Schwert, das der Heilige Geist euch gibt; dieses Schwert ist das Wort Gottes. – Epheser 6,14-17

Diese verschiedenen Elemente der Waffenrüstung passen perfekt, damit wir uns gegen die Taktiken des Feindes schützen können. Schauen wir uns jedes Element an und lernen, wie wir uns effektiv vor geistlichen Angriffen schützen können.

DER GÜRTEL DER WAHRHEIT (VERS 14)

Der Gürtel bei einem Soldaten hält alles zusammen. Stell dir jetzt keinen filigranen Gürtel vor, den du anziehst, damit deine Hose nicht rutscht. Der Gürtel dieser Rüstung ist mehr wie ein Lendenschutz bei Motorradfahrern. Die Lenden, das heißt die Nieren und die „privaten Teile" des Soldaten, werden dadurch geschützt – die Organe, die uns entgiften, und die neues Leben hervorbringen. Die Wahrheit ist also existenziell.

Politisch oder gesellschaftlich ist Wahrheit eine komplizierte Sache. Ich fühle mich oft davon überfordert, zu wissen, was gerade wichtig ist, was dran ist, welche Meinung ich vertreten und was ich tun sollte. Wie beurteile ich politische und gesellschaftliche Geschehnisse? Was ist denn nun wahr und richtig? Wie finde ich heraus, was von Gott ist und was nicht? Eine riesige Herausforderung! Durch die Medien werden wir mit unfassbar vielen Informationen und Meinungen, Fake News und Werbung zugeschüttet.

Wusstest du, dass die sozialen Medien mit Algorithmen arbeiten, die nur ein Ziel haben: dich möglichst lange am Bildschirm halten.[51] Sie fragen nicht danach, was dir gerade guttut und was gerade wichtig für dich ist. Sie sind nicht daran interessiert, dir ein ausgewogenes Bild zu vermitteln oder die eigentliche Wahrheit zu finden. Sie wollen einfach nur deine Aufmerksamkeit halten. Deshalb präsentieren sie dir immer genau das, was dich eh schon interessiert. Das führt dazu, dass wir immer mehr umgeben werden mit Informationen und Meinungen, die das füttern, was wir eh schon glauben und denken. Das hat verrückte Auswirkungen auf unsere Gesellschaft. Wir sehen, dass Menschen sich polarisieren und sich nur noch mit Menschen und Meinungen umgeben, die so sind wie sie selbst. Jeder lebt in seiner kleinen sozialen Blase, in seiner Wahrheitsbubble.

Doch wie binden wir in all dem den Gürtel der Wahrheit um uns herum? Wie finden wir heraus, was Wahrheit ist? Lass mich dir einen kleinen Tipp geben: Wenn etwas, das du hörst – sei es in den Medien oder in deinem Herzen –, dir Angst macht, dich an Gott zweifeln lässt und dein Vertrauen in ihn zum Wanken bringt, dann stoppe es. Geh diesen Gedanken erst mal nicht weiter mit, sondern halte ihn fest – mit Besonnenheit – und bitte den Heiligen Geist, dir zu offenbaren, was Gottes Herz dazu ist.

Wie finden wir heraus, was Wahrheit ist?

Du darfst dich zu jeder Zeit an den Heiligen Geist wenden mit der Bitte, zu dir zu sprechen und dir zu zeigen, wer Gott wirklich ist, was seine Wirklichkeit ist. Wir dürfen erwarten, dass Gott zu uns redet. Ich habe selten erlebt, dass Gott sagt: „Diese Meinung ist richtig und diese ist Humbug. Du sollst dies und das denken und allen anderen sagen, dass sie auf dem Holzweg sind." Vielmehr offenbart uns Gott sein Herz, seine Absicht, sein großes Bild. Und wenn Gott redet, dann kommt sein Friede mit. Angst, Unsicherheit und Sorgen werden vertrieben. Klarheit kommt und Vertrauen durchflutet unser Herz.

Ich glaube, dass die Wahrheit zu kennen viel mehr ist, als die richtigen Fakten zu wissen oder die richtige Meinung zu haben. Jesus sagt: „Ich *bin* die Wahrheit" (Johannes 14,6). Jesus ist mehr als eine Meinung, eine Weltanschauung oder eine Religion. Er ist eine Person. Die Aufforderung, dass wir uns mit Wahrheit umgeben sollen, ist eine Einladung: Jesus lädt uns ein, ihn besser kennenzulernen, sein Herz zu verstehen, uns mit ihm selbst zu umgeben. Es ist eine Einladung an uns, zu jeder Zeit den Heiligen Geist – der uns in alle Wahrheit, also zu Jesus, führen wird - zu bitten, uns zu helfen, Lüge von Wahrheit zu unterscheiden.

Außerdem fordert uns Gott in seinem Wort auf, weisen Rat und Korrektur von anderen Menschen bewusst zu suchen.[52] In der Auseinandersetzung miteinander schleifen wir uns gegenseitig.[53] Niemand wird je die ganze Wahrheit erkennen, doch im Miteinander können wir zu einer gesunden Überzeugung kommen. Noch nie war es so wichtig wie heute, dass wir einander wieder zuhören lernen. Dass wir miteinander reden, statt übereinander, verstehen wollen, statt uns Meinungen um die Ohren zu hauen, nachfragen, statt schnell und hart zu kritisieren, Verbindung suchen, statt uns schimpfend abzuwenden. Wir müssen Gnade und Wahrheit wieder miteinander verbinden, die bei Jesus immer zusammengehören.[54]

ALLES AUF EINEN BLICK

NAME VOM FEIND: Vater der Lüge (Johannes 8,44) – Er verdreht die Wahrheit und versucht uns so davon abzubringen, Gott zu vertrauen.

BEISPIEL IN DER BIBEL: Satan verdreht Adam und Eva gegenüber Gottes Aussagen zu Lügen (1. Mose 3,1-7).

KENNST DU SOLCHE LÜGEN ÜBER GOTT? Der Feind will durch Verdrehung der Wahrheit Gottes Herz infrage stellen, Zweifel in unsere Herzen säen und die Verbindung zwischen uns und Gott schwächen. Schau dir noch mal deine negativen Glaubenssätze an, die du bisher zu deinem Schattenkind geschrieben hast – findest du Lügen vom Feind über Gott darunter?

STRATEGIE IM GEISTLICHEN KAMPF: Wenn uns etwas Angst macht oder uns verunsichert, prüfen wir es. Wir gehen mit Jesus und dem Heiligen Geist auf einen Weg und beten, dass Gott uns Wahrheit offenbart.

Die Wahrheit zu kennen, ist viel mehr, als die richtigen Dinge zu denken oder die richtige Meinung zu vertreten. Den Gürtel der Wahrheit zu tragen bedeutet, umgeben zu sein von Gottes Gegenwart und zusammengehalten zu werden von dem, der alles umfasst.

DER BRUSTPANZER DER GERECHTIGKEIT (VERS 14)

Ein Brustpanzer schützt das Herz und die Lunge des Soldaten. In der Bibel steht das Herz symbolisch für den Motor unseres Lebens, für unsere Gedanken, Gefühle und unseren Willen. Wir sollen es beschützen, mehr als alles andere.

Wir dürfen den Brustpanzer der Gerechtigkeit anziehen gegen die Angriffe des Feindes. Was bedeutet das? „Gerechtigkeit" vereint verschiedene Bedeutungen in sich, wie zum Beispiel die englischen Worte *justice* oder *righteousness*. Die Bibel meint an dieser Stelle nicht Rechtsprechung, Fairness oder soziale Gerechtigkeit, sondern deinen Stand vor Gott. Du bist richtig vor Gott.

Wenn du Jesus dein Herz anvertraut hast, dann spricht seine Vergebung dich gerecht. Deine Schuld ist weg. Gott schaut dich an und sieht keinen einzigen Fehler mehr. Er sieht dich vollkommen, heilig und gerecht – so wie Jesus ist.[55] Er schaut dich an und sagt: „Du bist genug! Du bist richtig! Du bist genau so, wie du sein sollst." Gottes Gnade, die auf deinen Glauben trifft, legt diesen Brustpanzer der Gerechtigkeit um dein Herz.[56]

Darf ich ehrlich sein? Mir fällt es nicht immer leicht, mit Kritik umzugehen. Ich mag es nicht, mir einzugestehen, wenn ich etwas falsch oder nicht gut gemacht habe. Ich will doch das good girl sein. Ich will die Sachen doch gut machen. Ich mag es, wenn Menschen mich mögen. Ich mag Applaus und Anerkennung und Lob. Man sagt ja: „Lass dir das Lob von Menschen nicht zu Kopf steigen und ihre Kritik nicht zu Herzen gehen." Das klingt sehr weise, aber es ist definitiv nicht einfach zu leben. Ein negativer Kommentar wiegt oft schwerer als zehn positive. Ein abwertender Blick prägt sich schärfer ein als zehn freundliche Gesichter.

Es gab Zeiten in meinem Leben, wo ich mich am liebsten verkrochen hätte, weil ich mir die Kritik, die ich abbekommen hatte, viel zu sehr zu Herzen habe gehen lassen. Emotionen kochten hoch. Ich fühlte mich ungerecht behandelt: „Ich habe doch mein Allerbestes gegeben. Warum sehen sie das nicht?" Kritik sachlich zu beurteilen und cool zu bleiben, ist nicht einfach. Und gerechtfertigte Kritik anzunehmen, ist noch viel schwerer. Der Satz: „Stimmt, du hast recht. Es tut mir leid." ist eine meiner schwersten Übungen in unserer Ehe. Ich winde mich furchtbar und drücke mich so lange es geht, bevor ich ihn über die Lippen bekomme.

Mein Herz hört, wenn ich kritisiert werde, nicht nur die sachliche Botschaft des Kritikers. In meinem Herzen hallt laut und quälend die uralte Lüge des Feindes nach, die mir im Nacken sitzt und mich anklagt: „Das war nicht gut genug. Du machst das nicht gut genug. Du bist nicht gut genug." Wahrscheinlich ist das gar nicht die eigentliche Botschaft des Kritikers an mich. Aber mein Herz hört es und der Feind nutzt das, um mich anzuklagen und mich gefangen zu nehmen.

> Bei Kritik hallt in meinem Herzen die Anklage des Feindes nach: „Du bist nicht gut genug!"

Ich halte immer mal wieder allein mit meinem Gebetstagebuch oder zusammen mit einer Freundin oder Seelsorgerin Gebetssessions ab, wo ich vor Jesus mein Herz aufräume. Ich lege Jesus dann das Feedback, die Kritik hin und sortiere mit ihm zusammen: Was stimmt, was muss ich ändern? Wo habe ich Fehler gemacht und kann dazulernen, anstatt „selbstgerecht" alles Feedback abzuschmettern. Was kann ich bei den Menschen lassen, da es ihre Verantwortung ist und nicht meine?

Ich bitte dann vor Gott um Vergebung und entscheide, wo ich andere um Vergebung bitten werde. Ich bringe Jesus meine Wut und Trauer über das, was mich verletzt hat. Ich darf alles ans Kreuz hängen, Vergebung annehmen und Vergebung aussprechen. Ich darf ungesunde Fäden durchschneiden, die mich in negative Gedankenspiralen verwickeln. Und ich darf Wahrheit empfangen. Die Wahrheit, dass ich – obwohl ich Fehler mache – in Christus richtig und genug bin.

Ich habe solche Gebetssessions schon oft gemacht und ich kann dir sagen – es ist so befreiend. Ich lege dabei den Brustpanzer der Gerechtigkeit um mein Herz, so dass es wieder frei, lebendig und beschützt leben kann. Und je mehr ich verstehe, dass ich in Christus richtig und genug bin, desto besser werde ich auch darin, Feedback anzunehmen – ehrlich! Frag meinen Mann ☺!

ALLES AUF EINEN BLICK

NAME VOM FEIND: Ankläger, Verkläger der Brüder (Offenbarung 12,10)

KENNST DU SOLCHE GEDANKEN, DIE DICH ANKLAGEN? Wenn wir etwas getan haben, was gegen Gottes Willen ist, dann macht uns der Feind fertig: „Wie konntest du nur? Wie dumm bist du eigentlich? Gott kann dich nicht gebrauchen!" Er hält dir auch deinen eigenen Anspruch immer wieder vor: „Du willst ein guter Christ, sogar ein Vorbild, ein Leiter sein? Das ist lächerlich. Du bist nicht genug!" Schau dir noch mal deine negativen Glaubenssätze an, die du bisher zu deinem Schattenkind geschrieben hast – findest du Anklagen vom Feind darunter?

STRATEGIE IM GEISTLICHEN KAMPF: Empfange immer wieder die Wahrheit, dass du in Christus richtig und genug bist, obwohl du Fehler machst. Durch seinen Tod bist du gerecht: Er ist deine Gerechtigkeit!

DIE SCHUHE DER BEREITSCHAFT, DAS EVANGELIUM DES FRIEDENS WEITERZUTRAGEN (VERS 15)

Ohne Schuhe zu kämpfen, ist ziemlich unangenehm. Ich kann noch so stark und geschützt sein – wenn Steine und Unebenheiten mich ständig ablenken, komme ich nicht ordentlich voran. Schuhe tragen mich vorwärts und machen den Weg leichter. Interessant finde ich, dass hier die Schuhe mit zwei geistlichen Aspekten verglichen werden: Bereitschaft und Frieden. Aber wir haben ja auch zwei Füße und brauchen zwei Schuhe, links und rechts.

BEREITSCHAFT

Gott arbeitet immer mit uns zusammen. Er zwingt oder überrumpelt uns nie. Gott nimmt deinen Willen sehr ernst und wartet darauf, ob du bereit bist für das, was er in deinem Leben tun möchte.

Der Feind wird in der Bibel als Schlange beschrieben. Ich habe dabei sofort die Schlange Kaa aus dem Disneyfilm *Das Dschungelbuch* vor Augen, wie sie Mogli einlullt, bis sich in seinen Augen alle Farben drehen. Giftige Schlangenbisse haben häufig lähmende Wirkung. Fühlst du dich lebendig, fit und bereit für das, was Gott in deinem Leben vorhat? Oder hast du manchmal das Gefühl, wie eingelullt zu sein, ständig müde und schlapp, wie hypnotisiert von der Schlange? Gelähmt, wie ein Läufer, der ohne Schuhe am Wegesrand sitzt, weil ihm der Wettkampf zu anstrengend geworden ist? Was können wir tun gegen diese Lethargie, mit der der Feind uns lahmlegen will?

Epheser 6,15 sagt, wir müssen Bereitschaft aktiv anziehen. Vielleicht ist heute der Tag, an dem du dich dazu entscheiden musst, aus deinem bequemen Sofa aufzustehen und gegen diese Lähmung anzugehen. Vielleicht sprichst du heute ein mutiges Gebet: „Jesus, weck mich auf!" Erweckung kommt meistens nicht plötzlich vom Himmel gefallen, sondern ist eine Folge von unserer Bereitschaft aufzuwachen und mit Gottes Wirken in unserem Leben aktiv zu rechnen. Bist du hungrig nach Wundern und der Kraft Gottes in deinem Leben? Bist du bereit, Schritte zu gehen? Dann: „Wach auf, du Schläfer, und steh auf von den Toten! Dann wird Christus sein Licht über dir leuchten lassen" (Epheser 5,14). Gottes Gnade ist immer für uns da, um uns zu helfen, aber Gott braucht unsere Bereitschaft.

Manchmal schaue ich mir Videos von krassen Evangelisten wie Todd White an. Er betet für Menschen auf der Straße und erlebt die coolsten Wunder. Mir fällt so was schwer und ich wünsche mir, furchtloser darin zu werden. Ich glaube nicht, dass Gott von jedem von uns erwartet, Straßenevangelist zu werden. Dennoch glaube ich, dass Gott sich von uns oft mehr Spontaneität und direkten Gehorsam wünscht. Einfach, weil er die Menschen um uns herum so liebt und sie mit seiner Liebe erreichen möchte – und zwar durch dich und mich!

Kennst du diese Impulse in deinem Herzen: „Bete für diese Person", „Sag dieser Verkäuferin eine Ermutigung", „Schreibe diese Karte", „Sag dieser Person, dass Jesus sie liebt". Immer wenn ich solchen Impulsen nachgehe, habe ich wundervolle Begegnungen. Wie mit der krebskranken Frau, für die ich im Warteraum beten konnte, als ich hochschwanger auf meine Untersuchung wartete. Es war weder komisch noch anstrengend. Es war einfach voller Liebe und vorbereitet von Jesus. Je mehr ich auf die Impulse des Heiligen Geistes höre, desto mehr von diesen Impulsen bekomme ich und desto einfacher fällt es mir, furchtlos darauf einzugehen. Doch ich muss regelmäßig meine Schuhe der Bereitschaft neu anziehen, sonst gewöhne ich es mir sehr schnell wieder ab und gehe schlafend und selbstzentriert durch die Welt, anstatt Gottes Frieden zu verbreiten.

Stell dir vor, jeder einzelne Christ würde einfach nach diesen Impulsen des Heiligen Geistes leben! Ich glaube, eine Welle der Wunder und der Liebe Gottes würde in unsere Städte schwappen. Wie wäre es, wenn du heute mit offenem Herzen und offenen Augen durch deinen Tag gehst und einfach tust, was du in deinem Herzen spürst? Probiere es doch mal aus.

FRIEDEN

Es ist nicht irgendeine Botschaft, die wir in die Welt tragen sollen, sondern ganz besonders die Botschaft des Friedens. Gott will Frieden für diese Welt, seinen Schalom-Frieden, der Auswirkungen auf Körper, Seele und Geist hat. Der uns verbindet mit Gott und unseren Mitmenschen. Der Zufriedenheit und Fülle mit sich bringt.

Die Bibel beschreibt den Feind auch als brüllenden Löwen: „Seid besonnen, seid wachsam! Euer Feind, der Teufel, streift umher wie ein brüllender Löwe, immer auf der Suche nach einem Opfer, das er verschlingen kann" (1. Petrus 5,8). Wenn Löwen in der Savanne jagen, dann suchen sie sich gezielt Tiere aus, die etwas isoliert von der Herde stehen. Die treiben sie dann geschickt noch weiter von der Herde weg und umzingeln sie. Ähnlich agiert der Feind. Er brüllt, macht uns Angst und sät Unfrieden zwischen uns und anderen Menschen. Er versucht, uns zu isolieren von anderen Christen, die uns eigentlich schützen könnten. Darum gibt es auch so viel Streit und Missverständnisse in Gemeinden. Der Feind ist sehr daran interessiert, uns auseinanderzutreiben, denn so gewinnt er Einfluss über unser Herz.

In Kolosser 3,15 steht: „Der Frieden, der von Christus kommt, regiere euer Herz und alles, was ihr tut! Als Glieder eines Leibes seid ihr dazu berufen, miteinander in diesem Frieden zu leben." Hör nicht hin, wenn der Feind Unfrieden säen will. Lass diese kleinen doofen Gedanken-Mücken nicht zu Elefanten werden. Lass Missverständnisse und Frust keinen Keil zwischen dich und andere Menschen treiben.

Um Frieden zu schließen, brauchen wir vor allem eins: Bereitschaft.

Unser Weg mit Jesus fängt mit Vergebung an und damit, dass wir Frieden mit Gott schließen. Als seine Nachfolger lernen wir dann immer mehr, wie man sich auch mit anderen Menschen versöhnt, wie man sich zuhört, aufeinander zugeht, sich annimmt, vergibt, ermutigt und liebt. Dazu brauchst du vor allem eins: Bereitschaft.

Diese Botschaft des Friedens tragen wir dann in die Welt – in unsere Nachbarschaft, auf unsere Arbeitsstellen, in die sozialen Medien – überall dorthin, wo wir sind. Es ist die Botschaft, dass Gott die Welt in Jesus mit sich versöhnt hat und wir Frieden mit Gott und miteinander haben können. Als Träger und Überbringer seines Friedens sind wir effektiv gegen die Taktiken des Feindes.

Wenn du das Gefühl hast, du hast nicht viel Frieden anzubieten, weil dein Herz selbst so unruhig und aufgewühlt ist, dann darfst du Jesus bitten, dir seinen Frieden zu geben: „Was ich euch zurücklasse, ist Frieden: Ich gebe euch meinen Frieden – einen Frieden, wie ihn die Welt nicht geben kann. Lasst euch durch nichts in eurem Glauben erschüttern, und lasst euch nicht entmutigen!" (Johannes 14,27).

ALLES AUF EINEN BLICK

NAME VOM FEIND: Schlange (1. Mose 3,1; Offenbarung 12,9) und brüllender Löwe (1. Petrus 5,8)

LEBST DU IM FRIEDEN? Kennst du Situationen, in denen dich der Feind träge macht? Vielleicht ist es heute für dich dran, das Evangelium des Friedens in eine bestimmte Situation hineinzutragen: Frieden zu schließen, um Entschuldigung zu bitten, die Hand zu reichen. Das kostet erst mal Überwindung, doch Frieden zu schließen, lohnt sich immer! Denn wenn wir im Frieden mit Gott und Menschen leben, kann der Feind uns nicht wirklich etwas anhaben, wir schützen uns gegenseitig.

STRATEGIE IM GEISTLICHEN KAMPF: Stehe bewusst im Glauben auf und mache das Herz bereit, den Impulsen des Heiligen Geistes zu folgen. Sei in deinen Beziehungen Träger und Überbringer des Friedens Gottes.

DER SCHILD DES GLAUBENS (VERS 16)

Die Hiob-Geschichte erzählt, wie der Feind sich Erlaubnis von Gott holt, Hiob beschießen zu dürfen, um zu testen, ob er wirklich so ein guter Mann ist. Daraufhin passieren die schlimmsten Dinge in Hiobs Leben. Warum Gott dem Feind das erlaubt, weiß ich nicht. Aber es ist doch irgendwie gut zu wissen, dass der Feind nichts tun darf in deinem Leben, ohne vorher an Gott vorbei zu müssen, oder? Auch 1. Korinther 10,13 sagt:

> Die Prüfungen, denen ihr bisher ausgesetzt wart, sind nicht über ein für uns Menschen erträgliches Maß hinausgegangen. Und Gott ist treu; er wird euch auch in Zukunft in keine Prüfung geraten lassen, die eure Kraft übersteigt. Wenn er euren Glauben auf die Probe stellt, wird er euch auch einen Weg zeigen, auf dem ihr die Probe bestehen könnt.

Wenn wir uns diese Prüfungen und Angriffe wie feurige Pfeile vorstellen, die auf uns abgeschossen werden, dann macht das Bild von dem Schild des Glaubens großen Sinn. Paulus beschreibt hier die riesigen ovalen Langschilde von römischen Legionären, die so groß waren, dass der ganze Soldat sich dahinter verstecken konnte. Diese Schilde bestanden zumeist aus Leder, die in Holz und Eisen eingefasst waren. Bevor die Soldaten in den Kampf zogen, tauchten sie die Schilde in Wasser. Feurige Pfeile erloschen also tatsächlich sofort.

Wie die Soldaten ihre Schilde, so dürfen wir unsere Herzen in das Blut von Jesus eintauchen, das uns reinigt und schützt. In Jesus sind wir sicher vor jeder Anklage und den Angriffen des Feindes. Wir können diesen Schild des Glaubens vor jeden Bereich unseres Lebens halten und uns in Jesus verstecken. Aber heißt das, wenn wir mit Jesus leben, erreicht uns kein Leid mehr? Krankheiten und Schwierigkeiten prallen einfach an uns ab?

Ich glaube, manche Angriffe können wir durch diesen Schild des Glaubens tatsächlich abwehren, sodass sie gar nicht erst ankommen oder direkt wieder verschwinden. Wir dürfen um Heilung und Befreiung beten und genau das erleben, denn „durch seine Wunden sind wir geheilt" (Jesaja 53,5). Heilungen und Wunder gibt es immer noch! Wir sollten uns danach ausstrecken und Großes von Gott erwarten. Aber manchmal bedeutet, den Schild aufzustellen, auch ein Festklammern am Vertrauen auf Gott – auch wenn die Pfeile wehtun und das Leid nicht sofort ein Ende hat.

Ich erinnere mich an eine Situation, wo ich diesen Schild bewusst aufgestellt habe. Ich hatte eine Fehlgeburt – unsere zweite – und musste zur Ausschabung ins Krankenhaus. Es ist eine skurrile Situation – im grellen Neonlicht im OP-Hemdchen auf dem OP-Stuhl, lauter Pfleger wuseln um einen herum, schließen Schläuche und Knöpfe an. Und innen wuseln tausend Gedanken und Gefühle: Warum das alles? Die Trauer, die Enttäuschung … Es gab einen Punkt, an dem ich spürte, dass ich in diesem Moment die Weichen dafür stellen konnte, in welche Richtung meine Gedanken und Gefühle weiter fließen würden. Ich konnte mich in Selbstmitleid, Trauer, Wut und Zweifel fallen lassen. Oder ich konnte Glauben und Hoffnung wählen.

So weise bin ich nicht immer, aber in dieser Situation entschied ich mich für Glauben. Ich stellte einen Satz als Schutzschild vor meine Seele. Er lautete: „Danke Jesus, dass du mich liebst." Diesen Satz wiederholte ich wieder und wieder und wieder in meinen Gedanken. Bis die Narkose mich überschwemmte. Ich hatte den Satz nicht gewählt, weil ich Jesu Liebe so sehr spürte in dem Moment. Sondern weil ich mich dafür entschied, genau das zu glauben und mich genau daran festzuhalten.

In anderen Situationen klingt unser Schutzschild vielleicht einfach nur: „Jesus! Jesus! Hilfe! Hilfe!" Das ist ein vollständiges Gebet. Ein Gebet des Glaubens. Vielleicht manchmal das einzige sinnvolle Gebet in Zeiten des Feuergefechts. Mit solchen Gebeten verstecken wir uns hinter dem Schild des Glaubens, der mit dem Blut von Jesus getränkt ist. Denn es geht nicht darum, wie toll du glaubst. Es geht darum, dass Jesus dein Retter ist und dich rettet. Auch dieses Gebet reicht: „Ich glaube! Hilf mir heraus aus meinem Unglauben!" (Markus 9,24).

ALLES AUF EINEN BLICK

NAME VOM FEIND: Unterdrücker (Jesaja 14,4) und Menschenmörder (Johannes 8,44)

BEISPIEL IN DER BIBEL: das Buch Hiob

MIT WELCHEN PFEILEN HAT DICH DER FEIND BESCHOSSEN? Der Feind will uns durch Leid, Schmerz und Versuchungen versuchen, damit wir uns von Gott abwenden (Offenbarung 2,10). Schau dir noch mal dein Schattenkind an – findest du Pfeile vom Feind darunter?

STRATEGIE IM GEISTLICHEN KAMPF: Nimm regelmäßig das Abendmahl und mache dich so eins mit dem Blut von Jesus Christus. Durch sein Blut bist du geschützt. Bete in Zeiten von Leid ein einfaches Gebet des Glaubens und klammere dich daran.

Zu glauben heißt nicht, alles zu verstehen, sondern Gott zu vertrauen. Dieser Glaube ist oft eine sehr bewusste Entscheidung. Manchmal fühlst du es, manchmal aber auch nicht, und dann entscheidest du dich einfach dafür und hältst dich daran fest. Du „ergreifst den Schild" und klammerst dich daran, wenn der Kampf aus Gedanken und Gefühlen in dir und um dich tobt.

DER HELM DES HEILS (VERS 17)

Es ist möglich, zwar gerettet zu sein, aber nicht wie ein Geretteter zu denken.

Der Helm schützt den Kopf eines Soldaten. Unser Hirn ist die Schaltzentrale unseres Körpers. Ohne den Kopf geht gar nichts. Wir müssen ihn schützen! Der Feind versucht, unsere Gedanken und unser Herz auf das zu lenken, was Gott entgegensteht. Er will uns durch geschickte Fallen zur Sünde verführen.[57] Er versucht, die guten Pläne Gottes durcheinanderzubringen und uns davon abzuhalten, das zu tun, was Gott mit uns vorhat.

Wenn wir den Helm des Heils aufsetzen, dann aktivieren wir das, was Christus für uns getan hat in unserem Denken und in unserem Leben. In Christus sind wir gerettet: „Wenn du also mit deinem Mund bekennst, dass Jesus der Herr ist, und mit deinem Herzen glaubst, dass Gott ihn von den Toten auferweckt hat, wirst du gerettet werden" (Römer 10,9). Das gilt ein für alle Mal. Wenn du diese Entscheidung in deinem Leben getroffen hast, dann steht das fest und niemand kann daran rütteln. Und doch ist es möglich, zwar gerettet zu sein, aber nicht wie ein Geretteter zu denken. Wir können die Erlösung und Freiheit durch Jesus glauben, aber sie nicht wirklich in Anspruch für unser Herz nehmen.

Wenn ein Soldat seine Ausrüstung anzieht und das Visier seines Helms herunterzieht, dann erkennt sein Gegner nicht mehr, wer da vor ihm steht. Er hat keine Ahnung, ob sich dort ein schmächtiger, kleiner Angsthase oder ein mutiger, starker Held verbirgt. Er sieht nur diese Rüstung und diesen Helm.

Wenn du die geistliche Waffenrüstung anziehst, dann siehst du genauso aus wie Jesus. Mit dem Helm des Heils stehst du sicher in deiner neuen Identität: in Christus! Das heißt, der Feind, der dich verführen will, hat keine Ahnung, wen er angreift – dich oder Jesus selbst. Und vor Jesus hat er tierische Angst, denn er weiß genau, dass er keine Chance gegen ihn hat.

ALLES AUF EINEN BLICK

NAME VOM FEIND: Versucher und Verführer (Johannes 13,2; Apostelgeschichte 13,10; 1. Timotheus 3,7; 2. Timotheus 2,26)

BEISPIEL IN DER BIBEL: Jesus wird vom Feind in der Wüste versucht (Matthäus 4,1-11)

NIMMST DU ABLENKUNG UND VERWIRRUNG IN DEINEN GEDANKEN WAHR, OBWOHL DU ZU JESUS GEHÖRST? In Christus bist du erlöst von deiner Schuld, eine Tochter Gottes und gesegnet mit allem, was Gott im Himmel für dich hat. Es kann sein, dass du diese Wahrheiten immer wieder anzweifelst. Schau dir noch mal dein Herz aus Einheit 3 an. Bei welchem Aspekt deiner neuen Identität schafft es der Feind immer wieder, dich zu verführen, Lügen zu glauben? Schreibe sie zu deinem Schattenkind.

STRATEGIE IM GEISTLICHEN KAMPF: Verstehe neu, wer du in Christus bist, zum Beispiel, indem du Bibelverse über deine Identität in Christus auswendig lernst. Lass Gottes Rettung dein ganzes Denken durchdringen.

Stoppe den Angriff!

Diese fünf Elemente – der Gürtel, der Brustpanzer, die Schuhe, der Schild und der Helm – sind Teil der geistlichen Waffenrüstung, die uns schützen. Doch die Bibelstelle geht noch weiter und gibt uns noch zwei Zutaten an die Hand, die wir brauchen, um aktiv Angriffe zu stoppen: Das Schwert des Geistes - das Wort Gottes - und das Gebet. Da ich die Kraft des Gebets bereits im letzten Kapitel beschrieben habe, werde ich mich hier auf das Schwert des Geistes beschränken.

DAS SCHWERT DES GEISTES (VERS 17)

Die ganze Schöpfung – all das Komplexe und Wunderschöne, das du siehst – ist entstanden, weil Gott sprach. Wenn Gott spricht, bricht Licht durch das Dunkel und Neues entsteht. Wenn Gott spricht, gehorchen alle Elementarteilchen und fügen sich in perfekter Ordnung zu etwas Wundervollem zusammen. Wenn Gott spricht, entstehen Leben und Schönheit und Kraft. Gottes Wort bewirkt immer etwas und kommt niemals leer zu ihm zurück.[58]

Gottes Wort ist sein gesprochenes Wort (gr.: *rhema*), die ewige Schallwelle, die von Zeitalter zu Zeitalter alles, was ist, durchdringt und zusammenhält. Dieselbe, die durch den Heiligen Geist auch heute noch ganz persönlich und konkret in unsere Herzen und Leben hineinspricht.

Wir brauchen beides: die Bibel und das persönliche Reden Gottes, das unser Herz stärkt.

Doch Gottes Wort ist auch sein geschriebenes Wort (gr.: *logos*), das er durch die persönlichen Geschichten, die Fähigkeiten und Persönlichkeiten einzelner Menschen mitten in die Zeit hineinlegte: die Bibel. In ihr offenbart Gott sein Herz, seine Art, mit Menschen zu leben, zu reden und zu wirken. Wir brauchen beides: die Bibel und das persönliche Reden Gottes, das unser Herz stärkt.

Wir brauchen beides: die Bibel und das persönliche Reden Gottes, das uns aufweckt und unsere Herzen stärkt. So richtig kann das Wort Gottes erst seine Kraft entfalten, wenn wir es nicht nur hören oder lesen, sondern lernen, damit umzugehen und im Geist damit zu kämpfen.

Selbst Jesus hat sich nicht auf seine eigene Kraft verlassen, sondern auf die Autorität und Macht von Gottes Wort. Er kannte das Wort Gottes. Es war lebendig in seinem Herzen. Bei der Versuchung in der Wüste trat er dem Feind jedes Mal mit einem Zitat aus dem Wort entgegen. Er ließ sich gar nicht erst auf ein Gespräch mit dem Feind ein. Er ließ nicht zu, dass seine Gedanken weiter um seine Lügen kreisten, sondern richtete seine Gedanken bewusst auf das Wort Gottes. Und als er es laut aussprach, wurde es zu einem Schwert, das die Macht des Feindes bezwang.

> Denn eines müssen wir wissen: Gottes Wort ist lebendig und voller Kraft. Das schärfste beidseitig geschliffene Schwert ist nicht so scharf wie dieses Wort, das Seele, Geist und Mark und Bein durchdringt und sich als Richter unserer geheimsten Wünsche und Gedanken erweist. – Hebräer 4,12

Der Feind hat Angst vor dem Wort Gottes, denn es raubt ihm seine Grundlage. Lügen werden entlarvt. Anklage wird entkräftet, Aufträge werden klar, Frieden wird gesprochen, Glaube wächst und Rettung kommt. Wenn wir über Bibelverse meditieren, sie auswendig lernen, sie in unseren Gedanken bewegen und sie laut aussprechen, verwehren wir dem Feind Zugang zu unseren Herzen.

Schau auf Jesus!

Vielleicht war dieses Kapitel harter Tobak für dich. Die unsichtbare Welt ist auch für mich ein großes Geheimnis und sie kann sich manchmal verwirrend und beängstigend anfühlen. Ich möchte dich ermutigen: Du musst nicht alles verstehen und durchschauen, um kraftvoll zu kämpfen. Manchmal ist es sogar kontraproduktiv, sich zu sehr auf die negative unsichtbare Welt zu fokussieren. Jesus selbst sagte zu seinen Jüngern, als er ihnen Autorität über Mächte und Dämonen gab, dass sie sich viel mehr darüber freuen sollten, dass ihre Namen im Himmel aufgeschrieben sind.[59] Schau auf das, was Gott im Himmel und auch heute schon für dich bereithält.

Und das Wichtigste ist: Schau auf Jesus! Jesus ist der Anfänger und Vollender deines Glaubens[60] und zeigt dir Stück für Stück, was für dich wichtig ist. Gott „hat uns aus der Gewalt der Finsternis befreit und hat uns in das Reich versetzt, in dem sein geliebter Sohn regiert" (Kolosser 1,13).

Jesus regiert! Jesus ist Sieger! Und mit ihm siegen auch wir! Nah bei Jesus bist du sicher!

SEE

Nachdem du dieses Kapitel gelesen hast, schreibe alles auf, was gerade in dir vor sich geht. Was nimmst du in deinem Körper wahr? Was fühlst du? Was denkst du? Bleibe dabei neugierig und offen, ohne dich zu bewerten. Mache dir bewusst, dass Gott jetzt gerade bei dir ist und dir zuhört. Lausche auch darauf, was er dir zuflüstert.

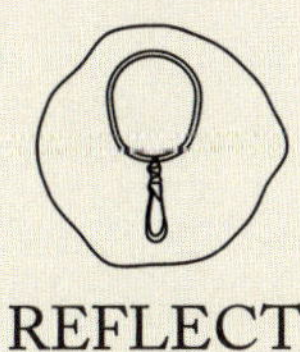

REFLECT

DEINE ERFAHRUNG Wo kennst du geistliche Angriffe aus deinem Leben? Wie hast du den Feind bereits in deinem Leben kennengelernt?

- ◯ *Dieb*
- ◯ *Vater der Lüge*
- ◯ *Ankläger*
- ◯ *Schlange*
- ◯ *Brüllender Löwe*
- ◯ *Unterdrücker*
- ◯ *Menschenmörder*
- ◯ *Versucher oder Verführer*

Beschreibe die Situation. Wie bist du damit umgegangen?

GOTT-IDEEN Wo ist schon mal etwas Neues in dir herangewachsen, eine neue Idee, ein „Gott-Gedanke", der Wirklichkeit werden will? Hast du den Feind als Dieb erlebt, der dir deine Idee „raubt"? Als Lügner, der sie dir madig macht? Schreibe es auf.

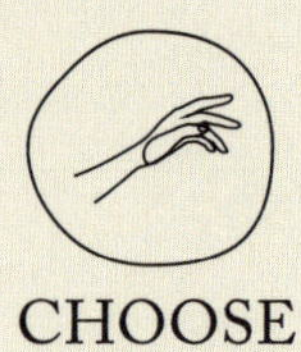

CHOOSE

DEINE WAFFENRÜSTUNG Welchen Teil der Waffenrüstung brauchst du gerade besonders dringend? Wie kannst du darin wachsen?

KÖNIGSKIND Wie wär's, wenn du dein Königskind mit Teilen der Waffenrüstung schmückst oder sie einfach dazu schreibst. Werde kreativ.

ACT

SCHWINGE DEIN SCHWERT Such dir einen Bibelvers aus, der dir viel bedeutet, lerne ihn in dieser Woche auswendig und sprich ihn mehrmals täglich laut aus. Hier sind ein paar Vorschläge für dich.

WAHRHEIT

Wenn ihr in meinem Wort bleibt, seid ihr wirklich meine Jünger, und ihr werdet die Wahrheit erkennen, und die Wahrheit wird euch frei machen. – Johannes 8,31-32

GERECHTIGKEIT

Denn Gott hat Christus, der ohne jede Sünde war, mit all unserer Schuld beladen und verurteilt, damit wir freigesprochen sind und vor ihm bestehen können. – 2. Korinther 5,21; HFA

BEREITSCHAFT, DAS EVANGELIUM ZU VERKÜNDEN

Denn ich schäme mich nicht für die gute Botschaft von Christus. Diese Botschaft ist die Kraft Gottes, die jeden rettet, der glaubt. – Römer 1,16; NLB

FRIEDEN

Ich gebe euch meinen Frieden – einen Frieden, wie ihn die Welt nicht geben kann. Lasst euch durch nichts in eurem Glauben erschüttern, und lasst euch nicht entmutigen! – Johannes 14,27

HEIL

Ja, ich bin überzeugt, dass weder Tod noch Leben, weder Engel noch unsichtbare Mächte, weder Gegenwärtiges noch Zukünftiges, noch gottfeindliche Kräfte, weder Hohes noch Tiefes, noch sonst irgendetwas in der ganzen Schöpfung uns je von der Liebe Gottes trennen kann, die uns geschenkt ist in Jesus Christus, unserem Herrn. – Römer 8,38-39

DEIN LIEBLINGSVERS

WERDE KREATIV Gestalte eine schöne Karte mit einem Vers, den du dir vor Augen halten möchtest und hänge sie dir gut sichtbar auf.

Aber in diesem allen sind wir mehr als
Überwinder durch den, der uns geliebt hat.

Römer 8,37; ELB

Der Weg bisher

Jetzt sind wir schon eine ganze Strecke zusammen gegangen. Wir haben es gewagt, gemeinsam unserer Angst und Unsicherheit ins Auge zu schauen. Wir haben gemeinsam gelernt, was wir brauchen, um uns stark, fähig, sicher und geliebt zu fühlen. Wir haben den Geist der Kraft, der Liebe und der Besonnenheit eingeladen und seine Wunder und Waffen erforscht. Wir haben losgelassen und uns beschenken lassen. Wir haben gesehen und reflektiert, Entscheidungen getroffen und sind Schritte gegangen. Ich bin zuversichtlich, dass du Jesus auf deine ganz spezielle Art und Weise begegnet bist.

Jetzt wenden wir uns unserem alltäglichen Leben zu: Wie kann ein furchtloses Leben aussehen? Wofür sind wir hier? Was ist unsere Bestimmung und wie können wir sie leben? Wir wollen gemeinsam in die Zukunft träumen und mutig erste Schritte gehen.

Doch bevor wir das tun, schauen wir noch einmal zurück. Auf deinen Weg bisher. Auf deine Geschichte. Denn deine Zukunft lebst du nie ohne deine Vergangenheit. Dein Weg bisher hat dich geprägt und hat riesigen Einfluss auf deine weitere Reise.

> Wir leben unsere Zukunft nie ohne unsere Vergangenheit.

Wenn du auf deinen Lebensweg bis hierher zurückschaust, was siehst du? Ein Abenteuer? Ein Schlachtfeld? Einen wohlbehüteten, glatten Weg? Oder eine Buckelpiste voller Schlaglöcher? Wie hast du deine Vergangenheit erlebt? Bist du dankbar dafür oder würdest du sie lieber vergessen und neu beginnen?

Deine Geschichte ist – genau wie dein Fingerabdruck – einzigartig! Niemand hat das, was du erlebt hast, je so erlebt wie du. Und nur du kannst deine Geschichte leben.

Und doch bist du dabei nicht allein. Der Geist der Kraft, Liebe und Besonnenheit ist an deiner Seite. Heute, morgen und für immer. Er gibt dir Kraft für deine Krisen. Er ist die Liebe, die mit dir jedes Hindernis überwindet. Und er ist die Besonnenheit, die dir hilft, gute Entscheidungen zu treffen und die Schätze der Weisheit zu sammeln, die auf deinem Weg verteilt liegen. Der Geist Gottes ist gut und er ist für dich. Er war auch bisher schon an deiner Seite, ob du ihn kanntest oder nicht. Ob du ihn wahrgenommen hast oder nicht. Gott war schon immer an dir interessiert, ob du ihn gesucht hast oder nicht. Er war schon immer da, um sich von dir finden zu lassen, um dir zu begegnen.

Du warst und bist eine Überwinderin. Du hast schon so viel geschafft bis hierher. Du hast Krisen bewältigt und Berge überwunden. Du hast Lügen entlarvt und Lektionen gelernt. Und du kannst weiter überwinden und weiterwachsen!

In diesem Kapitel werde nicht nur ich zu dir sprechen. Ich möchte dir einige meiner wunderbaren Überwinder-Freundinnen vorstellen, die dir ihre Geschichte erzählen. Wir haben für dich jeweils einen Brief an unser jüngeres Ich geschrieben, um dich auf diese Weise in das mit hineinzunehmen, wie wir in ganz konkreten Situationen überwunden haben.

Ich hoffe, dass dich diese Briefe ermutigen und dein Herz berühren. Und ich bete, dass du durch sie Hoffnung findest, für das, was du noch überwinden musst. Gott liebt dich! Darum gilt diese Wahrheit auch dir: „Aber in diesem allen sind wir mehr als Überwinder durch den, der uns geliebt hat" (Römer 8,37; ELB).

Also, öffne dein Herz und lass dich inspirieren.

Hallo Heike!

Ich schreibe dir diesen Brief, weil ich weiß, wie es dir geht!

Du hast gerade eine heftige Panikattacke erlebt, dein Puls rast immer noch, das Atmen fällt dir schwer, dein Herz klopft dir bis zum Hals und dein Kopf droht zu zerplatzen. Schlimm, ganz schlimm … langsam beruhigst du dich wieder und es tritt eine große Erschöpfung ein. Jetzt kann dein Gehirn auch wieder arbeiten und du fragst dich: „Was ist da eigentlich gerade passiert?" Und gleichzeitig stellen sich Gedanken von Scham und Unfähigkeit ein. Warum geschieht das immer wieder?

Du hast ein gutes Leben, du bist verheiratet mit deiner großen Liebe, du hast fünf wundervolle Geschenke von Gott bekommen, deine Kinder. Du bist Gottes geliebtes und gerettetes Kind. Alles ist so, wie du es dir immer vorgestellt und gewünscht hast. Du bist glücklich!

Und da ist sie nun, diese Angst, die immer wieder in dir hochkommt und die dein Leben immer enger macht. Die Angst vor der Angst hat auch noch Einzug gehalten. Die Angst, die dich noch mehr beherrscht. Die Angst vor Panikattacken, bei denen dein Gehirn völlig aussetzt und du nichts mehr steuern kannst. Die Angst vor dem, was dann geschieht. Nach außen sieht alles ganz normal aus, aber innerlich verzweifelst du langsam.

Du vermeidest alle Situationen, in denen die Angst auftreten und zu Panikattacken führen könnte, es werden immer mehr: Räume ohne Fenster, in einen Aufzug steigen ist unmöglich, durch Tunnel fahren, in ein Flugzeug wirst du niemals steigen können (dabei ist das deine größte Sehnsucht), Einengung durch Menschen und Situationen – Angst, überall lauert sie und die Abwärtsspirale wird immer größer und schneller. Dir fehlt die Luft zum Atmen und du verurteilst dich: „Warum bin ich so falsch, so unfähig, und ist mein Glaube nicht groß genug? Warum kriege ich es nicht hin?"

Deine Kindheit war voller Angst. Einen sicheren Ort in Familie und Zuhause, da wo sich ein Kind sorglos fallen lassen kann, gab es nicht. Oft hast du nachts im Bett gelegen und hattest einfach nur Angst. Du hast gehört, wie deine Eltern sich heftig gestritten haben, Angst, einfach nur Angst!

So war es immer! Du hast gekämpft, aber nun bist du erschöpft, die Angst, sie sagt zu dir: „Schau, auch Gott hat dich verlassen. Du bist allein, verloren. Nichts Gutes erwartet dich noch." Es wird sich niemals etwas ändern und du denkst, du bist am Ende.

Aber, liebe Heike, ich sage dir heute: Das ist nicht die Wahrheit! Jesus hört dein Rufen und sitzt jetzt genau neben dir. Er hält deine Hand. Er schaut dich liebevoll an und flüstert dir zu: „Gib nicht auf! Mein Plan für dich hört hier nicht auf! Ich habe Frieden und Freiheit für dich! Du wirst ein Leben ohne diese Angst leben, mit mir. Du gehst in eine wundervolle Zukunft!"

Hör gut zu, Heike! Du wirst Hilfestellung von Therapeuten bekommen, die er dir an die Seite stellt. Du wirst erfahren, wie Gott mit seinem Frieden kommt und seine heilende Hand auf jede Stelle legt, die schmerzt. Die Angst wird keine Macht mehr über dein Leben haben. Du wirst frei sein! Du bist Gottes geliebte Tochter. Er hat dich erwählt, dich berufen. Er hält dich in seiner Hand. Lass dich fallen und vertraue! Du kannst mit ihm weitergehen. Gott ist gut und er wird dich mit deiner Geschichte zum Segen werden lassen.

Sein Plan mit dir ist immer gut!

In Liebe,

deine ältere Heike

Hallo Jenni!

Da sitzt du nun draußen vorm Haus auf der weißen Mauer, alleine, denn du musst jetzt alleine sein. Und doch sitzt du so, dass man dich aus dem Haus sehen könnte. Denn du willst allein sein, aber gleichzeitig ist der Schmerz in deinem Herz auch zu schwer fürs Alleine-Tragen.

Du hast den Brief in der Hand, der deine junge Welt von jetzt an mal eben so zerstört hat. Klingt dramatisch, aber genauso empfindest du es. Deine beste Freundin schreibt dir, dass eine andere gute Freundin von dir jetzt das ist, was du bisher für sie warst. Pech und Schwefel, Hanni und Nanni, Freunde für immer, Dick und Doof (du fühlst als wärst du beides).

Du fühlst dich verraten und so unendlich enttäuscht und in deinem Kopf beginnt das Warum sich wie im Karussell zu drehen. Die Gedanken bekommen Flügel und lassen sich nicht mehr kontrollieren: „Du bist es nicht wert, dass man mit dir befreundet ist. Du hast nicht genug investiert, du bist nicht witzig genug und schön sowieso nicht. Nein, denn du bist vernünftig und immer so erwachsen.“

Du weißt, es stimmt, du bist wirklich immer sehr überlegt in dem, was du tust und auf deine Außenwirkung bedacht. Die Älteste von vier Kindern eben. Die Einzige, die es deinen Eltern leicht macht, damit die sich um die extrovertierten drei anderen kümmern können. „Eine Sorge weniger“, ist deine Devise. Aber jetzt wünschst du dir einfach, dass dich jemand sieht und du deinen Schmerz teilen kannst. Ja, du würdest erzählen, wenn man dich fragen würde … wahrscheinlich.

Was du nicht siehst, ist deine Großmutter, die oben am Fenster steht. Sie, die dir selbst so ähnlich ist. Sie, bei der du heulend vor der Tür stehst, wenn deine Periode dich mit Schmerzen überfällt und du von deiner Mama nur hörst, dass du nicht so zimperlich sein sollst.

Sie steht da oben und weint. Ihr „Kindchen“ leidet und das spürt sie und sie tut, was sie immer tut. Sie kniet sich auf ihre alten Knie und betet. Und segnet dich und hält ihrem Jesus dein Herz hin und bittet um Frieden und Stärke. Das macht sie jeden Tag. Und der Tag wird kommen, wo du bemerkst, dass du in diesem vorbereiteten Segen leben darfst.

Es wird Jahre dauern, bis es nicht mehr wehtut, aber du tust intuitiv etwas, was dir eine Tür in eine neue Freiheit öffnen wird: Du setzt dich hin und schreibst deiner Freundin einen Brief, in dem du ihr das Allerbeste wünschst und ihr sagst, dass du sie trotzdem lieb hast.Und langsam verlässt das Gift deinen Körper.

Kleines Ich, wenn du doch nur schon sehen könntest, was ich heute weiß: Du hast die besten Freundinnen. Und es gibt viele Menschen, die gerne mit dir zusammen sind. Deine Worte sind für andere wohltuend und wichtig. Ja, wirklich. Das schüchterne, vorsichtige Mädchen redet und andere kommen, um zuzuhören.

Was du heute weist und was ich dir so gern auf dieser Mauer sitzend in dein Ohr flüstern möchte, ist: Der Himmel kennt deinen Namen!

Du bist gekannt. Deine Sensibilität ist nicht nur Fluch, sie ist genauso Segen. Denn du kannst fühlen. Mitfühlen. Du darfst du sein und genauso bist du ein Geschenk.

dein älteres Ich

Hallo Sarah!

Ich weiß, dass du gerade so verzweifelt bist und eine Trauer empfindest, die dein kleines Herz auf grausame Art und Weise auseinandergerissen hat. Du weißt nicht, wohin mit dir, wohin mit deiner Verzweiflung und was du gegen den Schmerz tun sollst, der dich von innen zu verschlingen scheint.

Gestern ist geschehen, was du nie für möglich gehalten hast: Dein Papa ist gestorben. Tot. Er ist einfach nicht mehr da. Einfach weg.

Der Mann, der dir so viel Liebe und Sicherheit geschenkt hat, mit dem du Tränen gelacht, wild rumgetobt und verrückte Pläne geschmiedet hast. Ich weiß, dass du dich verraten fühlst von deinem Papa, der einfach gegangen ist, ohne seine Pläne und Versprechungen einzuhalten. Der dich einfach alleingelassen hat, ohne etwas, das diese Leere füllen könnte. Und du fühlst dich umso mehr von Gott verraten, der dir deinen Papa einfach weggenommen hat und dich ins offene Messer hat laufen lassen.

Du warst davon überzeugt, dass Gott gut ist, und hast voller Vertrauen auf Gott darauf gebaut, dass dein Papa wieder ganz gesund wird. Doch wie soll das nun gehen? Du stehst gerade vor einem inneren Scherbenhaufen. Alles in dir schreit. Doch nach außen bist du ruhig. Du siehst, wie alle um dich herum leiden, weinen und sich in den Armen liegen. Doch alles in dir sträubt sich dagegen. Du willst nicht mit den anderen weinen, du willst nicht in den Arm genommen werden, du ziehst dich zurück, weinst für dich allein und schreist Gott deine Wut entgegen. Mit den anderen zu trauern, fühlt sich nicht richtig an. Darüber reden, kannst du auch nicht, da die Worte nicht annähernd deine Gefühle ausdrücken können.

Die einzige Möglichkeit für dich, diesen Schmerz auszuhalten, ist, ihn wegzusperren. Ihn ganz tief in dir zu vergraben, seine Existenz zu leugnen und weder dich, Gott oder andere Menschen ranzulassen. Der Schmerz ist zu groß und es fühlt sich so an, als würde er dich verschlingen und in eine Tiefe reißen, aus der du nicht mehr auftauchen kannst, solltest du dich ihm stellen. Die Tiefe der Angst in dir wird zu deinem riesenhaften Gegner, dem du es nicht vermagst, dich zu stellen. Und mit der Zeit macht dieser Gegner dich krank. Dein Körper reagiert auf den Schmerz, den du für immer wegsperren wolltest.

Doch weißt du, kleine Sarah? Gott ist größer als jede Tiefe. Als jeder dunkle Angstgegner, dem du dich nicht stellen möchtest. Gott ist heller als jedes Schwarz. Auch wenn du es noch nicht für möglich hältst, wird Gott sich dir auf unvorstellbare Art als dein liebender Papa vorstellen. Er wird dabei so liebevoll und einfühlsam sein. Niemals wird er dich zu etwas drängen. Doch er lädt dich ein, deinen Angstgegner loszuwerden, langsam Heilung zu erfahren und echten Frieden zu empfinden. Du wirst erkennen, dass Gott mit deiner Wut, Verzweiflung und Trauer nicht überfordert ist und dass er all diese emotionalen Phasen mit dir zusammen durchgeht - und das immer wieder und wieder.

Gott hat die absolute Kontrolle und er ist die Liebe. Das ändert sich auch nicht, wenn es gerade in deinem Leben dunkel aussieht. Gott ist Sieger und er wird sich in deinem Leben und in deinen Umständen als siegreich erweisen.

Du wirst erfahren, dass er deine Trauer in Dankbarkeit umwandeln kann! Du wirst voller Überzeugung sagen können, dass du dankbar bist für die wunderschöne Zeit, die du mit deinem Vater haben durftest. Du wirst Gott danken, dass du mit einem liebevollen Vater gesegnet warst! Das tiefe Loch, das du gerade noch fühlst, dieses Loch wird Gott mit seiner Vaterliebe füllen - nicht notdürftig überdecken oder kaschieren! Er wird dich mit seiner übernatürlichen Liebe heilen und dich mit einem tiefen, übernatürlichen Frieden erfüllen. „Befiehl dem Herrn deine Wege und hoffe auf ihn, er wird's wohlmachen“ (Psalm 37,5; LUT). Dieser Vers wird dir auf dem Weg Mut machen und zu einer festen Glaubensüberzeugung in deinem Leben werden.

Und auch wenn manchmal traurige Momente des Vermissens auftauchen, so überwiegt doch die Dankbarkeit und die Gewissheit, dass Gott gut ist, immer. Und das Hoffen auf ein Wiedersehen.

Deine ältere Sarah

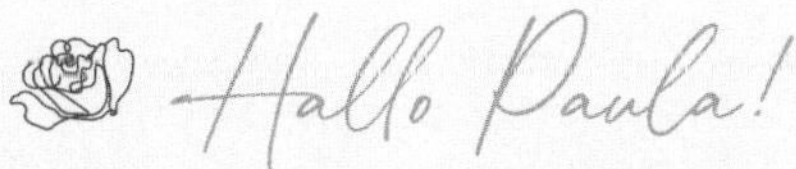

Du sitzt im Schulflur und alles wirbelt um dich herum. Die Worte: „Ich glaube, ich mag dich nicht so, wie du mich magst", hallen in dir noch nach und alle scheinen es zu wissen. Du willst am liebsten im Erdboden versinken. Die Ablehnung fühlt sich so offensichtlich an und die Angst, dass jetzt alle wissen, dass du nicht gewollt bist, schnürt dir die Kehle zu.

All die Lügen, die du von klein auf gesammelt hast, scheinen sich in diesem Moment zu bestätigen: „Ich bin nicht wichtig! Ich bin nicht gesehen! Ich bin zu viel! Ich bin nicht gewollt! Ich bin nicht gut genug!" Du willst alles dafür tun, dass niemand weiß, wie es innerlich in dir aussieht. Also baust du eine Mauer. Nach außen hin wirkst du selbstbewusst und unabhängig, aber hinter der Mauer ist ein kleines, unsicheres Mädchen, das sich so sehr wünscht, gesehen, geliebt und angenommen zu werden.

Doch über die Jahre wird die Mauer nur höher und befestigter, denn mit jedem Herzschmerz bringst du neue Steine dazu, die die Lügen bestätigen. Wenn du versuchst, dich zu öffnen, dann nur so weit, wie du weißt, dass du auch gefallen wirst. Du bist gut darin, zu erkennen, was jemand möchte, und dich dann dementsprechend zu verhalten. Alles an dir ist kalkuliert. Dein wahres Ich wird immer weiter hinter die Mauer geschoben, denn die Angst, dass jemand dich sehen und ablehnen könnte, ist zu groß.

Musst du deine Haare, deine Anziehsachen oder deinen Musikgeschmack anpassen, um angenommen zu werden? Kein Problem! Diese oberflächlichen Dinge scheinen dir nicht wichtig genug, um an ihnen festzuhalten. Geliebt zu werden ist wichtiger. Langsam sickert die Angst auch in die richtig wichtigen Aspekte deines Lebens: Was du glaubst, wofür du einstehst und wen du verteidigst. Auf einmal guckst du hoch und fragst dich, wer du eigentlich bist, was du eigentlich denkst. Und ob du dich überhaupt selber magst. Das ist kein gutes Gefühl.

Aber weißt du, was richtig gut ist? Gott weiß genau, wer du bist. Und er liebt dich so sehr, wie dich noch nie jemand geliebt hat und wie dich nie jemand lieben wird, denn seine Liebe ist vollkommen. Ihm ist nichts entgangen, all die Jahre lang nicht. Er war da in jedem Schmerz, in jeder Enttäuschung, in jedem Moment, in dem du dein wahres Ich zur Seite geschubst hast. Er hat dich gesehen. Und du warst immer, in jedem Augenblick, vollkommen geliebt.

Diese Liebe wird dein Leben verändern. Nicht nur einmal, mit fünfzehn, sondern kontinuierlich für den Rest deines Lebens. Denn Gott ist ein geduldiger Gott, der dir nichts über den Kopf haut. Er lässt sich Zeit mit dir. Langsam, aber sicher zeigt er dir, dass es sicher ist, hinter der Mauer hervorzukommen. Er baut jeden Stein mit dir zusammen ab. Manchmal in großen Durchbrüchen, aber oft Stein für Stein. In diesem Prozess darfst du lernen, was wahre Liebe ist.

Denn „Liebe ist geduldig und freundlich. Sie ist nicht verbissen, sie prahlt nicht und schaut nicht auf andere herab. Liebe verletzt nicht den Anstand und sucht nicht den eigenen Vorteil, sie lässt sich nicht reizen und ist nicht nachtragend. Sie freut sich nicht am Unrecht, sondern freut sich, wenn die Wahrheit siegt. Liebe nimmt alles auf sich, sie verliert nie den Glauben oder die Hoffnung und hält durch bis zum Ende. Die Liebe wird niemals vergehen" (1. Korinther 13,4-8; HFA).

In dieser Liebe darfst du aufblühen und einfach du sein. Du kannst den Druck ablegen, gefallen zu müssen, denn Gott, dem Schöpfer des Himmels und der Erde, gefällst du genau so, wie du bist.

Ja, er freut sich von ganzem Herzen über dich und jubelt, wenn er an dich denkt (Zephania 3,17; HFA)! Gottes Liebe siegt über jede Angst. Er hat Freiheit für dich. Und deswegen musst du niemals wieder hinter die Mauer, denn in dieser Welt ist Platz für dich, einfach nur du selbst zu sein.

Deine ältere Paula

Hallo Sara!

Du bist gerade 27 Jahre alt und im Krankenhaus. „Es tut mir leid, aber ich kann leider keinen Herzschlag mehr finden." Keinen Herzschlag. Du bist in der 11. Woche schwanger. Dein Mann hat gerade auf einer Trauung gepredigt und du hast gesungen. Ihr habt eure schönen Kleiner noch an, aber vor der Feier am Abend wolltet ihr doch mal eben untersuchen lassen, was es mit dieser plötzlichen Blutung auf sich hat.

Dein Hirn ist auf einmal blank. Draußen regnet es in Strömen. Als würde der Himmel weinen. Du würdest am liebsten auch weinen, aber du weißt eigentlich gar nicht, was du gerade fühlen oder denken sollst. Keinen Herzschlag …

Die Ausschabung wird in den nächsten Tagen sein. Genau in der Woche, in der ihr umzieht. Heraus aus der Stadt, wo dein Mann lange seinen Traum gelebt hat, den er nun abgegeben hat. Ihr zieht in eine andere Stadt, aber ihr habt noch keinen Job und noch keine Wohnung. Eure Sachen sind zwischengelagert. Kein Job, kein Geld, keine Wohnung. Keinen Traum – und kein Baby.

Gott? Was ist das hier? Was machst du? Bist du da? Es fühlt sich an, als wäre der Baum, der einmal prachtvoll und groß war, mit vielen Ästen, Blüten und Früchten, auf einmal bis auf den Stumpf beschnitten worden.

Aber hey, Liebes – verlier nicht den Mut! Ich weiß, wie es weitergeht. Gott wird seine Geschichte schreiben! Wirf dich auf ihn. Renn zu ihm!

Er wird dir in dieser Zeit, während du vor ihm weinst und mit ihm ringst, einen Vers zuflüstern, der dich begleiten und stärken wird. Er steht in Epheser 3,20: „Gott aber kann viel mehr tun, als wir jemals von ihm erbitten oder uns auch nur vorstellen können. So groß ist seine Kraft, die in uns wirkt."

Dieser Vers wird für dich zuerst keinen Sinn machen. Aber er wird nach und nach die Trauer aus dir herausspülen und Kraft und Glauben in dich hineinpumpen. Gott wird dich mit seinem Geist innerlich aufrichten. Und er wird tun, was er verspricht. Viel mehr, als du dir gerade vorstellen kannst. Der Weg wird nicht leicht. Ihr werdet noch einige Zeit der Verwirrung und Unklarheit aushalten müssen, aber im Nachhinein wirst du die Schätze und das Gold sehen können, das Gott in diesem Tal für euch versteckt hatte.

Es wird auch leider nicht deine letzte Fehlgeburt sein, aber du wirst die drei süßesten Mädchen des Universums auf die Welt bringen – ohne Witz! Und dein Mann und du, ihr werdet einen gemeinsamen Traum empfangen, größer und schöner und abenteuerlicher, als du gerade zu hoffen wagst.

Wart's ab, Gott schreibt deine Geschichte und er ist noch nicht fertig!

Deine ältere Sara

Hallo Jana!

Ich sehe dich vor mir: Du bist eine junge Mama. Deine Tochter ist gerade ein Jahr alt. Ich sehe deine Erschöpfung. Nicht, weil der Alltag voll und anstrengend ist, sondern weil dich ein innerer Druck permanent antreibt. Es gibt eine Stimme in deinem Kopf, einen Gedanken, der dir immer wieder das Gefühl vermittelt, dass etwas Schlimmes passieren wird, wenn du nicht gut genug aufpasst, du nicht die Kontrolle behältst.

Du kennst diesen Gedanken schon länger, aber seit der Geburt deiner Tochter ist er erst so richtig zum Leben erwacht. Deine Mutter hat dir gesagt: „Mit den Kindern kommen die Sorgen", und das scheint sich zu erfüllen.

In einigen Nächten bist du aus dem Schlaf hochgeschreckt, mit dem Impuls, sofort nachzuschauen, ob mit deinem Kind alles in Ordnung ist, ob es richtig atmet. Dein Alltag ist geprägt von Was-wäre-wenn-Befürchtungen: Was, wenn deine Tochter krank wird? Was, wenn sie beim Essen erstickt? Was, wenn …?

Du stehst den ganzen Tag unter Strom. Du denkst, das ist normal als Mutter, und gleichzeitig merkst du mehr und mehr: Nicht du hast die Kontrolle, sondern etwas hat die Kontrolle übernommen. Du hast schon so oft gebetet und deine Sorgen abgegeben, aber nichts hat sich verändert.

Deine Sorgen, deine Befürchtungen steuern dein Denken und Handeln. Ich sage dir: Ja, das stimmt. Deine Sorgen sind nicht berechtigt, aber sie haben einen Grund – eine Ursache. Gott wird ihn dir eines Tages zeigen, während du ihn im Gebet suchst: Es gibt einen Glaubenssatz, den deine Oma verinnerlicht hatte, nachdem sie eine Fehlgeburt erlebt hat: „Gott passt nicht auf meine Kinder auf, deshalb muss ich es tun!" Dieser Satz hat auch dich geprägt und hat dich die letzten Monate permanent angetrieben. Aber, ich spreche dir zu: Das ist nicht die Wahrheit!

Du wirst erleben, wie Gott dir durch seinen Heiligen Geist die Offenbarung dieser Lüge schenken wird. In seinem Namen wirst du diese Gedankenfestung über deinem Leben und deiner Familie brechen und erleben, wie du in Freiheit kommen wirst. Du wirst erleben, wie Gott nach und nach über die Bereiche, die du ihm überlässt, die Kontrolle übernehmen wird. Du wirst seine Fürsorge für dich und deine Familie erleben. Eine neue Leichtigkeit wird in dein Leben kommen.

Du wirst Freiheit erleben und dabei erfahren, wie liebevoll Jesus mit deinem Herzen umgeht. Und dass er viel besser und mehr versorgt, als du es dir vorstellen kannst.

In Liebe,

deine Jana

Ich schreibe dir heute diesen Brief. Du bist fünfzehn Jahre alt und gerade jetzt sitzt du auf dem Badezimmerboden. Du hörst die Stimmen deiner Familie. Sie sind fröhlich, sie ahnen nicht, was bei dir passiert. Wie könnten sie? Sie lieben dich, nie würden sie so etwas vermuten! Und das muss so bleiben, denkst du.

Dir ist kalt, aber das spürst du kaum. Deine Beine zittern und du starrst auf den Boden. Das Badezimmer ist dein Versteck, dein Ort, an dem du dich selbst verletzt, oft mehrmals am Tag. Danach versteckst du wieder alles unter Kleidung oder Schminke, sodass niemand etwas ahnt. Es ist, als ob du gegen deinen eigenen Körper, gegen dich selbst kämpfst.

Du hast keine Ahnung, wie du an diesen Ort kommen konntest. Alles, was du fühlst, ist Scham, Schuld, Angst und Selbstverachtung. Du hast das Gefühl, dass es das Leben schlecht mit dir meint. Es gibt keinen Sinn für dich – und der Gott, den du kennst, ist weit weg. Am besten wäre es, wenn du einfach verschwindest. Das denkst du doch, richtig?

Ich weiß das alles, ich fühle mit dir. Aber hey, wenn du mich sehen könntest. Ich schreibe dir heute, um dir zu sagen – das ist nicht das Ende für dich! Halte durch! Geh weiter! Dein Leben hat einen tiefen, wunderschönen Sinn und du wirst schon bald eine Reise beginnen, die dich aus deinem Versteck in die Freiheit führt.

Du wirst erleben, wie dieser ferne Gott, den du schon immer kennst, dir persönlich entgegengerannt kommt. Du wirst erleben, dass er dich besser kennt als jeder andere, viel besser, als du dich selbst, und er gibt dich gerade jetzt nicht auf. Er hat tatsächlich einen Plan für dein Leben. Jetzt kannst du nichts Liebenswertes, Wertvolles an dir finden, aber er kommt, um dein Herz neu zu beleben und dich mit Liebe zu füllen. Sein Rettungsplan für dich ist wirklich einzigartig und beginnt schon jetzt.

Hör mir zu, du wirst als Erstes einen Partner bekommen, der dein allergrößter Ermutiger wird. Der witzige Typ vom Schulhof, der dir heute seine Alice-in-chains-CD geliehen hat – dieser Junge gehört an deine Seite. Du wirst Angst davor haben, Liebe anzunehmen, aber ich verspreche dir, du kannst ihm vertrauen. Er ist es, der den lebendigen Jesus in sich trägt. Du verstehst das nicht sofort, aber du spürst, dass er dein Zuhause ist.

Ihr werdet von jetzt an als Team unterwegs sein und eure Heirat wird ein Feuerwerk, denn es ist die beste Entscheidung für euch. Ihr seid ein Powerteam und du wirst Wertschätzung und Liebe ganz neu kennenlernen.

Außerdem wirst du Hilfe bekommen in Seelsorge und Therapie. Gott wird dein Herz und deinen Körper heilen. Du wirst vergeben können, dir selbst und anderen. Du wirst Erklärungen für deine Ängste, die du jetzt fühlst, und für dein zerstörerisches Verhalten bekommen. Du wirst daraus befreit. Gerne würde ich dir sagen, dass es einfach und schnell gehen wird, aber so ist es nicht. Dein Weg wird noch oft schwer. Du wirst hinfallen und wieder aufstehen. Trauern und verarbeiten, aber dieser Weg lohnt sich so sehr. Er ist voll mit Liebe und Freiheit und auch der Schmerz gehört dazu.

Du wirst sogar lernen, deinen Körper anzunehmen und zu spüren. Hass hat nicht für immer einen Platz darin. Die Narben, die du dir jetzt zufügst, wirst du nicht für immer voll Scham verstecken. Sie werden zur Siegesgeschichte, die auf deine Haut geschrieben ist. Dein Körper ist ein Wunder, wenn du es nur schon sehen könntest! Er ist nicht nur schön und einzigartig, er ist fähig, fünf wundervolle, perfekte Babys heranwachsen zu lassen und zu gebären. Du wirst sie umarmen und lieben können. Es kommt eine Zeit, in der du selbst deinem Spiegelbild zulächelst.

Du wirst auf deiner abenteuerlichen Reise Menschen an deine Seite bekommen, die zu großartigen Freunden werden. Sie sehen und ermutigen dich. Du wirst an Orte geführt, von denen du jetzt nur träumst. Und glaube mir – du wirst lernen, dein Leben zu genießen.

Ich verrate dir, dass du in einigen Jahren deutlich sehen wirst, dass Jesus ganz persönlich genau jetzt neben dir auf dem Fußboden sitzt. Ich sehe es. Er ist sich keinen Tag zu schade, mit in dein Versteck zu kommen, mit in deine Scham und Angst. Und er reicht dir seine Hand, weil er dich befreien will. Deine Entscheidung, diese Hand anzunehmen und Richtung Freiheit zu laufen, wird die beste in deinem Leben sein.

Die Stimmen von Scham und Angst wollen dich kleinhalten, am Boden. Aber immer lauter werden die Stimmen der Wahrheit. Jesus gibt dir Lobpreis und sein Wort als bestes Werkzeug. Die alten Stimmen sind nicht mehr dein Bestimmer. „Du bist nicht genug", ist nicht das letzte Wort. Du wirst noch oft zweifeln, weinen, zittern, aber vor allem wirst du Wahrheit ausrufen. Deine Geschichte wird sogar andere Frauen segnen. Nichts hält dich für immer in deinem Versteck, denn die Kraft, die in dir lebt, ist viel größer. Es ist die Kraft, die Tote zum Leben erweckt. Du wirst mutig sein und wissen, dass über deinem Leben Wahrheit steht, die dir zuruft: „Ich bin die Tochter des Allerhöchsten, in bin geheilt, frei, begabt und berufen. Ich liebe und werde zutiefst geliebt."

Du wirst dich nicht weiter verstecken, denn dein Gott lebt in dir und mit ihm zusammen kannst du alles tun. Irgendwann, Liebes, wirst du den Mut haben, deine Geschichte zu teilen und Jesus macht etwas Großartiges daraus.

Du bist ein Wunder, vertraue!

Deine Lucia

Ich sehe dich in deiner Verzweiflung, sehe wie deine Kraft schwindet und die Angst in dir hochkriecht. Ja, da sitzt du nun auf dem Fußboden deiner Küche mit verweinten, leeren Augen. Du lässt die Vergangenheit an dir vorbeiziehen. Du siehst deine zerbrochene Ehe und hast das Gefühl, dass etwas in dir gestorben ist. Deine Kinder sind weit weg, am Bodensee und in Australien, und jetzt diese Diagnose: Brustkrebs!

Du schreist in deinen Gedanken: „Gott, was denn noch?" Durch deine Arbeit in der Klinik weißt du nur zu gut, was diese Diagnose bedeuten kann. Ja, Ulla, ich weiß, deine Gedanken wirbeln nur so herum. Du denkst: „Ich werde mich auf keinen Fall in ein Krankenhausbett legen und auf mein Ende warten. Dem Tod jeden Tag ein Stückchen näherkommen. Niemals!"

Du telefonierst mit deinem Sohn in Australien, erzählst ihm, was bei dir los ist, und seine Reaktion ist: „Mum, es geht nicht allein um dich, es geht auch um all die Menschen, auf die du treffen wirst." Was? Du schreist in deinen Gedanken: „Es geht hier nur um mich!" Beim nächsten Telefongespräch hörst du deine Tochter sagen: „Mama, wo ist dein Glaube, von dem du jedem erzählt hast, der es hören wollte oder auch nicht?"

Mehr und mehr verlierst du dich in Selbstmitleid und dann hörst du in deinem Inneren diese leise Stimme, die du so gut kennst. Sie fragt dich: „Bist du dann jetzt fertig mit Jammern?" Du kannst es nicht fassen. Gott fragt dich das tatsächlich! Unfassbar! Sieht er nicht, was gerade vor sich geht? Doch dann legt er dir diese Bibelstelle aufs Herz, Matthäus 9,20-22: Jesus geht durch eine Menschenmenge und spürt, wie eine einzelne Frau sein Gewand berührt. Sie litt seit zwölf Jahren an schlimmen Blutungen. Sie wusste, wenn sie nur sein Gewand berühren würde, würde sie geheilt werden. Er wandte sich ihr zu und sagte: „Dein Glaube hat dich geheilt."

Ja, höre genau hin. Ulla, du warst immer davon überzeugt, dass Gott sich nicht verändert, dass seine Zusagen bleiben. Du liest weitere Bibelstellen in Johannes 1,39 und Johannes 1,46: „Komm und sieh!" Wenn du in den Spiegel schaust, was siehst du da? Die Stubenkatze? Nein, du siehst die Tigerin, eine Überwinderin, eine von Gott berufene Frau. Aber wozu berufen?

Ab jetzt wirst du von Gottes Zusage „Komm und sieh" überzeugt sein und eine Entscheidung treffen. „Ich berühre Jesu Gewand und lasse ihn nicht eher los, bis er mich geheilt hat." Du wirst aufstehen und das tun, was du tun kannst, und lässt Jesus den Rest tun. Gottes Aufforderung für dich ist: „Komm und sieh!"

In der Zeit deiner Chemotherapie wird man dich fragen, warum es dir so gut geht, warum du keine Schmerzen hast, du nicht krank auf dem Sofa liegst und und und. Du wirst ihnen von deiner Kraft, die „Jesus“ heißt, erzählen, dass du mit ihm täglich ins Fitnessstudio gehst.

Nach der Chemotherapie wirst du brusterhaltend operiert werden. Der Chefarzt, ein gläubiger Muslim, wird am Abend vor der OP fragen, ob er deine Bibel anschauen darf. Er wird durch die Seiten blättern und dir tief in deine Augen schauen: „Der Gott, an den Sie glauben, wird Sie heilen!“ – Komm und sieh!

Anschließend werden fünfzig Bestrahlungen folgen. Erst wirst du dich dagegen entscheiden, doch später willigst du ein. Du wirst täglich Bewahrung und Gnade erleben, die Gott dir schenken wird – Komm und sieh!

Nach deinen Behandlungen wirst du deine Anstellung in der Klinik kündigen, Bewerbungen schreiben und anschließend zu deinen Kindern an den Bodensee ziehen. Du wirst dich zur Fitnesstrainerin ausbilden lassen. Ja, lach nicht! Du wirst dann bereits 54 Jahre alt sein.

Alle Nachsorgeuntersuchungen werden das gleiche Ergebnis haben: „Geheilt!“ Dein Herz wird rufen: „Danke Jesus für Heilung von Herz und Körper, für Bewahrung und dass ich im Glauben wachsen durfte. Sorry, Lord, aber ich lasse dich nie mehr los.“

Und dann wirst du diese liebevolle Stimme, die du bereits kennst, erneut hören: „Mache meine Frauen stark!“ Du wirst verschiedene Fitnessgruppen aus dem Boden stampfen, wirst dein eigenes Business starten. In dieser Zeit wirst du Frauen körperlich und geistlich stärken, ihnen ihre Wertigkeit vermitteln, sie ermutigen. Sie werden ihren Wert erkennen, egal ob sie dick, dünn, groß oder klein sind, denn sie sind Töchter des Höchsten.

Ja und wenn du im Heute angekommen bist, ist unsere Reise mit Gott noch lange nicht zu Ende. Bist du auch so gespannt, was er mit uns noch vorhat? Komm und sieh!

Liebe Grüße und dicker Drücker,

Dein älteres Ich

Deine Furchtlos-Übung

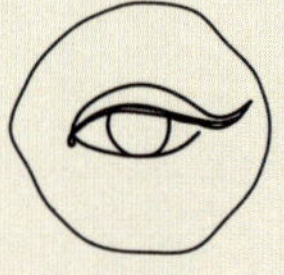

SEE

Nachdem du dieses Kapitel gelesen hast, schreibe alles auf, was gerade in dir vor sich geht. Was nimmst du in deinem Körper wahr? Was fühlst du? Was denkst du? Bleibe dabei neugierig und offen, ohne dich zu bewerten. Mache dir bewusst, dass Gott jetzt gerade bei dir ist und dir zuhört. Lausche auch darauf, was er dir zuflüstert.

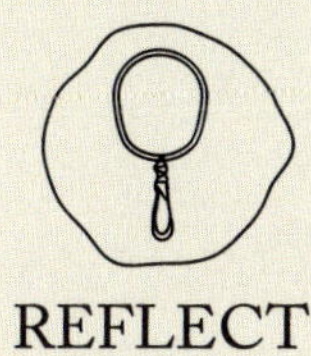

REFLECT

DIE BRIEFE Was hat diesen Frauen geholfen, ihre Krisen zu überwinden?

DEINE KRISEN Wo gab es in deinem Leben Krisen, die du bereits überwunden hast? Was hat dir geholfen, sie zu überwinden?

DEINE GESCHICHTE Der Zeitstrahl beschreibt dein Leben von deiner Geburt bis heute. Wo gab es Höhen und Tiefen in deinem Leben? Zeichne sie als Wellenbewegungen ein und markiere prägende Orte, Personen, Ereignisse etc. Werde kreativ und entdecke den roten Faden in deiner Geschichte!

Heute

Geburt

1. Welche Lebensabschnitte haben dich nachhaltig geprägt?
2. Welche Menschen haben dich besonders beeinflusst?
3. Wo gab es einschneidende Ereignisse, wo haben große Veränderungen stattgefunden oder wo hast du scherwiegende Entscheidungen getroffen?
4. Welche großen Themen (Leidenschaften, Träume, Schwierigkeiten, Nöte, bestimmte Menschentypen …) tauchen in deinem Leben immer wieder auf?
5. Welche Merkmale (Eigenschaften, Gaben, Fähigkeiten, Interessen …) hattest du schon immer?
6. Das habe ich durch meine Geschichte gelernt, oder das hat Gott mir gezeigt.

CHOOSE

DANKBARKEIT Für was in deinem Leben bist du besonders dankbar?

WEITERE SCHRITTE Gibt es etwas, das du in deiner Geschichte weiter erforschen möchtest? Gibt es etwas, das du aufräumen oder klären möchtest? Wie genau wirst du das tun?

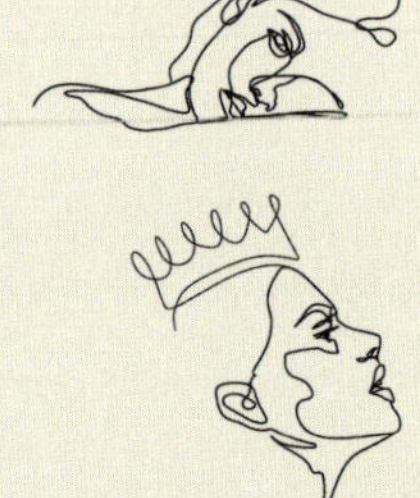

SCHATTENKIND/KÖNIGSKIND Gibt es etwas, das dir bewusst geworden ist, und das du bei deinem Schattenkind oder deinem Königskind ergänzen möchtest?

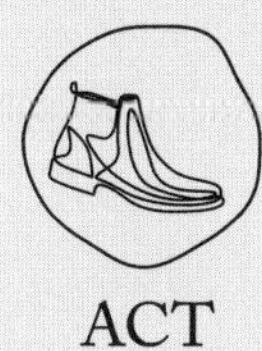

ACT

DEIN BRIEF AN DICH! Schreibe einen Brief an dein jüngeres Ich. Suche dir eine schwierige Situation aus deinem Leben aus. Versetze dich in deine Situation hinein und beschreibe, wie du dich damals gefühlt hast. Ermutige dich selbst, aus deiner heutigen Position heraus mit all dem, was dir geholfen hat und was du heute weißt und siehst.

Hallo jüngeres Ich!

Und nun spricht der Herr, der dich geschaffen hat, Jakob, und dich gemacht hat, Israel: Fürchte dich nicht, denn ich habe dich erlöst; ich habe dich bei deinem Namen gerufen; du bist mein!

Jesaja 43,1; LUT

Wichtiger als die Angst

An einem schönen Sommertag spielten unsere Kinder bei ihren Großeltern im Pool. Es war ein Pool für Erwachsene, in dem ich gerade noch stehen konnte. Meine mittlere Tochter konnte noch nicht schwimmen, hatte aber eine Schwimmweste an und sprang deshalb immer wieder mutig von der Leiter aus in den Pool. Irgendwann musste sie auf die Toilette und zog ihre Weste dafür aus. Als sie fertig war, machte sie einfach dort weiter, wo sie mit dem Spielen aufgehört hatte. Nur ein Detail fehlte: die Schwimmweste. Sie hatte völlig vergessen, sie wieder anzuziehen, und sprang wie zuvor voller Freude ins herrliche kühle Becken. Ich bekam das Ganze nur aus dem Augenwinkel mit, aber sofort schrillten in mir alle Alarmsirenen! Ich sprintete los, sprang – mit Klamotten – in den Pool und fischte meine kleine Tochter heraus. Ich dachte nicht nach. Ich handelte nur. Gott sei Dank für mütterliche Intuition und Reaktionsfähigkeit, die schneller handelt als der Verstand.

Wenn unsere Kinder in Gefahr sind, werden wir Frauen zu Löwinnen. Wir sind bereit, uns beängstigenden und gefährlichen Situationen zu stellen, weil die Sicherheit unserer Kleinen jedes Angstgefühl übersteigt. Zugegeben, der Pool war nicht besonders beängstigend für mich, aber ich bin sicher, ich hätte sie auch aus einem Löwengehege gefischt, wenn es nötig gewesen wäre. Plötzlich kommen Mut, Kraft und Selbstbewusstsein ganz von allein. Wenn wir etwas lieben, vergessen wir Glaubenssätze und Herzenslügen, die uns einflüstern: „Du kannst das nicht!“ Plötzlich können wir. Wir machen es einfach. Weil es wichtiger ist als unsere Angst! Denn, wie Eleanor Roosevelt sagte: „Mut ist nicht die Abwesenheit von Angst, sondern vielmehr die Erkenntnis, dass etwas wichtiger ist als Angst.“

⟶ *Was ist dir wichtiger als Angst? Wofür lohnt es sich, furchtlos zu sein?*

Was ist dir so wichtig, dass du bereit bist, deine Komfortzone zu verlassen und über deine Angst hinauszuwachsen? So wichtig, dass du bereit bist, der Gefahr ins Auge zu sehen? Was lässt dein Herz höherschlagen? Was liebst du leidenschaftlich? Was schürt in dir gerechten Zorn?[61] Was kannst du nicht ertragen? Was weckt deine Energie und motiviert dich so sehr, dass du bereit bist, das Unmögliche zu versuchen und jede Lüge und Unsicherheit zu überwinden?

Wofür bist du hier?

In der Frage, „Wofür lohnt es sich für dich, furchtlos zu sein“, klingt die Frage mit, die die Menschheit von jeher umtreibt: „Wofür bin ich hier? Was ist der Sinn meines Lebens? Was fange ich mit den Jahren an, die mir geschenkt worden sind? Worein investiere ich meine Kraft und mein Herz?“

Ohne Sinn, ohne Vision, ohne etwas, das uns wichtig ist, haben wir wenig Motivation, morgens aufzustehen. Wozu sollten wir denn auch nicht jeden Abend vor der Glotze verbringen und uns in Netflix flüchten? Wozu sollte ich meinen Körper fit halten? Wozu sollte ich in meine Gaben investieren und sie fördern? Wozu sollte ich meinem Leben Struktur geben und Schwierigkeiten in meiner Ehe, mit meinen Finanzen oder in meinem Job überwinden? Wozu sollte ich mein Herz aufräumen und meine Gedanken erneuern? Dafür brauche ich schon einen guten Grund, sonst ist es viel zu anstrengend, zu unbequem, zu Furcht einflößend.

Wenn ich aber mein Warum, meine Bestimmung, die göttliche Vision für mein Leben entdecke, finde ich den Antrieb und die Kraft, um zu kämpfen, zu hoffen, zu investieren, zu lieben, zu riskieren und Ängste zu überwinden.

Gott hat einen Hunger nach Bestimmung in uns hineingelegt. Wir Menschen sehnen uns nach Bedeutung und Sinn. Wir wollen wissen, warum wir auf der Welt sind, warum es sich lohnt, jeden Tag neu anzugehen. Allein diese Sehnsucht zeigt uns, dass wir für einen bestimmten Grund geboren wurden.

Um das Thema Bestimmung ranken sich viele Mythen, Ängste und Missverständnisse. Kommt dir einer der folgenden Sätze bekannt vor?

- „Es gibt nur einen bestimmten Plan für mein Leben – wenn ich den verpasse, habe ich versagt."
- „Mein Leben ist so ‚normal', das kann nicht meine Bestimmung sein."
- „Nur besondere Menschen haben eine Bestimmung. Ich habe keine besondere Gabe, deshalb habe ich auch keine Bestimmung."
- „Meine Bestimmung ist gleichzusetzen mit meinen Aufgaben oder meinem Beruf. Wenn ich nicht das Richtige für mich finde, kann ich meine Bestimmung nicht leben."
- „Meine Bestimmung ist dasselbe wie meine Berufung. Ich habe keinen speziellen Ruf Gottes gehört, also habe ich wohl keine Bestimmung."
- „Meine Bestimmung zu leben, heißt, mich völlig zu verausgaben. Ich weiß nicht, ob ich das will."
- „Gottes Bestimmung für mein Leben ist bestimmt irgendetwas, was ich nicht machen möchte."

Wenn wir an eine dieser oder ähnlicher Herzenslügen glauben, könnte das Thema Bestimmung mit Druck besetzt sein. Wir fangen an, uns mit anderen zu vergleichen, und es steigt ein Minderwertigkeitsgefühl in uns hoch. Doch wenn wir verstehen, was Bestimmung eigentlich ist – was unsere ganz persönliche Bestimmung ist –, dann spüren wir Leichtigkeit, Dankbarkeit und Freude.

⟶ *Der Geist der Kraft, Liebe und Besonnenheit nimmt uns an die Hand und zeigt uns, wofür es sich lohnt, alle Angst zu überwinden.*

Deine göttliche Bestimmung

Deine Bestimmung ist dein grundsätzliches Warum. Ein Topf wurde gemacht, um Lebensmittel zu fassen und auf dem Herd zu erwärmen. Dafür wurde er erfunden. Das ist seine Bestimmung. Er bietet eine Lösung für ein Problem. Ohne ihn würde aus dem geschnibbelten Gemüse keine Suppe entstehen. Ohne ihn blieben die Nudeln verstreut und könnten nicht gekocht werden.

Ohne dich würde etwas fehlen. Würde etwas nicht passieren. Dein besonderer Part würde nicht gespielt. Dein Platz bliebe leer. Deine Bestimmung ist es, deinen Platz einzunehmen. Deine Bestimmung ist das, wofür du auf der Welt bist. Es ist die Art, wie du zum Wohl dieser Welt beiträgst und deine ganz eigene Lösung für ihre Probleme einbringst.

Deine Bestimmung zu leben, heißt, herauszufinden, wofür es sich zu leben lohnt. Um herauszufinden, wofür etwas geschaffen wurde, macht es Sinn, den zu fragen, der es erschaffen hat. Dein Schöpfer hatte eine Idee, einen Plan, eine Absicht, als er dich schuf. Dein Leben ist nicht nur wichtig für die Menschen um dich herum, sondern für deinen Schöpfer. Du hast eine göttliche Bestimmung.

Wenn wir in die Bibel schauen, was Gott das Wichtigste für unser Leben ist, wofür er uns bestimmt hat, dann wird deutlich, dass es dabei um weit mehr geht als um das, was wir tun. Unsere Bestimmung ist vielmehr: zu *kennen*, zu *werden* und dann auch zu tun.

1. GOTT KENNEN

Das ist unsere erste und wichtigste Bestimmung, Gott zu kennen. Gott will uns. Nicht, weil er etwas von uns will, sondern weil er uns liebt und etwas für uns will.

> Gott hat uns erlöst und berufen; nicht aufgrund unserer Taten, sondern weil er schon lange, bevor es die Welt gab, entschieden hatte, uns durch Christus Jesus seine Gnade zu zeigen. – 2. Timotheus 1,9; NLB

Wir sind geschaffen, um Gott zu kennen, um Gemeinschaft mit ihm zu haben. Um mit Gott spazieren zu gehen, wie Adam und Eva im Paradies. Wir sind geschaffen zur Freude Gottes.

Für mich ist das manchmal nicht so easy zu verstehen. Ich liebe To-do-Listen. Ich liebe es, Aufgaben zu erledigen, abzuhaken und zu wissen – ich habe es geschafft. Well done! Freude und das Gefühl, anerkannt zu sein, hängen bei mir oft von meiner Leistung ab. Aber für Gott sind das zwei komplett verschiedene Paar Schuhe. Für ihn steht Liebe weit über Leistung, Gemeinschaft geht vor Arbeit, Intimität vor Effektivität. Gott will Beziehung zu uns.

Wenn ich mein Warum, meine Bestimmung,
die göttliche Vision für mein Leben entdecke,
finde ich den Antrieb, um zu kämpfen, zu hoffen,
zu investieren, zu lieben, zu riskieren und

Ängste zu überwinden.

Und ich frage gleich: Yes, but how? Was muss ich tun, um Gemeinschaft mit Gott zu haben? Beten? Bibellesen? Das kann ich machen. Das kann ich messen. Doch Gott zu kennen ist nicht wirklich messbar oder machbar. Es ist eine Reise. Ein Öffnen, ein Suchen, ein Sehnen, ein Fragen, Begreifen, Zweifeln und Ringen. Unsere Beziehung zu Gott ist eine Liebesbeziehung. Sie wächst mit der Zeit, erlebt Höhen und Tiefen und wird immer intensiver, je mehr wir uns von ganzem Herzen darauf einlassen. Gott liebt uns und wünscht sich von uns, zurückgeliebt zu werden. Wir sind geschaffen für Liebe und Anbetung.[62]

Wir sind geschaffen für Liebe und Anbetung.

Ich kenne eine besondere Frau, die schon seit Jahren an einer chronischen Krankheit leidet und viel Leid ertragen musste. Häufig am Ende ihrer Kräfte war sie nicht in der Lage, viel zu leisten. Und dennoch: Ihre Liebe zu Gott ist unglaublich inspirierend. Sie ist eine Anbeterin und Gott strahlt durch sie hindurch. Die Art, wie sie ihre Bestimmung, ihre Beziehung mit Gott in einer Tiefe lebt, ist so ansteckend und erfrischend.

Als Jesus seine Jünger berief, sagte er nicht: „Hey, arbeite in meinem Team mit – das sind deine Aufgaben.“ Er sagte erst mal nur: „Folge mir nach.“ Sie wurden eingeladen, Zeit mit ihm zu verbringen, ihn zu erleben und ihn zu kennen. Sie sollten an Jesus sehen, was es bedeutet, als Kinder des höchsten Königs zu leben. Denn das war Jesu Auftrag: uns den Vater vorzustellen und uns zu Söhnen und Töchtern Gottes zu machen. Epheser 1,5 bringt das so gut auf den Punkt: „Von allem Anfang an hat er uns dazu bestimmt, durch Jesus Christus seine Söhne und Töchter zu werden. Das war sein Plan; so hatte er es beschlossen.“

Deine Bestimmung – Gottes großes Darum für dein Leben – ist es, ihn zu kennen und in ihm deine Identität zu finden. Du lebst, um zu Gott zu gehören und in seiner Nähe mit ihm verbunden zu *sein*.

2. CHRISTUS ÄHNLICHER WERDEN

Wenn wir in einer lebendigen Beziehung mit Jesus leben, dann verändert uns das. Eine weitere Hauptbestimmung ist es, Jesus ähnlicher zu werden.

> Schon vor aller Zeit hat Gott die Entscheidung getroffen, dass sie ihm gehören sollen. Darum hat er auch von Anfang an vorgesehen, dass ihr ganzes Wesen so umgestaltet wird, dass sie seinem Sohn gleich sind. – Römer 8,29

Heißt das jetzt, dass ich mein Profil und meine Persönlichkeit verlieren und zu einem Grinse-Christen mit langen Haaren und sanftem Wesen werden muss? Muss ich in irgendeine Jesus-Schablone passen? Ja. Äh, nein! Natürlich nicht!

Wie Jesus zu werden, bedeutet nicht nur, Sohn oder Tochter Gottes zu sein, sondern auch, so zu leben. Ein neues Leben als Kind Gottes wird man an deinem Lebensstil erkennen. Die Bibel spricht an vielen Stellen davon, dass es unsere Bestimmung ist, unser himmlisches Erbe anzutreten und das nicht erst nach dem Tod. Auch hier auf der Erde kannst du angedockt sein an den Himmel und die Wirklichkeit Gottes schon jetzt erleben. Alles, was Jesus für dich erkämpft hat, darfst du hier auspacken. Du darfst in der Freiheit leben, die Jesus für dich am Kreuz mit seinem Leben bezahlt hat. Du darfst Schuld und Verletzungen loslassen und nach und nach zu der erlösten Version von dir selbst werden, für die Jesus alles gegeben hat.

> Denn in Christus hat er uns schon vor der Erschaffung der Welt erwählt mit dem Ziel, dass wir ein geheiligtes und untadeliges Leben führen, ein Leben in seiner Gegenwart und erfüllt von seiner Liebe. – Epheser 1,4

Der Heilige Geist ist maßgeblich daran beteiligt, uns von innen heraus zu verändern und uns Christus ähnlicher zu machen. Galater 5 beschreibt, wie sich das ganz konkret in unserem Charakter zeigt: „Die Frucht hingegen, die der Geist Gottes hervorbringt, besteht in Liebe, Freude, Frieden, Geduld, Freundlichkeit, Güte, Treue, Rücksichtnahme und Selbstbeherrschung" (Galater 5,22-23). Lass dir einmal diese köstlichen Früchte des Geistes auf der Zunge zergehen und denke dabei an unsere Realität:

- Denke an Social Media, wo Menschen sich mit fiesen Kommentaren gegenseitig die Köpfe einhauen, oder an den Umgangston in deiner Arbeitsstelle. Manche fühlen sich besonders mutig, wenn sie ihre Meinung hart und scharf kundtun. Doch Dreistigkeit und Respektlosigkeit sind keine Zeichen für Mut. Diese Welt braucht Menschen, die anderen mit *LIEBE* und *FREUNDLICHKEIT* begegnen, die mutig genug sind, zuzuhören und nachzufragen, verstehen zu wollen, ohne gleich zu urteilen.
- Denke an die Depression und Überforderung, mit der Menschen überall kämpfen. Diese Welt braucht Menschen, die *FREUDE* in sich tragen.
- Denke daran, wie Menschen überall nach Methoden suchen, um Entspannung und Ruhe zu finden. Diese Welt sehnt sich nach Menschen, die *FRIEDEN* ausstrahlen und weitergeben.
- Denke an all die zerbrochenen Beziehungen und die Einsamkeit, die Menschen fertigmacht. Diese Welt braucht Menschen, die voller *GÜTE* und *TREUE* sind, und gesunde Beziehungen bauen können.
- Denke an die Filme und Serien, die überall flimmern und den Schrei nach sofortiger Befriedigung all meiner Bedürfnisse laut werden lassen. Diese Welt braucht Menschen, die *SELBSTBEHERRSCHUNG* und *GEDULD* trainiert haben.
- Denke an die Ausbeutung von Schwächeren, damit wenige Stärkere bekommen, was sie wollen. Diese Welt braucht Menschen, die für *RÜCKSICHTNAHME* stehen.

Die Früchte des Geistes sind nicht nur „nett“, sondern essenziell wichtig. Dein größter Auftrag, bevor du irgendetwas Wichtiges tust oder sagst, ist es, diese Früchte des Geistes in dir wachsen zu lassen und andere davon kosten zu lassen. Jesus sagt: „Nicht ihr habt mich erwählt, sondern ich habe euch erwählt: Ich habe euch dazu bestimmt, zu gehen und Frucht zu tragen – Frucht, die Bestand hat“ (Johannes 15,16).

Und er sagt uns auch, wie das geht: indem wir mit ihm verbunden bleiben.[63] Diese Welt braucht dich, und zwar frei und sicher in deiner Identität in Christus. Dein Auftrag ist es, Gottes geliebte Tochter zu sein und mit Jesus verbunden ihm immer ähnlicher zu werden. So wachsen die Früchte des Geistes in dir und du entwickelst einen erlösten, reifen, wohltuenden Charakter, der wirklich die Kultur dieser Welt ein Stück weit verändern kann. Zu werden wie Jesus, zeigt sich ganz praktisch in jedem einzelnen Moment deines Lebens. Wie du andere Menschen liebst, wie du deine Zeit einteilst, wohin du dein Geld investierst, wie du redest und handelst, wie du dich für das einsetzt, was Gott wichtig ist.

Als Jesus seinen Dienst antrat, verkündete er seinen eigenen Auftrag, indem er eine Verheißung aus dem Propheten Jesaja zitierte, und die so auf sich auslegte:

> Der Geist des Herrn ruht auf mir, denn der Herr hat mich gesalbt. Er hat mich gesandt mit dem Auftrag, den Armen gute Botschaft zu bringen, den Gefangenen zu verkünden, dass sie frei sein sollen, und den Blinden, dass sie sehen werden, den Unterdrückten die Freiheit zu bringen, und ein Jahr der Gnade des Herrn auszurufen. – Lukas 4,18

Als Empfänger dieser Gnade, dieser Befreiung und Heilung, tragen wir nun denselben Geist und denselben Auftrag weiter. Dein Auftrag ist es, dort, wo du bist, Jesus in dieser Welt zu repräsentieren, denn Jesus ist es, den diese Welt so unbedingt braucht!

Ich liebe es, dass wir Christus nicht allein repräsentieren, sondern dass wir zu einer wunderschönen, verrückten Glaubensfamilie gehören – der Kirche! Kirche zu leben, kann auf unterschiedlichste Art und Weise passieren. Wenn du zu Jesus gehörst, gehörst du automatisch auch zu seiner Familie, zu deinen Brüdern und Schwestern. Vielleicht hast du die Kraft von dieser Gemeinschaft bereits erlebt. Vielleicht bist du aber auch von Kirche enttäuscht. Ich möchte dir Mut machen, dich auf die Suche danach zu machen, wie du Teil dieses lebendigen Körpers von Jesus sein kannst.[64] Denn es ist schwer, Jesus zu lieben und ihm ähnlicher zu werden, wenn du seinen Körper nicht magst.

Es ist schwer, Jesus zu lieben und ihm ähnlicher zu werden, wenn du seinen Körper nicht magst.

Deine Bestimmung, Gott zu kennen und Jesus ähnlicher zu werden, kannst du immer leben. An guten und an schlechten Tagen, in Krankheit oder Gesundheit, zu besonderen Tagen und im „normalen Alltag", ob dir deine Gaben und Fähigkeiten bewusst sind oder nicht. Du musst dafür nicht irgendetwas besonderes können oder leisten. Du brauchst dafür keinen speziellen Auftrag von Gott. Du musst keine prominente Person sein, oder vollzeitlich in einem christlichen Werk angestellt sein. Wir alle – ob Mutter mit kleinen Kindern, Hausfrau, Businessfrau, Schülerin oder Großmutter: Wir alle sind in *Fulltime Ministry,* weil wir immer mit Christus verbunden sind und ihm dienen. Gottes Darum für dich ist es, ganz praktisch seine Hände und Füße in dieser Welt zu sein.

3. TUN, WAS GOTT VORBEREITET HAT

Jesus rief seine Jünger erst in seine Nähe und in die Nachfolge, und eröffnete ihnen dann seinen Plan. Er führte sie in Beziehung mit ihm, prägte sie durch seinen Lebensstil und gab ihnen dann konkrete, persönliche Aufgaben, für die er sie mit Autorität und Vollmacht ausstattete.

Neben dem Kennen und dem Werden hat Gott auch ganz konkrete Aufgaben für uns, die wir tun sollen. Dabei gibt es zwei Aufträge, die wie Eckpfeiler für unser Handeln stehen:

1. *DAS OBERSTE GEBOT* „Du sollst den Herrn, deinen Gott, lieben von ganzem Herzen, von ganzer Seele und mit all deiner Kraft und deinem ganzen Gemüt, und deinen Nächsten wie dich selbst" (Lukas 10,27; LUT).

2. *DER MISSIONSBEFEHL* „Darum geht zu allen Völkern und macht die Menschen zu meinen Jüngern; tauft sie auf den Namen des Vaters, des Sohnes und des Heiligen Geistes und lehrt sie, alles zu befolgen, was ich euch geboten habe" (Matthäus 28,19-20).

Diese beiden Sätze fassen zusammen, was Gott das Wichtigste ist – wofür er alles gegeben und alles überwunden hat und wofür es sich auch für uns zu leben lohnt: dass Gott und Mensch sich kennen und lieben.

In diesem Rahmen hat Gott auch für jede von uns individuelle Aufträge, die er für uns vorbereitet: „Denn was wir sind, ist Gottes Werk; er hat uns durch Jesus Christus dazu geschaffen, das zu tun, was gut und richtig ist. Gott hat alles, was wir tun sollen, vorbereitet; an uns ist es nun, das Vorbereitete auszuführen" (Epheser 2,10). Mit dieser Gewissheit im Herzen können wir mutig die Frage stellen, wozu uns Gott ganz konkret berufen hat.

Doch wie finden wir das heraus, was unsere konkreten Aufträge sind? Verschiedene Aspekte können uns wichtige Hinweise auf unsere individuelle Bestimmung geben:

GOTTES REDEN Gottes Geist redet zu dir über deinen Auftrag auf unterschiedliche Art. Mal sind es übernatürliche Begegnungen mit ihm, prophetische Eindrücke oder Träume in der Nacht. Mal sind es kleine, immer wiederkehrende Eindrücke, Bibelverse, Gefühle oder Gedanken, durch die wir seinen Weg erkennen.

Während ich diese Worte schreibe, besucht eine Freundin von mir gerade ihr neues Pflegekind im Krankenhaus. Über Jahre hat sie nachts davon geträumt, dass sie ein Kind bei sich aufnimmt, bis sie irgendwann nicht mehr leugnen konnte, dass es Gott war, der sie ruft und für einen ganz besonderen Auftrag vorbereitet.

Auch in meinem Leben gab es Momente, in denen Gott prophetisch zu mir über das gesprochen hat, was er mit mir vorhat. Ich bewahre diese Worte wie einen Schatz in einem besonderen Tagebuch auf. Ich habe die Erfahrung gemacht, dass sich übernatürliches Reden Gottes immer bestätigt und auf verschiedenen Wegen zu mir kommt. Diese Bestätigung hilft mir, zu erkennen, dass es wirklich Gott ist, der zu mir redet. Wenn Gott zu dir spricht, dann tu gehorsam das, was er dir aufträgt. Gottes absolute Liebessprache ist Gehorsam.[65]

DEINE WERTE UND TRÄUME Die Leidenschaft, die in deinem Herzen brennt, kann ein Hinweis auf das sein, was Jesus mit dir vorhat. Was liebst du leidenschaftlich? Was macht dich richtig sauer und weckt in dir gerechten Zorn? Psalm 37,4 sagt: „Freu dich am Herrn, und er wird dir geben, was dein Herzen wünscht." Dieses Geben kannst du entweder lesen als: „Er wird es erfüllen." Oder auch als: „Er wird es dir ins Herz hineinlegen." Wenn dein Herz offen vor Jesus ist, dann wird Gott Wünsche und Träume hineinlegen, die dir zeigen, was deine Bestimmung sein kann.

DEIN DESIGN Gott bereitet dich für deine Aufgabe vor und deine Aufgabe für dich. Er hat dir eine Persönlichkeit, Fähigkeiten und Gaben geschenkt. Zu entdecken, wer du bist und wie Gott dich geschaffen hat, gibt dir Einsicht in das wofür er dich designt hat. Dennoch stellt Gott uns auch manchmal in Aufgaben hinein, die uns erst mal weit außerhalb unserer Komfortzone erscheinen. Er möchte, dass wir uns mehr auf seine Gnade als auf unsere Gaben verlassen.

DEINE GEISTESGABEN Gottes Geist befähigt dich übernatürlich mit Geistesgaben, die zum Wohl anderer und zum Aufbau der Gemeinde eingesetzt werden sollen. Die Bibel ermutigt uns, uns nach diesen Gaben auszustrecken, sie zu empfangen und einzusetzen.[66]

DEINE GESCHICHTE Er nutzt deine Geschichte und deine Umstände, um dich vorzubereiten und dich immer mehr in das hineinzuführen, was er für dich vorbereitet hat. Überall in deiner Geschichte liegen Schätze der Weisheit und Erfahrung verteilt, die dir heute helfen können, deinen Auftrag zu leben. Oft verwandelt Gott die Kämpfe und Nöte unserer Vergangenheit in unsere Siegesgeschichte um und nutzt unsere Geschichte, um anderen Freiheit und Hilfe zu bringen.

DEINE MÖGLICHKEITEN Ich habe die Erfahrung gemacht, dass unser Auftrag oft direkt vor unserer Nase liegt. Gott zeigt uns seinen Weg häufig durch offene Türen. Musikerin zu sein oder dieses Buch zu schreiben waren für mich offene Türen, in denen ich Gottes Wegführung gesehen habe.

IM NACHHINEIN Manchmal erkennen wir auch erst im Nachhinein wie und wo Gott uns gebraucht und eingesetzt hat. Jede Begegnung, jeder alltägliche Moment kann Bedeutung haben, wenn wir ihn im Vertrauen und im Gehorsam zu Gott leben.

→ *Hab keine Angst, dass du verpassen könntest, was Gott für dich vorgesehen hat.*

Wenn du tun möchtest, was Gott dir sagt, dann kannst du auch vertrauen, dass Gott ziemlich gut darin ist, dich in das hineinzuführen, was er vorbereitet hat: „Ja, Gott ist treu; er wird euch ans Ziel bringen“ (1. Korinther 1,9). Auch wenn du dich mal verirrt hast oder bewusst die letzten beiden Abbiegungen ignoriert hast – Gott kann wie ein gutes Navigationsgerät die Route zu deiner Bestimmung sofort anpassen, wenn du zu ihm zurückkehrst. Besser geht es allerdings, wenn du direkt mit ihm zusammenarbeitest und den Heiligen Geist den „Bestimmer“ über deine Bestimmung sein lässt.

Halten wir fest: Deine Bestimmung ist es, Gott zu kennen und zu lieben, Christus ähnlicher zu werden und das zu tun, was er für dich vorbereitet hat. Du bist erst Tochter, dann Jüngerin und dann Mitarbeiterin im Reich Gottes.

Entfache deine Gaben

Wenn Gott dich für etwas beruft, dann gibt er dir alles, was du brauchst, um es zu erfüllen.[67] Glaubst du das? Lebst du das? Weißt du, was in dir steckt?

Vielleicht kennst du dich bereits ziemlich gut und gehst selbstbewusst mit dem um, was Gott in dich hineingelegt hat. Vielleicht fühlst du dich völlig ahnungslos. Ich mache immer wieder die Erfahrung, dass viele Menschen, besonders Frauen, nicht benennen können, welche Talente und Gaben sie haben. Anstatt zu sehen, wie wunderbar Gott sie ausgestattet hat, sehen sie nur, was sie alles nicht können, was andere besser machen, was sie besser machen sollten. Es fällt ihnen deshalb auch schwer, selbstbewusst voranzugehen und zu ergreifen, was Gott für sie vorbereitet hat.

Sie haben vielleicht sogar eine Ahnung davon, wozu Gott sie berufen hat – als Freundin, als Ehefrau, als Mama, in ihrem Job, mit Verantwortung in der Kirche oder anderen konkreten Aufträgen. Vielleicht haben sie Ideen und Träume, die Gott in ihr Herzen gelegt hat. Doch sie fühlen sich nicht fähig und nicht gut genug, diese auch zu erfüllen. Selbst bei Menschen, die wissen, dass sie talentiert sind, beobachte ich immer wieder. Sie sind unsicher und passiv, wenig leidenschaftlich und bleiben deshalb weit hinter dem zurück, was möglich wäre.

Um unsere Bestimmung zu ergreifen, müssen wir lernen, das zu entfachen, was in uns ist.

Wieso ist das so? Wieso lasse auch ich mich immer wieder einlullen von meinem Alltag und ablenken von Nebensächlichkeiten, anstatt mich voll und ganz mit Leidenschaft in das hineinzustellen, wovon ich doch weiß, dass es Gott wichtig ist und dass ich dazu berufen bin. Ich glaube, es liegt daran, dass wir lernen müssen, zu nutzen, was Gott uns gegeben hat. Um unsere Bestimmung zu ergreifen, müssen wir lernen, das zu entfachen, was in uns ist.

In dem Brief, den Paulus an Timotheus schrieb, ermutigte er ihn, seine Bestimmung furchtlos und voller Leidenschaft zu leben. Timotheus hatte Verantwortung bekommen in der Gemeinde und diese Aufgabe war menschlich betrachtet wohl eine Nummer zu groß für ihn. In dem Vers vor unserem Schlüsselvers erinnert Paulus Timotheus an die Gabe, die Gott in ihn hineingelegt hat. Doch er sagte nicht einfach nur: „Du bist begabt. Schau doch, was du alles kannst. Du schaffst das schon!" Timotheus' Mentor sagte etwas viel Wichtigeres:

> Aus diesem Grund erinnere ich dich, die Gnadengabe Gottes anzufachen.
> – 2. Timotheus 1,6; ELB

Paulus malt mit dem griechischen Wort *anazopureo* (anfachen) das Bild von einem Feuer, das entfacht und zur vollen Entfaltung gebracht wird. Ich liebe dieses Bild. Als Kind war ich fast jeden Sommer auf einem Sommerlager. Wir haben draußen gezeltet, Abenteuer erlebt und uns selten gewaschen. Herrlich! Stundenlang saßen wir um unser Lagerfeuer herum.

Feuer ist faszinierend. Es beginnt ganz klein mit einem Funken und kann doch gewaltige, ja sogar zerstörerische Auswirkungen haben. Wer Feuer machen und beherrschen kann, der hat Macht – das wusste bereits King Louie aus dem *Dschungelbuch*.

Stell dir die Gaben, die Gott dir gegeben hat, das Potenzial, das in dir ist, wie ein Feuer vor. Vielleicht ist es momentan nur ein kleiner Funke. Vielleicht läufst du seit Jahren und Jahrzehnten auf Sparflamme. Doch Gott möchte, dass du brennst. Leidenschaftlich und beständig! Hell! Kraftvoll!

Er möchte, dass du mit dem, was in dir ist, etwas um dich herum bewegst und veränderst. Könnte es sein, dass während du darauf wartest, dass Gott dich gebraucht, Gott darauf wartet, dass du endlich nutzt, was er dir gegeben hat? Könnte es sein, dass während du darauf wartest, von Gott übernatürlich begabt und gesalbt zu werden, Gott darauf wartet, dass du endlich damit anfängst, das zu leben, was schon längst in deinem Leben ist?

Futter für dein Feuer

Eine Flamme, die kein Futter findet, um sich zu entfalten und auszubreiten, wird irgendwann wieder erlöschen. Genauso ist es mit den Gaben, die in dir sind. Wenn du sie nicht einsetzt und nutzt, dann verkümmern sie. Das sagt Paulus auch zu Timotheus:

> Lass die Gabe nicht ungenutzt, die dir durch Gottes Gnade geschenkt worden ist. ...
> Dann werden die Fortschritte, die du im Glauben machst, allen sichtbar sein.
> – 1. Timotheus 4,14-15

Der größte Traum und die tollste Vision muss irgendwann in kleinen Babyschritten in der Wirklichkeit beginnen. Wie beim echten Feuer fangen wir dabei klein an. Ein dicker Holzstamm ist zu viel für eine kleine Flamme, sie braucht erst mal etwas Papier, Späne oder einen kleinen Ast, um sich zu entfalten. Genauso gibt Gott uns nicht sofort die großen Aufgaben, sondern trainiert uns im Kleinen. Es macht wenig Sinn, sich danach auszustrecken, als nächste große Lobpreisleiterin auf der Bühne zu stehen, aber nicht bereit zu sein, zu den Teamproben zu kommen, um Talent, Herz und auch die Einheit im Team zu trainieren.

Deine natürlichen Gaben wollen trainiert werden. Es ist noch kein Meister vom Himmel gefallen. Jede Gabe wächst durch Anwendung und Training, Ausprobieren und Auswerten, Schleifen und Reifen. Auch geistliche Gaben kommen in seltenen Fällen voll ausgereift über eine Person. Gottes Stimme zu hören und von all den anderen Stimmen in meinem Kopf zu unterscheiden, will geübt sein.

Wer mit dem gut umgeht, was ihm anvertraut wurde, der wird auch mehr Einfluss bekommen. Das ist ein ganz natürliches, aber auch ein göttliches Prinzip: „Wer im Geringsten treu ist, der ist auch im Großen treu" (Lukas 16,10; LUT). In den vielen kleinen, scheinbar unwichtigen Momenten wird unser Charakter trainiert. Wie der amerikanische Bestsellerautor und Coach John Maxwell sagte: *„Talent is a gift but character is a choice."* Talent ist ein Geschenk, doch Charakter ist eine Entscheidung. Du brauchst diesen trainierten Charakter, um halten und bewahren zu können, was Gott dir an Größerem anvertraut.

→ *So wie ein Feuer mit jedem Holzscheit wächst, das wir dazulegen, so wachsen unser Glaube und unsere geistlichen und natürlichen Gaben an jeder einzelnen Herausforderung, der wir uns stellen.*

Ich wäre wohl niemals bereit gewesen, eine Kirche zu gründen, ohne festes Gehalt, wenn Gott mich nicht früh herausgefordert hätte, ihm im Bereich Geld voll und ganz zu vertrauen. Auch dieses Buch wäre wohl nicht entstanden, wenn wir uns nicht mit einer Kleingruppe auf den Weg gemacht hätten, um Unsicherheit und Angst zu überwinden.

Warte nicht auf die großen, besonderen Momente oder die Aufgaben, die perfekt zu deinem Gabenprofil passen. Sondern brenne dort, wo du bist, in jedem kleinen Moment. Verpasse nicht deine Chancen und deine Bestimmung im Hier und Jetzt. Viele kleine, mutige Schritte und viele kleine, genutzte Chancen führen zu einem großen, furchtlosen Leben voller Bestimmung.

Feuerlöscher

Auf dem Weg, unser Potenzial zu entfalten und unsere Bestimmung zu leben, begegnen uns immer wieder Schwierigkeiten und Hindernisse, die unser Feuer ersticken wollen. Wenn du spürst, dass du innerlich nicht mehr brennst, verunsichert bist und am liebsten aufgeben würdest, deine Gaben zu leben, dann hilft es, einmal genauer hinzuschauen, welche „Feuerlöscher" gerade in deinem Leben am Werk sind.

Diese Feuerlöscher können wir in verschiedenen Lebensbereichen finden:

ÄUSSERE UMSTÄNDE Über- oder Unterfordertsein in einer Aufgabe, Konflikte oder schlechte Kommunikation in Beziehungen, falsche Prioritäten, besondere Lebenssituationen und andere.

INNERE KÄMPFE Unsicherheiten, Lügen, falsche Gedankenmuster, alte Verletzungen, Kopfstress, Erwartungsdruck und so weiter.

Der Feind unseres Herzens hat großes Interesse daran, dass dein Feuer nicht weiterbrennt, dass du dein Potenzial nicht entfaltest und deine Gaben nicht lebst. Er sät Misstrauen und Zweifel über Gott, die dich dazu bringen sollen, deine Talente zu vergraben.[68] Ich denke, es war wahrscheinlich nicht ohne Grund, dass Paulus Timotheus erinnerte, dem Geist der Angst mit dem Geist der Kraft, Liebe und Besonnenheit entgegenzutreten, direkt nachdem er ihn ermutigt hatte, seine Gabe und seine Bestimmung zu leben. Angst will uns davon abhalten, das zu tun, was Gott für uns vorbereitet hat. Manchmal kann uns unsere größte Angst sogar Hinweise darüber geben, wozu Gott uns berufen hat.

In den vorherigen Kapiteln haben wir verschiedene Rollen und Schutzstrategien der Angst kennengelernt. Wenn es darum geht, deine Bestimmung zu leben, ist es wichtig, dass du dir bewusst machst, wie du auf Angst reagierst und wie sie es schafft, dich einzulullen. In Zeiten der Unsicherheit, sagen wir schnell: „So bin ich halt! Das kann ich eben nicht! Das sollen lieber andere machen!" Doch ich möchte dich ermutigen: Schau deiner Angst ins Auge und überwinde sie. Deine Bestimmung zu leben ist so viel wichtiger als die Angst!

VERLETZLICHKEIT STATT VERSCHLOSSENHEIT Wenn Angst wie eine Mauer dein Herz umgibt, dann wird es dir schwerfallen, dich zu öffnen und herauszulassen, was in dir ist. Du bist vielleicht voller Ideen, aber es fällt dir schwer, sie mit der Welt zu teilen und dich damit verletzlich zu machen. Doch deine Bestimmung zu leben, beginnt damit, dich zu zeigen: Teile deine Gedanken, nimm deinen Platz ein und leiste deinen Beitrag!

AUTHENTIZITÄT STATT VERGLEICHSDENKEN Wenn die Angst als Klammer aktiv ist, versucht sie, Liebe zu verdienen, anderen zu gefallen und verliert sich leicht in Vergleichsdenken. Doch wenn ich versuche, wie jemand anderes zu sein, dann werde ich nicht meine wirkliche Bestimmung leben. Diese Welt braucht dich nicht als Kopie oder Spiegelbild von dem, was gerade hipp ist oder was andere leben.

Eine Freundin erzählte mir, wie sie immer dachte, dass sie auf Bühnen stehen müsste, um Gott zu dienen. Doch das jagte ihr furchtbare Angst ein. Sie fühlte sich schlecht deswegen und verurteilte sich selbst. Doch es gibt andere Bereiche, in denen sie sehr mutig ist. Sie betet gerne für andere Menschen, auch für Fremde und erlebt in diesem Bereich viele Wunder. Wieso sollte sie etwas leben, das nicht zu ihr passt? Diese Welt braucht dich so, wie Gott dich geschaffen hat, mit dem, was Gott in dich hineingelegt hat! Deine Bestimmung ist es, zu leben, was nur du leben kannst!

GLAUBENSSCHRITTE STATT PASSIVITÄT Wenn Angst als Bremse oder Krücke in deinem Leben aktiv ist, dann fällt es dir schwer zu entscheiden, wie du deine Bestimmung leben sollst und was der nächste Schritt ist. Fällt es dir leicht, dich von innen heraus zu motivieren, oder brauchst du für das, was du tust, eher eine Motivation von außen? Zum Beispiel, einen Lobpreisleiter der dir zuruft: „Los, bete Gott an!" Oder einen Freund, der dir sagt: „Los, mach etwas aus deiner Gabe!" Es ist deine Bestimmung, aktiv deine geistlichen Muskeln zu trainieren und das zu suchen und zu tun, was Gott Ehre gibt. Deswegen: Warte nicht länger darauf, dass dich jemand inspiriert, motiviert und mitreißt. Steh auf und geh, auch wenn es mal anstrengend ist.

TREUE STATT ABLENKUNG Angst als Gaspedal oder als Peitsche wird in dir großen Druck erzeugen, etwas zu erleben oder zu leisten. Für andere mag das dann sogar so aussehen, als würdest du furchtlos deine Bestimmung leben, aber tief in dir fühlst du dich gehetzt und unsicher. Deine Bestimmung zu leben bedeutet aber nicht, schneller und besser zu sein als andere. Es

Viele kleine, mutige Schritte und
viele kleine, genutzte Chancen führen
zu einem großen, furchtlosen

Leben voller Bestimmung.

bedeutet, treu und gehorsam das zu nutzen, was Gott in dich hineingelegt hat, und das zu tun, wofür er dich beauftragt hat.

Gerade als Mama von kleinen Kindern muss ich mich manchmal daran erinnern, wie wichtig diese Lebensphase ist. Die Mama meiner Kinder zu sein ist meine Bestimmung. Ich brauche mich nicht zu stressen, dass ich irgendetwas Besonderes, Großes leisten muss. In diese Kinder zu investieren ist besonders und groß! Ich darf diese Phase genießen und im Hier und Jetzt meine Bestimmung leben. So viel kreative Energie verfließt auf Instagram. So viel Kampfgeist wird auf der Playstation verzockt – Ist das, womit du Zeit verbringst, Teil deiner Bestimmung? Ist es dir – und Gott – wirklich wichtig? Oder ist eine Ablenkung, die dein Feuer kleinhält?[69]

Nimm Entmutigungen und Ablenkungen nicht einfach hin. Sondern kümmere dich darum, dass dein Potenzial zur Entfaltung kommen kann. Du hast Verantwortung für dein Herz und für dein Feuer. Du hast Verantwortung für die Gaben, die Gott in dich hineingelegt hat. Du hast die Verantwortung dafür, deine Bestimmung zu leben und deinen Auftrag zu erfüllen.

→ *Setzte dein Leben für das ein, was wirklich wichtig ist – was Gott wichtig ist. Wie kannst du auf dein Feuer aufpassen?*

Die Bibel sagt, dass Gott uns eines Tages zur Rechenschaft ziehen wird, was wir mit dem gemacht haben, was er uns anvertraut hat.[70] Ein krasser Gedanke, oder? Gott ist immer noch gut und gnädig, aber er meint es wirklich ernst damit. Du hast kein Recht, dein Leben einfach zu verschleudern oder zu verbummeln! Du gehörst nicht mehr dir selbst. Das Leben, das du nun leben darfst, ist dir anvertraut. Jesus hat einen hohen Preis dafür bezahlt.[71]

Frischer Wind für dein Feuer

Wenn ein Feuer nicht richtig brennt, dann hilft nur eins: Sauerstoff. Ob ich puste oder den Föhn zur Hand nehme, dieses Feuer braucht frischen Wind, um in Gang zu kommen.

Wenn du vor einer Aufgabe stehst, die dir zu schwierig erscheint, dann gibt es ganz sicher Dinge, die du tun kannst, um in deinen Fähigkeiten zu wachsen. Vielleicht kannst du ein Coaching in Anspruch nehmen oder eine Person deines Vertrauens um Feedback bitten. Es gibt so viele gute Online-Tools, um Gaben und Fähigkeiten weiterzuentwickeln. Solche Hilfestellungen können wie frischer Wind für unser Potenzial sein, uns weit nach vorne bringen und uns motivieren.

Zeiten in Gottes Gegenwart, im Lobpreis und in seinem Wort, sind für mich ein Luftzug, der in das Feuer meines Herzens gepustet wird. Während ich Tagebuch schreibe, puste ich den Alltagsstaub von meiner Seele und erkenne wieder neu, was wirklich wichtig ist, und warum ich tue, was ich tue. Ich spüre Gottes Herzschlag und empfange neue Leidenschaft und neue Ideen. Der Geist der Kraft, Liebe und Besonnenheit richtet mich aus und hilft mir, die richtigen Dinge in Angriff zu nehmen und mich zu fokussieren.

Auch ermutigende Gespräche sind so eine wichtige Inspiration für mich. Bücher, Podcasts, Gottesdienste, gute Predigten oder Konferenzen können frischer Wind für unser Feuer sein, das unsere Leidenschaft weckt und uns hilft dranzubleiben. Genau dafür liebe ich Kirche! Hier können wir uns gegenseitig anfeuern, – im wahrsten Sinne des Wortes! Wie viele kleine Fackeln, die nebeneinanderstehen. Wenn einer von uns mal durch eine schwere Zeit geht und sein Feuer nicht mehr brennt, kann er sich neues Feuer holen in einer Atmosphäre des Glaubens und der Ermutigung.

→ *Was hilft dir, dein Feuer anzufachen? Was erlebst du als „frischen Wind" für dein Feuer?*

Gerade in den letzten Tagen hat Gott mich an ein Bild erinnert, das ich fast vergessen hatte: Eine Frau, die mich vorher nicht kannte, hatte mich in ihrem Traum gesehen und später wiedererkannt. In ihrem Traum war ich Teil eines Jugendgottesdienstes, bei dem lauter Jugendliche in Ketten und halb verhungert vor der Bühne saßen. Plötzlich rief jemand: „Die Prinzessin kommt!" Ich betrat die Bühne und verteilte heiße Pizza an die Jugendlichen. Ich liebe dieses Bild. Mein Name bedeutet „Prinzessin". Und ich glaube, dass es Teil meiner Bestimmung ist, geistliches Futter an Menschen zu verteilen, die dadurch Freiheit in Jesus erleben sollen. Mich an dieses Bild zu erinnern, ist wie frischer Wind in meinem Feuer und gibt mir Kraft, dranzubleiben: Kirche zu bauen, in Menschen zu investieren, zu predigen, Lieder zu schreiben, dieses Buch auf die Welt zu bringen und meine Leidenschaft neu anzufachen. Denn wer mag schon kalte Pizza. ☺

Kein lauwarmes Leben

Unser Glaube ist ein Gemeinschaftswerk: Gott rettet mich und schenkt mir jeden Tag seine Gnade. Doch ich muss sie jeden Tag im Glauben annehmen und in ihr laufen. Gott legt Holzscheite auf das Feuer und schickt mir frischen Wind. An mir ist es, mich entfachen zu lassen, immer wieder neu. Hunger nach mehr von ihm zu schüren, mit offenem Herzen zu empfangen, was er mir gibt.

Gott sucht keine „coolen" Christen. Er liebt es, wenn wir leidenschaftlich für ihn brennen. In der Offenbarung ermahnt Gott eine Gemeinde, die dachte, sie hätte schon alles erreicht und bräuchte nicht noch mehr von Gott: Die Leute dort dachten von sich, sie wären reich, hätten alles im Überfluss und ihnen würde es an nichts fehlen. Doch Gott sagt: „Ich weiß, wie du lebst und was du tust; ich weiß, dass du weder kalt noch warm bist. Wenn du doch das eine oder das andere wärst! Aber weil du weder warm noch kalt bist, sondern lauwarm, werde ich dich aus meinem Mund ausspucken." (Offenbarung 3,15-16).

Es ist so leicht, sich zufriedenzugeben, wenn wir scheinbar alles haben, was wir brauchen: einen Job, eine Familie, Freunde, eine Gemeinde. Was wollen wir mehr? Doch Gott hat mehr für dich! Und Gott hat mehr durch dich für andere! Vor allem eine völlig andere Qualität an Leben. Er wünscht sich, dass wir unsere Sehnsucht anfachen, unsere Fähigkeiten und Geistesgaben trainieren und immer weiter voller Leidenschaft unsere Bestimmung leben.

Treten wir unserer Angst entgegen treten und leben mit dem Geist der Kraft, Liebe und Besonnenheit, was Gott für uns vorbereitet hat. Welch ein Feuerwerk wird dann entstehen!

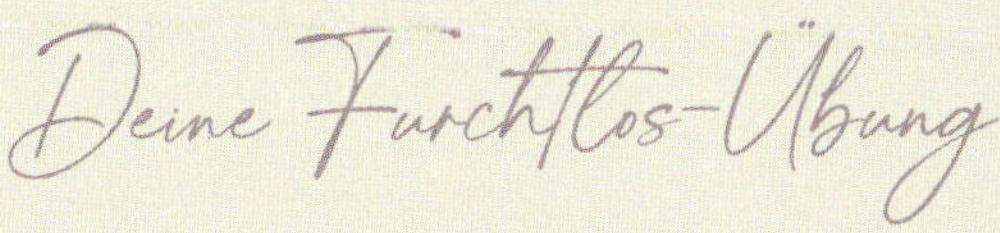

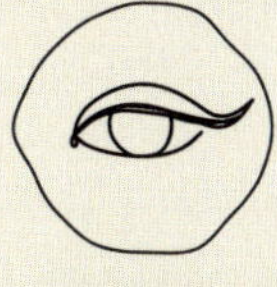

SEE

Nachdem du dieses Kapitel gelesen hast, schreibe alles auf, was gerade in dir vor sich geht. Was nimmst du in deinem Körper wahr? Was fühlst du? Was denkst du? Bleibe dabei neugierig und offen, ohne dich zu bewerten. Mache dir bewusst, dass Gott jetzt gerade bei dir ist und dir zuhört. Lausche auch darauf, was er dir zuflüstert.

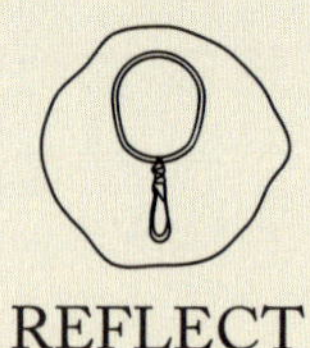

REFLECT

ENTDECKE DEINE BESTIMMUNG

EMPFANGE DEINEN AUFTRAG Was hat Gott dir bereits gezeigt über deinen Auftrag (zum Beispiel durch Prophetien, Eindrücke, Träume …)?

ERKENNE DEINE WERTE Was liebst du leidenschaftlich? Was weckt in dir gerechten Zorn? Wofür bist du bereit, Angst zu überwinden?

ENTDECKE DEIN DESIGN Welche deiner natürlichen Gaben und Fähigkeiten sind dir schon am meisten vertraut?

EMPFANGE DEINE GÖTTLICHEN GABEN Welche Geistesgaben hat Gott dir geschenkt? Zähle auf, welche dir bereits bekannt sind:

NUTZE DEINE GESCHICHTE Gehe zu den Furchtlos-Übungen des vorherigen Kapitels und trage hier ein, welche Schätze du aus deiner Geschichte gesammelt hast – zum Beispiel wichtige Themen, Merkmale oder Erkenntnisse, die dir helfen, deine Bestimmung klarer zu erkennen.

NUTZE DEINE MÖGLICHKEITEN In welchen Bereichen deines Lebens erlebst du offene Türen und hast die Möglichkeit, einen Unterschied zu machen?

KÖNIGSKIND Übertrage deine geistlichen und natürlichen Gaben in dein Königskind.

CHOOSE

FRISCHER WIND Was hilft dir, das Feuer deiner Bestimmung und deines Potenzials anzufachen? Was möchtest du ändern oder etablieren?[72]

SCHATTENKIND/KÖNIGSKIND Wenn du magst, schreibe das, was dir wichtig geworden ist, zu deinem Schattenkind oder zu deinem Königskind dazu.

ACT

WARME DUSCHE Mit dieser Übung könnt ihr euch in eurer Gruppe gegenseitig ermutigen und euch helfen, euer Potenzial klarer zu erkennen. Wenn du dieses Buch nicht in einer festen Gruppe liest, kannst du Freunde bitten, die dich gut kennen, dir hier Feedback zu geben. Es wird dir helfen, dich selbst etwas besser kennenzulernen.

Liebe Freundin!

Das begeistert mich an dir ...

....

An diesen Moment mit dir erinnere ich mich besonders gerne ...

....

Diese Begabung sehe ich in dir ...

....

Ich könnte mir vorstellen, dass du folgendermaßen deine Begabung auslebst ...

....

Ich glaube, Gott sagt dir heute ...

....

Das wünsche ich mir für dich ...

....

Wie schön, dass es dich gibt!

Deine

Denn der Herr freut sich über sein Volk;
er krönt die Demütigen mit seiner Hilfe.

Psalm 149,4

Es geht nicht um dich

„Es geht nicht um dich!“ – So eröffnet Rick Warren seinen Weltbestseller Leben mit Vision. Provokant! Ganz schön frech sogar. Doch Warren weiß: Eine wirkliche Vision für dein Leben hast du dann, wenn du begriffen hast, dass es dabei nicht um dich geht. Eine echte Bestimmung, einen wahren Grund, furchtlos zu sein, hast du dann gefunden, wenn dir etwas nicht nur wichtiger geworden ist als deine Angst, sondern sogar wichtiger als du selbst.

Das, was mich an diesem schönen Sommertag in den Pool getrieben hat, ohne auch nur einen Gedanken an meine Bequemlichkeit, meine nassen Klamotten oder die Kälte des Wassers zu verschwenden, war die Liebe zu meiner Tochter. Es ging dabei gar nicht um mich, sondern einzig und allein um sie. Liebe macht furchtlos! Liebe macht uns stark wie Löwinnen, demütig wie Lämmer und dienstbereit wie Lastesel.

Manchmal suchen wir unsere Bestimmung aus einer inneren Unsicherheit heraus. Finden wir endlich eine bedeutsame Aufgabe, dann verleiht sie uns Identität. Mit geschwellter Brust können wir sagen: „Ich bin Ehefrau, ich bin Mutter, ich bin Ärztin, ich bin Köchin, ich bin Sängerin im Lobpreisteam …“ Unsere Motivation ist der Wunsch, etwas zu tun, dass wir uns wertvoll fühlen. Es ist eine Art Tauschgeschäft – Leistung gegen Selbstwert.

Doch meine Bestimmung zu leben, ist etwas zutiefst Selbstloses. Es geht dabei nicht um mich, sondern darum, den anderen zu sehen und meine Liebe, Zeit und Kraft an andere zu verschenken. Ein Topf lebt seine Bestimmung nicht, weil er selbst so großartig ist, sondern weil er einen Auftrag zu erfüllen hat: Es geht um die Suppe, nicht um den Topf.

Wir müssen neu verstehen, was Selbstlosigkeit und Demut bedeuten. Denn ich bin überzeugt: In der Selbstlosigkeit liegt einer der größten Schlüssel zur Furchtlosigkeit. In der Demut liegt einer der kraftvollsten Schlüssel, um den größten Mut zu entfesseln. Wer in ungesunder Weise zu voll von sich selbst ist, der hat einfach zu viel zu verlieren und zu viel zu verteidigen, um furchtlos zu sein.

Für eine Zeit wie diese

Kennst du die Geschichte der furchtlosen Königin Esther? Es ist eine Geschichte von unfassbarem Mut und Selbstlosigkeit. Esther war ein junges, jüdisches Mädchen, das vom persischen König Xerxes aufgrund seiner Schönheit zur Königin gemacht wurde. Wir würden hier gerne eine romantische Liebesgeschichte hineinlesen, doch viel eher ist es die Geschichte eines alten mäch-

In der Demut
liegt einer der kraftvollsten Schlüssel, um
den größten Mut zu entfesseln. Denn
wer zu voll von sich selbst ist, der hat zu
viel zu verlieren, um furchtlos zu sein.

tigen Herrschers, der sich nahm, was er wollte, aber auch jeder Zeit bereit war, wegzuwerfen, was ihm nicht mehr passte. Den König nicht zufriedenzustellen oder ihn zu verstimmen, konnte den Tod bedeuten.

Der mächtigste Berater des Königs war ein Mann namens Haman. Ein unberechenbarer, unbarmherziger, gewalttätiger und intriganter Mann. Weil er eines Tages in seinem Stolz gekränkt wurde, veranlasste er einen Völkermord unter den Juden. Esthers Onkel Mordechai hörte von den furchtbaren Plänen und teilte sie heimlich seiner Nichte mit. Er bat sie inständig, zum König zu gehen und um Gnade für ihr Volk zu bitten. Er sagte zu Esther: „Wer weiß, ob du nicht gerade für eine Zeit wie diese zur Königin erhoben worden bist“ (Esther 3,14; NeÜ).

Wer weiß, vielleicht hatte Gott sie genau aus diesem Grund in den Palast gestellt? Wer weiß, vielleicht war sie Gottes vorbereitete Antwort auf die Probleme seines Volkes? Wer weiß, vielleicht war es ihre Bestimmung, genau zu dieser Zeit an diesem Ort zu sein, um dieses Problem zu lösen.

> Vielleicht hat Gott dich für einen bestimmten Grund an den Ort gerufen, an dem du gerade bist!

Wer weiß, vielleicht hat Gott auch dich genau für einen bestimmten Grund an den Ort gerufen, an dem du gerade bist. Vielleicht gibt es einen Grund, warum du dort arbeitest, wo du arbeitest, warum du dort lebst, wo du lebst. Vielleicht hat Gott für dich einen Auftrag in dieser Zeit und an diesem Ort, den nur du erfüllen kannst.

Doch Esther wusste, ungerufen zum König zu gehen, würde ihr Leben in Gefahr bringen. Nicht leichtfertig und doch voller Entschlossenheit, entschied sie sich, das Risiko einzugehen:

> Geh und rufe alle Juden, die sich in Susa finden lassen, zusammen. Fastet für mich! Esst und trinkt drei Tage lang nichts, weder am Tag noch in der Nacht! Ich werde mit meinen Dienerinnen dasselbe tun. Und dann will ich zum König hineingehen, auch wenn es gegen das Gesetz ist. Und wenn ich umkomme, komme ich eben um.
> – Esther 4,16; NeÜ

Wir lesen diese Geschichte so runter und applaudieren Esther innerlich. Gutes Mädchen! Doch ist uns die Tragweite ihres Mutes bewusst? Wir kennen ja den Ausgang schon. Sie wird nicht umkommen, sondern ihr Volk retten und für immer als Heldin gefeiert werden. Wundervoll! So etwas wollen wir auch. Wir wollen auch für „eine Zeit wie diese“ geboren sein und spüren, dass unser Leben Bedeutung hat. Wir wollen auch von Gott gebraucht werden, Teil der Lösung sein, Rettung und Antworten bringen. Wir wollen unsere Bestimmung leben. Und als Heldin gelobt und gefeiert werden, ja das wäre doch was.

Doch dann ist da dieser Satz von Esther: „Wenn ich umkomme, komme ich eben um." Oh ... also, das ist jetzt doch etwas heftig! Unser Leben aufs Spiel setzen? Unser Ansehen aufs Spiel setzen? Riskieren, ausgelacht zu werden? Riskieren, abgelehnt zu werden? Riskieren, dass das Ende doch nicht ganz so glanzvoll ist wie in Esthers Fall? Nein, das ist dann doch etwas zu krass. Vielleicht sollte dann doch jemand anderes die Heldin sein.

Bereit, alles zu riskieren?

Wir lieben es, von all den furchtlosen Frauen und Männern zu lesen, die eine wunderbare Bestimmung gelebt haben und Großes für Gott erreicht haben. Wir lieben die Biografien großer, mutiger Menschen und träumen davon, wie wir in ihrer Situation ebenso heldenhaft gehandelt hätten.

Wir feiern Maria, die Jesus auf die Welt gebracht hat. Doch wären wir wie sie bereit gewesen, die Schande und Ablehnung in Kauf zu nehmen, die sie als Schwangere riskierte?

Wir applaudieren Johannes dem Täufer, der Jesus den Weg bereitet hat. Doch wären wir bereit gewesen, ungemütliche Wahrheiten auszusprechen und unseren Kopf zu riskieren?

Wir nehmen uns Paulus zum Vorbild, doch wären wir bereit, für Jesus zu leiden, wie er es getan hat und sogar für ihn ins Gefängnis zu gehen und den Tod eines Märtyrers zu sterben?

Paulus forderte Timotheus heraus, sich nicht dem Geist der Ängstlichkeit hinzugeben, sondern mit dem Geist der Kraft, Liebe und Besonnenheit bereit zu werden, alles zu riskieren:

> Bekenne dich daher ohne Scheu zu unserem Herrn, und schäme dich auch nicht, zu mir zu stehen, nur weil ich ein Gefangener bin – ich bin es ja um seinetwillen! Sei vielmehr auch du bereit, für das Evangelium zu leiden. Gott wird dir die nötige Kraft geben. – 2. Timotheus 1,8

Paulus konfrontierte Angst und Scham in Timotheus. Ja, bestimmt erntete er nicht Applaus dafür, dass er einem gekreuzigten Retter folgte und im Auftrag eines Apostels stand, der im Gefängnis saß. Das sah in den Augen seiner Zeitgenossen wohl ähnlich verrückt aus, wie es deinen Freunden und Arbeitskollegen heute vorkommen würde.

Mich fordert das extrem heraus. Bin ich bereit, für Jesus zu leiden? Bin ich bereit, Spott und Hohn und Ablehnung in Kauf zu nehmen? Oder schäme ich mich und möchte lieber Menschen gefallen? Lebe ich furchtlos und klar oder rede ich Menschen nach dem Mund, damit sie mich mögen? Gehe ich Schritte im Glauben, weil ich weiß, dass Gott sie mir gezeigt hat, oder ist mir meine eigene Sicherheit wichtiger? Bin ich bereit, das Richtige, das Gute zu tun, auch wenn es ungemütlich wird? Oder geht es mir, wenn ich ehrlich bin, doch viel zu sehr um mich?

→ *Wie kann ich ein furchtloses Leben leben, bei dem es um viel mehr geht als um mich selbst? Wie kann ich selbstlos furchtlos werden? Demütig mutig leben?*

Ohne Stolz und ohne Angst

Im Jahr 2012 – ich war gerade Mama unseres ersten Kindes geworden – flüsterte Gott die Worte „ohne Stolz und ohne Angst" in mein Herz und setzte damit etwas in mir in Gang. Zuerst konnte ich gar nichts damit anfangen und wehrte mich innerlich sogar dagegen. Hatte Gott sich vielleicht vertan und wollte eigentlich die Person, die friedlich neben mir schlief, damit erreichen? ☺

Doch je mehr ich diese Worte in meinem Herzen bewegte, desto wichtiger wurden sie mir. Zum einen brachten sie Licht in den Prozess, durch den Gott uns gerade führte – ein demütigender, läuternder Prozess, der mit dem Ende der Jugendpastorenstelle meines Mannes begann und uns durch eine Phase der Unsicherheit und Verwirrtheit am Ende zu der Entscheidung führte, im Jahr 2013 die *Kirche im Pott* zu gründen.

Zum anderen wurden diese Worte für mich zu meinem persönlichen Herzenscheck-Thermometer bei wichtigen Entscheidungen und zur zentralen Leiterschaftslektion. Gott kennt mein Herz so viel besser als ich selbst. Er sieht jede Unsicherheit und jede Angst. Er sieht, wie sehr ich mich um mich selbst drehe und mit welcher Motivation ich meine Entscheidungen treffe. Er möchte mich befreien von Entscheidungen, die aus Angst und Stolz gefüttert sind, hin zu einem Leben, das aus Kraft, Liebe und Besonnenheit motiviert ist. Ich glaube außerdem, dass Gott nicht ohne Grund „Stolz und Angst" in einem Satz nannte, denn Stolz und Angst sind so oft zwei Seiten derselben Medaille.

→ *Vieles, was für uns wie Angst aussieht, ist eigentlich aus Stolz gefüttert und vieles, was nach Stolz oder Überheblichkeit schmeckt, ist im Kern eigentlich Unsicherheit und Angst.*

GUTER UND FALSCHER STOLZ

Doch was ist eigentlich Stolz? Der Duden definiert Stolz als „ausgeprägtes, jemandem von Natur mitgegebenes Selbstwertgefühl" oder auch „Selbstbewusstsein und Freude über einen Besitz, eine [eigene] Leistung".

Aber, Moment, das ist doch etwas Gutes! Jeder freut sich doch, wenn seine Eltern oder Freunde sagen: „Ich bin stolz auf dich!" Das geht runter wie Öl und stärkt unser Selbstwertgefühl. Es ist wichtig und gut, sich selbst zu kennen. Selbstbewusst zu werden. Sich selbst anzunehmen. Für sich selbst Verantwortung zu übernehmen und für sich selbst zu sorgen. Es ist entscheidend zu verstehen, dass ich geliebt bin, dass meine Bedürfnisse und Gefühle wichtig sind und dass mein Leben Bedeutung hat.

Wieso sagt die Bibel dann solche Sachen wie: „Stolz wird in Schande enden, aus Demut aber folgt Weisheit" (Sprüche 11,2). Auch diesen berühmten Spruch finden wir in der Bibel: „Hochmut kommt vor dem Fall; aber der Ehre geht immer Demut voraus." (Sprüche 18,12; NLB).

Stolz kann in unserer Sprache sowohl etwas sehr Positives meinen, wie Würde, Ehre oder Selbstvertrauen. Doch wir kennen auch Ausdrücke, wie „der stolze Gockel", bei denen Stolz eher negativ nach Überheblichkeit, Arroganz, Hochmut, Anmaßung oder Prahlerei klingt. Stolz in diesem Sinne ist eine Bezeichnung für unser Ego. Eine Haltung, bei der vor allem ich im Fokus stehe, ich mich um mich selbst drehe und mich über andere erhebe ist ungesund.

„ICH BIN NICHT DAS ZENTRUM DER WELT."

Falscher Stolz ist oft ein Schutzmechanismus bei Unsicherheit und mangelndem Selbstwertgefühl, der sich im Extremfall bis hin zum Narzissmus entwickeln kann. Diese Menschen wirken oft sehr selbstbewusst und arrogant, doch ohne Empathie für andere Menschen. Sie sind meist auf die Anerkennung von anderen angewiesen, um den nach außen verborgenen, geringen Selbstwert zu stabilisieren.[73] 2. Timotheus 3,1-2 (DBU) warnt vor falschem Stolz und Selbstverliebtheit:

> Die Menschen werden in sich selbst verliebt sein, geldgierig, prahlerisch, arrogant, Gotteslästerer, ungehorsam ihren Eltern, undankbar, gottlos, lieblos, unversöhnlich, Verleumder, ohne jede Selbstbeherrschung, grausam, alles Gute hassend, Verräter, ohne Sinn und Verstand, aufgeblasen, Menschen, die das Vergnügen mehr lieben als Gott. Sie folgen den äußeren Formen der Gottesverehrung, verleugnen aber die Kraft, die in ihr ist. Wende dich von solchen Menschen ab!

Das klingt ganz schön nach unserer heutigen Zeit. Unsere westliche Welt ist extrem individualistisch und selbstzentriert: Überall hören wir von Selbstliebe, Selbstwert, Selbstbewusstsein, Selbstvertrauen, Selbstverwirklichung, Selbstfindung, Selbstfürsorge, Selbstbestimmung, Selbstvermarktung. All das ist im Grunde gut, aber es gibt auch ein Zuviel: Hauptsache *Ich*. *Ich* will Besitz und Wohlstand. *Ich* will herausfinden, wer *ich* bin und was *mir* guttut. *Ich* will mich verwirklichen, tun, was *mir* Spaß macht. *Ich* habe ein Recht, gesehen und gefördert zu werden. *Ich* habe ein Anrecht auf Lob und Anerkennung. *Ich* engagiere mich gerne mal ein bisschen, aber nur solange es *mir* etwas bringt.

Das Gegenteil von ungesunder, überheblicher Ichbezogenheit, das Gegenteil von Hochmut – das ist Demut. Demut wird definiert als „die Bereitschaft, etwas als Gegebenheit hinzunehmen, nicht darüber zu klagen und sich selbst als eher unwichtig zu betrachten“. Die ursprüngliche althochdeutsche Wortbedeutung lautet nach dem Duden: „Gesinnung eines Dienenden“. Worte wie Selbstlosigkeit, Ergebenheit, Opferbereitschaft und Hingabe schwingen dabei mit. Demut klingt tugendhaft und würdevoll. Es ist die Haltung, bei der ich selbst nicht mehr im Zentrum meiner Aufmerksamkeit bin, sondern bereit werde, von mir wegzuschauen, um andere zu sehen und ihnen zu dienen.

Ich sehne mich nach einem gesunden Umgang mit mir selbst, einem gesunden Selbstbewusstsein und tiefem Selbstwert. Und ich sehne mich nach echter Demut, nach einem freien Herzen, das sich nicht um sich selbst drehen muss, sondern für mehr schlägt als für sich selbst. Doch wie geht das? Und was sagt Jesus dazu?

Sich selbst verleugnen

Auf der Suche danach, was Jesus uns über den Umgang mit uns selbst lehrt, bin ich über einen Vers gestolpert, der mich erst mal tierisch geärgert und gestört hat. So ist die Bibel und so ist Jesus manchmal: unbequem. Jesus kitzelt nicht unsere Ohren mit dem, was wir gerne hören wollen, sondern er tritt uns auch manchmal liebevoll, aber bestimmt auf die Füße. Denn es ist ihm wichtiger, dass die Wahrheit uns frei macht, als dass sie uns gefällt.

> Dann sagte Jesus zu seinen Jüngern: „Wenn jemand mein Jünger sein will, muss er sich selbst verleugnen, sein Kreuz auf sich nehmen und mir nachfolgen.“
> – Matthäus 16,24

Mich selbst verleugnen? Was soll das bitte heißen? Das klingt ehrlich gesagt furchtbar, nach Selbstaufgabe und Resignation. Es klingt nach einem verschüchterten Mauerblümchen mit Opfermentalität. Es klingt nach Christen, die nichts aus sich machen, sich farblos und unattraktiv kleiden, unsicher und geduckt ihr Dasein fristen. „Ist es das, was du von uns willst, Jesus?“

Kann Selbstverleugnung überhaupt etwas Gutes sein? Selbstliebe und Selbstwert, das klingt schön und wohltuend. Das macht sich gut auf Instagram. Über Selbstverleugnung habe ich noch nie einen schön gestalteten Post dort gesehen. Was bitte soll das bedeuten?

Tatsächlich haben in der Vergangenheit manche christlichen Traditionen Selbstverleugnung im Sinne von Selbstablehnung verstanden. Meine Mutter ist in einer sehr konservativen Gemeinde aufgewachsen. In ihrer Tradition war Stolz eine der schlimmsten Sünden. Sie hatte sieben Geschwister und war als Einzige von ihnen auf einer höheren Schule. Um nicht stolz zu werden und sich nichts darauf einzubilden, musste sie zu Hause Extraarbeiten erledigen, wie zum Beispiel den Speicher putzen. Deshalb fiel es ihr, wie sie selbst sagt, extrem schwer, nach ihrer eigenen Kindererziehungszeit mutig ihr Potenzial zu leben. Die Lebenslüge: „Achtung, du könntest ja dann stolz werden", haftete sehr an ihr. Erst durch seelsorgerliche Begleitung wurden diese Zusammenhänge deutlich. Sie konnte sich von den Lügen lossagen und lernen, ihre Berufung zu leben. Sie lernte, sich auch über Erfolge zu freuen und gleichzeitig in tiefer Abhängigkeit von Jesus zu leben.

Es ist Jesus wichtiger, dass die Wahrheit uns frei macht, als dass sie uns gefällt.

Als ich mit dreizehn Jahren mit meinen Kusinen zusammen die Band gründete, von der ich schon erzählt habe, und plötzlich entdeckte, wie viel Spaß es mir machte, auf der Bühne zu stehen und zu singen, konnte meiner Mutter zunächst gar nicht gut damit umgehen. Während ich das Gefühl hatte, dass ich aufblühe und fliege, konnte meine Mutter wegen ihrer eigenen Prägung zunächst nicht stolz auf mich sein. Sie hatte Angst, dass ich überheblich werden würde.

Ist es das, was Jesus meint? Dass ich nicht aufblühen sollte, meine Gaben nicht leben sollte? Dass ich nur „eine welke Blum" bin, wie es in einem christlichen Choral heißt? Dass ich mich selbst schlechter darstellen sollte, als ich bin, indem ich sage: „Ach, das war doch gar nichts Besonderes. Das kannst du doch viel besser als ich." Und dabei still und heimlich hoffe, dass der andere das Gegenteil sagt, wie: „Nein, du machst das toll! Du bist wunderbar!" Ist es Gottes Wille, dass ich immer alle anderen über mich selbst stellen und ihnen immer das letzte Stück Kuchen anbieten sollte? Bedeutet Demut, dass ich immer lieb und nett sein sollte, mich nicht abgrenzen sollte, immer zuerst und ausschließlich darauf bedacht, was alle anderen wollen?

Das klingt ungesund. Und es will auch nicht wirklich passen, zu all den anderen Hunderten Bibelstellen, bei denen Gott uns seine unendliche Liebe und den Überfluss offenbart, den er für jede und jeden von uns vorbereitet hat!

Gott liebt uns mit ewiger, bedingungsloser Vaterliebe. Ich darf seine Liebe für mich annehmen und darin aufblühen. Ich darf mich so annehmen, wie ich bin, und laut bekennen: „Ich danke dir dafür, dass ich so wunderbar erschaffen bin, es erfüllt mich mit Ehrfurcht. Ja, das habe ich erkannt: Deine Werke sind wunderbar!" (Psalm 139,14; NGÜ).

→ *Also, Jesus, was meinst du damit? Was ist ein gesunder Umgang mit mir selbst?*

Dein falsches Selbst und seine Schattenmission

Wenn wir etwas tiefer in die Bibelstelle hineintauchen, bei der Jesus über Selbstverleugnung spricht, dann erkennen wir, dass er hier von zwei verschiedenen „Selbsts" spricht. Das eine Selbst sollen wir verleugnen, damit das andere keinen Schaden nimmt. Das eine Leben sollen wir verlieren, um das andere Leben zu finden:

> Dann sagte Jesus zu seinen Jüngern: „Wenn jemand mein Jünger sein will, muss er sich selbst verleugnen, sein Kreuz auf sich nehmen und mir nachfolgen. Denn wer *sein Leben* retten will, wird es verlieren; wer aber *sein Leben* um meinetwillen verliert, wird es finden. Was nützt es einem Menschen, die ganze Welt zu gewinnen, wenn er *selbst* dabei unheilbar Schaden nimmt? Oder was kann ein Mensch als Gegenwert für sein Leben geben?" – Matthäus 16,24-26 *(Hervorhebungen durch Autorin)*

Das eine „Selbst" steht für deine Seele, dein Herz, das, wer du in der Tiefe bist – ewig und unendlich geliebt. Das, wofür Jesus gekommen ist, um es zu retten, um in Ewigkeit Gemeinschaft mit dir zu haben. Jesus will deine Seele davor bewahren, Schaden zu nehmen. Er will dein Herz, dein Leben schützen. Und deshalb entlarvt er etwas, das man auch das „falsche Selbst", das „Ego", unseren „Stolz" oder, in unserem Bild gesprochen, unser „Schattenkind" nennt. Unser Ego legt sich um unsere Seele wie eine dicke Schutzschicht. Es baut Mauern, trägt Masken und spielt Rollen, nur um sicher zu sein und die Anerkennung der Welt zu bekommen.

Jesus macht in dieser Bibelstelle deutlich, worum es unserem Ego geht: Es will unser „Leben retten" und „die Welt gewinnen".

WENN DEIN EGO DIE WELT GEWINNEN WILL

Wir haben dieses Bild von Egoisten: „Sie wollen immer haben, haben, haben. Immer mehr von allem. Immer höher hinaus. Es geht ihnen ums Geld, um Ehre und Macht. Es geht ihnen nur um sich selbst."

Und wie ist das mit dir? Und mir? Sei mal ganz ehrlich: Worum geht es dir? Was suchst du? Vielleicht bist du nicht interessiert an Geld und Ehre und Macht. Aber dennoch sitzt tief in jedem von uns dieser „Egoist", der haben muss: Ansehen, Wohlstand, Applaus, unsere Ruhe, unsere Bequemlichkeit. Wir wollen, dass unsere Bedürfnisse befriedigt werden. Wir wollen, dass die Welt auf unserer Seite ist und uns Glück bringt. Wir wollen uns gut fühlen, und zwar jetzt!

Und dafür sind wir bereit, Kompromisse einzugehen. Wir nehmen in Kauf, dass es anderen schlechter geht, damit es uns besser geht. Dass andere weniger haben, damit wir mehr haben können.

Und wir sind auch bereit, Kompromisse einzugehen, in Bezug auf uns selbst. Wir stellen uns so dar, wie wir sein müssen, damit andere uns mögen und uns applaudieren. Wir legen uns Masken zu und Verhaltensweisen, die uns Vorteile verschaffen. Wir legen dicke Make-up-Schichten über unser Herz und spielen Rollen, auch wenn das bedeutet, dass unsere Seele schreit: „Das ist mir viel zu anstrengend. Ich weiß gar nicht mehr, wer ich wirklich bin."

WENN DEIN EGO DICH RETTEN WILL

Auch sehen wir Egoisten so: „Sie kümmern sich nur um sich selbst. Sie wollen nur ihren eigenen Hintern retten. Hauptsache, sie sind fein raus."

Wir sind schnell dabei, von uns selbst zu sagen: „Ich? Nein, ich bin kein Egoist!" Das passt nicht in unser Bild von uns selbst. Aber auch hier: Lass uns ganz ehrlich sein. Drehen wir uns nicht auch vor allem um uns selbst? Sind wir nicht auch zutiefst egoistisch? Hauptsache, wir sind in Sicherheit. Hauptsache, uns geht es gut.

Dafür errichten wir hohe Mauern um alles, was uns lieb und teuer ist. Was wir haben, muss verteidigt werden. Auch wenn dabei jemand anders zu Schaden kommt.

Und wir legen uns dicke Schichten um unser Herz, damit uns bloß keiner verletzen kann. Wir kaschieren unsere Fehler und wehren uns, sie zuzugeben. Wir verteidigen uns mit Zähnen und Klauen, wenn uns jemand kritisiert. Und wir schießen zurück, anstatt uns zu öffnen.

Angst und Stolz - Zwei Seiten einer Medaille

Angst will genau dasselbe wie dein Ego: Beide versuchen dich zu schützen. Beide kämpfen dafür, deine Bedürfnisse zu befriedigen, und werden laut, wenn du nicht hast, was du brauchst. Und dabei sind ihre Taktiken sehr, sehr ähnlich: beide bauen Mauern um dein Herz, klammern sich verkrampft an Anerkennung von anderen, halten dich wie mit einer Peitsche davon ab, bei Gott zur Ruhe zu kommen, oder drücken auf die Bremse durch Kontrollzwang.

Stolz und Angst leben die Schattenmission unseres inneren Kindes. Sie treiben uns an mit Sätzen wie:

- Ich muss für mich selbst sorgen.
- Ich muss für mich kämpfen.
- Ich darf keine Schwäche zeigen.
- Ich muss beweisen, dass ich gut bin.

- Ich muss allen gefallen.
- Ich darf niemanden verlieren.

Kommen dir solche Antreiber-Sätze bekannt vor? Es sind Lügen, die aus unseren inneren Glaubenssätzen resultieren, aus unseren Überzeugungen über uns selbst, die aus Angst und Unsicherheit kommen. Da wo negative Glaubenssätze sagen: „Ich bin …", sagt deine Schattenmission: „Deshalb muss ich …".

Unser inneres Schattenkind, unser Ego mit seinen negativen Glaubenssätzen, ist das, was die Bibel das „Fleisch" oder auch „den alten Menschen", „den alten Adam", „die alte Kreatur" nennt. Es ist der unerlöste Teil unseres Selbsts, der noch nicht in die Heilung, Vergebung, Identität und Freiheit in Christus gekommen ist. Diesen „falschen Teil" dürfen wir ablegen und „verleugnen". Allerdings nicht, indem wir so tun, als wäre es nicht da. „Verleugnen" bedeutet vielmehr, die falschen, ungesunden Wünsche unseres Egos zu verweigern.

Birgit Schilling spricht in ihrem Buch *Verwandelt. Werden, wie Gott mich gedacht hat* davon, was das falsche Selbst ist und was es versucht. Sie sagt:

> Wir können uns nicht selbst vom falschen ins wahre Selbst erlösen. Das kann nur Jesus Christus, wenn wir uns ihm zur Wandlung hinhalten. Dazu brauchen wir jedoch Mut und Demut. Mut, weil wir nicht wissen, was da auf uns zukommt, und es in der Natur unseres Egos liegt, die Kontrolle behalten zu wollen. Und Demut, weil wir anerkennen müssen, dass wir Gottes Erlösung bitter nötig haben.[74]

Um Freiheit von Stolz und Angst zu finden, müssen wir uns selbst, unsere negativen Glaubenssätze und unsere Schattenmission am Kreuz ablegen. Wir legen uns selbst vertrauensvoll in Gottes Hände. Wir lassen ihn unsere Wahrheit und unsere Sicherheit sein und tauschen unsere Schattenmission gegen die Himmelsmission ein, die Jesus für uns hat. Paulus sagt es so:

> Legt von euch ab den alten Menschen mit seinem früheren Wandel, der sich durch trügerische Begierden zugrunde richtet. Erneuert euch aber in eurem Geist und Sinn und zieht den neuen Menschen an, der nach Gott geschaffen ist in wahrer Gerechtigkeit und Heiligkeit. – Epheser 4,22-24; LUT

Deine Himmelsmission

Jesus hat etwas anderes für dich als diese von Stolz und Angst gefütterte Schattenmission. Er ruft dich in seine Himmelsmission. Er ruft dich, dein Kreuz auf dich zu nehmen. Mein Kreuz auf mich nehmen? Was bedeutet das?

Jesus stellt hier eine krasse Anforderung. Er lädt uns ein, den Weg zu gehen, den er selbst gegangen ist. Den Weg der Hingabe. Des Loslassens. Des Sterbens.[75] Das Kreuz war Gottes Auftrag für Jesus. Der Plan, zu dem Jesus sagte: „Nicht mein Wille soll geschehen, sondern deiner" (Lukas 22,42). Jesus war bereit, sein Ego und seine Angst vollkommen abzulegen, nicht mehr für seine Sicherheit zu kämpfen, nicht die Anerkennung der Welt zu suchen, sondern nur das zu tun, was Gott für ihn vorbereitet hatte.

Und er lädt mich und dich ein auf diesen Weg. Er lädt dich ein, deine Sicherheitstaktiken abzulegen und dein Vertrauen voll und ganz auf ihn zu setzen. Er lädt dich ein, deine Strategien, die Anerkennung der Welt zu gewinnen, abzulegen im Vertrauen darauf, dass dein Schöpfer dich anerkennt und liebt.

Dieser Weg ist Gottes Befreiungsprozess mit uns. Es ist ein besonderer Umwandlungsprozess, bei dem der Heilige Geist uns entlarvt, Schuld aufdeckt, uns von falschen Lebensmustern freisetzt und uns immer mehr zu dem macht, wer wir wirklich sind. Er schafft dabei die „neue Kreatur" in uns, unsere neue Identität in Christus. Je sicherer und fester wir darin ruhen, desto leichter fällt es, von uns selbst wegzuschauen, um andere zu sehen.

→ *Dein Kreuz auf dich zu nehmen, bedeutet, dass es dir wichtiger geworden ist, den Willen Gottes zu tun, als die Welt zu gewinnen oder dein Leben zu retten.*

„Mein Kreuz" ist das, was Gott für mich vorbereitet hat, das ich tun soll – und was mich einen Preis kostet, es zu tun. Genau wie bei Esther: Niemand sonst kann mein Kreuz auf sich nehmen. Nur ich. Es ist der Weg Gottes mit mir, zu dem ich wie Jesus sage: „Dein Wille geschehe!"

Es ist der Auftrag, bei dem du merkst, dass er nicht bequem ist, aber gut. Nicht sicher, aber richtig. Der Plan, bei dem du spürst, dass es dich alles kosten könnte, aber du bereit bist, es zu tun, weil du nicht aus Angst oder Stolz entscheidest, sondern mit Kraft, Liebe und Besonnenheit.

Demut heißt, selbstlos lieben

Wenn Stolz und Angst weichen und Demut kommt, dann lerne ich, was es bedeutet, andere Menschen selbstlos zu lieben. Unser Auftrag lautet: „Du sollst deinen Nächsten lieben wie dich selbst!" (Markus 12,31). Das bedeutet nicht nur, dass wir uns selbst und auch unseren Nächsten lieben sollen. Es heißt, den anderen so zu behandeln, als sei er du selbst. Liebe ihn so, wie du dich selbst auch liebst! Sei so um das Bedürfnis der Menschen besorgt, wie du um deine eigenen Bedürfnisse besorgt bist. Kümmere dich so gut um andere, wie du dich um dich selbst kümmerst. Freue dich über ihren Erfolg, so wie du dich auch über deinen eigenen Erfolg freuen würdest.

Liebe Menschen! Nicht weil sie so liebenswert sind und dir so viel gegeben haben, sondern weil es Gottes Art ist. Egal, wie kompliziert sie sind. Egal, was für dich dabei herausspringt.

Du willst haben, was du zum Leben brauchst? Dann sorge dafür, dass andere Menschen ebenfalls haben, was sie brauchen. Du willst Teil einer Gemeinschaft sein und dazugehören? Dann sei darauf bedacht, andere zu sehen und in diese Gemeinschaft einzuladen. Du möchtest frei sein und mitgestalten können? Dann kämpfe dafür, dass diese Freiheit auch anderen möglich wird. Du sehnst dich danach, deine Fähigkeiten auszuleben? Dann ermutige andere und hilf ihnen dabei, in ihren Fähigkeiten aufzublühen.

In Philipper 2,3 steht das sogar noch krasser: „Seid nicht selbstsüchtig; strebt nicht danach, einen guten Eindruck auf andere zu machen, sondern seid bescheiden und achtet die anderen höher als euch selbst" (NLB). Höher als mich selbst? Aber komme ich dann nicht zu kurz? Es ist krass und radikal. Aber stell dir eine Welt vor, in der das jeder lebt. In der jeder den anderen sieht und jeder um das Wohl des anderen bedacht ist. Wow!

Hier geht es nicht darum, dass du dich für andere völlig verausgabst. Hier geht es um das Reich Gottes: um die Kultur, die Gott lebt, und die er in unseren Herzen festigen möchte. In dieser Kultur wird der Letzte der Erste sein, der Größte der Diener aller und wir alle wie Kinder.[76] In dieser Reich-Gottes-Kultur geht es nicht um das, was ich habe, sondern darum, einander zu sehen, zu lieben und füreinander zu sorgen.

> Wir können alles geben, weil wir wissen, dass Jesus alles für uns gegeben hat.

Demütig zu sein bedeutet, anderen in Liebe zu dienen. Es ist die Mutter in der Kleinkindphase, die zufrieden und fröhlich sein kann, auch wenn sie scheinbar zwischen Windeln und Wäsche verschwindet, ohne eine „besondere Berufung" zu leben. Es ist die Tochter, die ihre alt gewordenen Eltern pflegt, ohne dass sie dafür besondere Anerkennung bekommt. Es sind die Putzfrau, die

Steuerfachangestellte, die Businessfrau, die ihre Aufgaben gewissenhaft und mit Integrität erfüllen, weil sie wissen, dass sie damit in erster Linie Gott dienen und ihn ehren.[77] Es sind die Krankenpflegerin, die Sozialarbeiterin, die Kassiererin, die Menschen sehen und wertschätzen, weil sie wissen, dass sie damit Jesus selbst Liebe und Wertschätzung erweisen.[78]

„Demut bedeutet nicht, weniger von sich selbst zu denken. Es bedeutet, weniger an sich selbst zu denken", sagte C.S. Lewis. Wenn wir demütig sind, dann leben wir diese Liebe, die andere im Blick hat und nicht nur auf ihr eigenes Wohl bedacht ist. Wir sind bereit, alles zu geben, weil wir wissen, dass Jesus alles für uns gegeben hat. Wir sind uns nicht zu schade, uns die Hände schmutzig zu machen, weil Jesus unser Diener wurde und uns die Füße gewaschen hat.[79] Wir sind bereit, alles zu vergeben, weil wir wissen, dass uns alles vergeben wurde. Wir sind bereit zu lieben, weil wir von Gottes Liebe durchdrungen sind: „Wir lieben, weil er uns zuerst geliebt hat" (1. Johannes 4,19).

Demut heißt, furchtlos meinen Platz einnehmen

Um furchtlos meine Bestimmung zu leben, brauche ich beides: Selbstbewusstsein und Selbstlosigkeit. Mut und Demut. Eine Person, die ihre Bestimmung lebt, kennt sich selbst und mag sich selbst, doch sie kann auch von sich wegschauen und sehen, was der andere braucht. Sie sieht die Probleme und Nöte und erkennt, was sie zu geben hat, um Teil der Lösung zu sein.

Demut bedeutet nicht, sich zurückzuhalten und ein unbedeutendes Dasein zu fristen. Ganz im Gegenteil. Demut bedeutet, furchtlos den Platz einzunehmen, den Gott für mich vorbereitet hat. Auch wenn er unbequem ist und mich alles kostet.

So viele Männer und Frauen sind vor uns gegangen und waren bereit, in Demut alles zu riskieren. So viel von dem, was wir heute haben, können wir in Freiheit genießen, weil andere, die vor uns gegangen sind, alles dafür aufgegeben haben. Wir leben in einer Demokratie, weil andere sie für uns erkämpft haben. Wir können wählen gehen, weil andere dafür aufgestanden sind. Wir haben Krankenhäuser, ein Gesundheitssystem und ein soziales Auffangnetz, weil andere es für uns gebaut haben. Wir haben die Botschaft von Jesus gehört, können die Bibel lesen und Gottesdienste feiern, weil Männer wie Paulus, Timotheus, Martin Luther und unzählige andere Männer und Frauen bereit waren, für die gute Nachricht alles zu riskieren.

So viele Männer und Frauen kämpfen auch heute noch jeden Tag für das Wohl anderer und geben ihr Bestes für andere – in Familien, in Krankenhäusern, in Schulen, in Büros, in Kirchen, in der Politik. Überall gibt es wunderbare Alltagshelden, über die vielleicht nie ein Buch geschrieben wird, die aber jeden Tag die Entscheidung treffen, nicht das Bequeme zu tun, sondern das Gute. Nicht das Sichere zu wählen, sondern das Richtige! Ich möchte eine von ihnen sein. Ich möchte selbstlos leben und furchtlos sein. Ich möchte mich vorbereiten lassen für alles, was Jesus mit mir vorhat. Ich möchte den Menschen dienen, die um mich herum sind, und einen guten Boden bereiten für die Generationen, die nach uns kommen.

Dafür möchte ich jeden Tag meinen Stolz und meine Angst konfrontieren, mich korrigieren und herausfordern lassen, wenn ich Entscheidungen treffe, um *mein* Leben zu retten oder die Welt zu gewinnen. Dafür möchte ich lernen, wirklich hinzuschauen und zu sehen, was gebraucht wird. Wo Möglichkeiten sind, um anderen zu dienen und sie zu lieben.

Ich kenne den Unterschied nur zu gut – wenn mein Kopf und Herz voll sind von mir selbst, dann sehe ich die Nöte der Menschen kaum. Ich nehme sie gar nicht richtig wahr. Ich brauche dafür den Geist der Kraft, Liebe und Besonnenheit, regelmäßiges Auftanken und Abladen bei Jesus, damit ich frei bin, um sein Flüstern zu hören und innerlich wach und aufmerksam bin, um meinen Platz einzunehmen.

In jedem Bereich deines Lebens hast du einen Platz einzunehmen. In deiner Familie, in deiner Kirche, in Kindergarten und Schule, in deiner Arbeitsstelle, in deiner Nachbarschaft, in deiner Stadt, in den sozialen Medien. Frage Jesus ganz konkret, was deine Himmelsmission überall ist, wo du bist, und was vielleicht auch nicht. Achte dabei genau auf dein Herz: Wo treibt dich deine Schattenmission dazu, zu viel zu tragen? Wo willst du dich aus Angst verstecken? Wo willst du dich selbst schützen oder die Anerkennung der Welt gewinnen?

Vielleicht sind es nicht immer die großen Dinge, sondern vielmehr die kleinen, ungesehenen Momente der Liebe zwischendurch. Das treue Dasein, Zuhören, Tragen und Kümmern. Es ist genutzte Möglichkeit, die gute Entscheidung, die keiner sieht, aber dennoch einen Unterschied macht. Lass dich jeden Tag neu ausrichten und füllen mit Kraft, Liebe und Besonnenheit, damit du selbstlos und selbstbewusst handeln kannst.

Es geht nicht um dich, aber du bist wichtig! Und vielleicht bist du für eine Zeit wie diese genau am richtigen Ort, um das zu tun, was nur du tun kannst.

Deine Furchtlos-Übung

SEE

Nachdem du dieses Kapitel gelesen hast, schreibe alles auf, was gerade in dir vor sich geht. Was nimmst du in deinem Körper wahr? Was fühlst du? Was denkst du? Bleibe dabei neugierig und offen, ohne dich zu bewerten. Mache dir bewusst, dass Gott jetzt gerade bei dir ist und dir zuhört. Lausche auch darauf, was er dir zuflüstert.

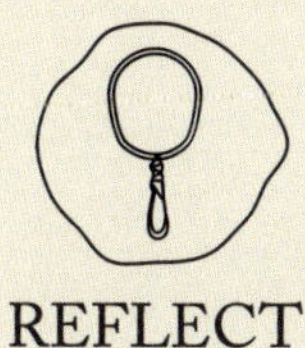

REFLECT

DEINE SCHATTENMISSION Wo Glaubenssätze sagen: „Ich bin …“, sagt deine Schattenmission: „Deshalb muss ich …“. Welche Sätze treiben dein Ego an? Womit willst du „dein Leben retten“ oder „die Welt gewinnen“?

- ◯ *Ich muss für mich selbst sorgen!*
- ◯ *Ich muss für mich kämpfen!*
- ◯ *Ich muss stark sein!*
- ◯ *Ich darf keine Schwäche zeigen!*
- ◯ *Ich muss beweisen, dass ich gut bin!*
- ◯ *Ich muss immer Leistung bringen!*
- ◯ *Ich muss mehr haben als andere!*
- ◯ *Ich muss besser sein als andere!*
- ◯ *Ich muss es allein schaffen!*
- ◯ *Ich muss allen gefallen!*
- ◯ *Ich darf niemanden verlieren!*
- ◯ *Ich muss mich anpassen!*
- ◯ *Ich muss deine Erwartungen erfüllen!*
- ◯ *Ich muss mich vor anderen schützen!*
- ◯ *Ich muss mir Anerkennung verdienen!*
- ◯ ....
- ◯ ....
- ◯ ....

SCHATTENKIND Schreibe ein bis zwei Sätze deiner Schattenmission zu deinem Schattenkind.

CHOOSE

DEINE HIMMELSMISSION Nimm dir in Ruhe Zeit. Überlege: Was würde sich ändern, wenn du, statt deinem Ego zu folgen, Jesus von ganzem Herzen nachfolgen würdest? Tausche am Kreuz deine Schattenmission gegen Gottes Himmelsmission. Bitte Gott, dein Ego zu offenbaren und dich davon zu befreien. Bitte ihn um Vergebung, wo du deinem Ego mehr vertraut hast als Gott. Lade den Heiligen Geist ein, zu dir zu sprechen. Frage ihn, welche Himmelsmission er für dich hat.

KÖNIGSKIND Schreibe das, was du als deine Himmelsmission empfängst, zu deinem Königskind.

ACT

SELBTLOS LIEBEN Wo kannst du heute und in der nächsten Zeit jemandem etwas Gutes tun, was du dir auch für dich selbst wünschen würdest?

Heute:

Diese Woche:

Diesen Monat:

*Ich sage dir: Sei stark und mutig! Hab keine
Angst und verzweifle nicht. Denn ich, der Herr,
dein Gott, bin bei dir, wohin du auch gehst.*

Josua 1,9

Das gelobte Land

Josua stand am Ufer des Flusses. Seine Zehen berührten das kalte Wasser.

War nun endlich der Zeitpunkt gekommen? War es endlich so weit? Er hob einen glatten weißen Stein auf und betrachtete ihn, wie er glänzend nass und kalt in seiner Hand lag. In seiner älter gewordenen Hand. Rau und faltig war sie mittlerweile. Nicht mehr ganz so kraftvoll und drahtig wie vor vierzig Jahren, als er schon einmal hier gestanden hatte. Viel Wasser war seitdem den Jordan hinuntergelaufen.

Josua hob den Arm und warf den Stein mit aller Kraft in Richtung des anderen Ufers. Es war noch zu weit weg. Der Stein fiel ins Wasser und zog seine Kreise. So wie jede Entscheidung, die man trifft, Kreise zieht. Damals hatten sie die falsche Entscheidung getroffen. Das Volk wollte nicht auf ihn und Kaleb hören. Und diese Entscheidung hatte Kreise gezogen. Kreise in der Wüste. Vierzig Jahre für eine Reise, die eigentlich wenige Tage hätte dauern sollen. Vierzig Jahre lang Kreise ziehen um diesen Berg.

Dabei war es auch damals schon so ein wundervolles Land gewesen! Josua hob die Augen und blickte in Richtung des anderen Ufers. In der Ferne konnte er erkennen, wie sich grüne Hügel gegen den Himmel abzeichneten. Seit vierzig Jahren sehnte er sich nach diesem Land. Er erinnerte sich lebhaft daran, wie er und die anderen Männer den Jordan überquert hatten, um das Land auszukundschaften. Wenn er die Augen schloss, konnte er den Geschmack der Früchte noch auf seiner Zunge spüren und den Duft riechen, den all die frischen Blüten verbreiteten. Gott hatte sie segnen wollen. Mit mehr als genug. Er hatte ihnen seine Liebe zeigen wollen. Er wollte ihnen beweisen, dass sie keine Sklaven, sondern freie Kinder waren.

Doch die anderen Männer hatten nur die Gefahren gesehen. Sie hatten sich nur auf die Bedrohung durch die Völker konzentriert, die das Land noch besetzt hielten. „Dieses Land frisst seine Bewohner", hatten sie gesagt. „Es ist voller Riesen und wir sind wie Heuschrecken in ihren Augen." Ihre Dramatik hatte dem Volk einen riesigen Schrecken eingejagt. Josua biss die Zähne zusammen und ballte die Fäuste, als er daran dachte. Sie hatten nicht unrecht gehabt. Es war nicht ungefährlich, aber dennoch hatten sie die Wahrheit – Gottes Wahrheit – nicht verstanden. Anstatt seine Verheißung hochzuhalten, hatten sie ihre Bedenken und ihre Angst in den Mittelpunkt gerückt.

Und das Volk hatte ihnen so leicht geglaubt. Ängstlich hatten sie sich zurückgezogen. Auf keinen Fall wollten sie an diesen schrecklichen Ort. Sie hatten sich wohl selbst innerlich noch so klein wie Heuschrecken gefühlt. Vielleicht saß ihnen die jahrelange Sklavenarbeit in Ägypten noch zu sehr in den Knochen. Sie waren als Sklaven geboren. Ihre Väter waren als Sklaven geboren, genauso wie deren Väter. Sie waren es nicht gewohnt zu kämpfen und auf der Siegerseite zu stehen. Sie konnten nicht glauben, dass Gott ihnen dieses Land einfach so geben würde. Ihre Angst hatte sie über Generationen begleitet und sie konnten sie damals einfach nicht überwinden. Sie waren einfach noch nicht bereit.

Waren sie heute bereit? Die Israeliten, die Ägypten noch mit eigenen Augen gesehen hatten, waren mittlerweile alle gestorben. Nur er und Kaleb lebten noch – wie Gott es ihnen versprochen hatte. Josua spürte eine große warme Dankbarkeit in seinem Herzen aufsteigen, dass Gott ihm die Treue gehalten hatte und ihn für seinen Glauben belohnt hatte.

Diese Männer und Frauen, die in einiger Entfernung hinter ihm lagerten, waren alle in der Wüste geboren worden. Sie waren mit dem Wissen aufgewachsen, dass Gott sie befreit hatte, dass Gott mit ihnen war in der Feuersäule und in der Wolkensäule. Sie waren keine Sklaven mehr. Sie waren Freie. Aber waren sie auch Sieger? Waren sie bereit zu kämpfen? Land einzunehmen? Waren sie nun lange genug um den Berg gekreist, an dem Gott ihnen begegnet war? Hatten sie verstanden, welche Macht dieser Gott hatte – ihr Gott, der sie als Volk erwählt hatte? Hatten sie tief in ihren Herzen begriffen, dass seine Gegenwart immer mit ihnen gehen würde?

Hatte er, Josua, es begriffen? Manchmal konnte er selbst kaum glauben, dass es nun endlich so weit sein sollte. Aber, was er auf jeden Fall begriffen hatte, war, dass er niemals wieder denselben Fehler begehen wollte. Niemals wieder würde er die Angst über den Glauben siegen lassen. Und dennoch spürte er sie. Die kalte Angst. Wie die Peitschenschläge, die er als Kind gespürt hatte. Unwillkürlich duckte er sich, zog die Schultern hoch und den Mantel fester um sich. Er spürte die Angst zu versagen. Er war nicht Mose. Er machte das alles hier zum ersten Mal. Er würde den Kopf hinhalten müssen, wenn es schiefgehen würde. Er hatte ein Volk zu verantworten. Männer, Frauen und Kinder. Er nahm die Last deutlich wahr.

Er selbst hatte noch einmal Spione in das Land geschickt. Vielleicht, um sicher zu sein. Vielleicht als Bestätigung, dass Gott alles vorbereitet hatte. Vielleicht, um zu prüfen, ob das Herz des Volkes nun wirklich bereit war zu glauben. Er atmete die kühle Abendluft ein. Ja, das Volk war bereit! Ja, Gott hatte alles vorbereitet!

Josua lenkte die Aufmerksamkeit seiner Seele weg von seinen wirbelnden Gedanken und Gefühlen. Er streckte sich aus nach der Gegenwart, die so besonders, so heilig und doch so nah war. Er spürte das Kribbeln dieser heiligen Gegenwart auf seiner Haut. Gott war mit ihm. Gott würde immer mit ihm sein.

„Sei mutig und stark." So hallte es in ihm wider. Jeden Tag. Jeden Augenblick. Seit er seine Stimme zum ersten Mal gehört hatte. Wie ein sanfter Wind in seinem Rücken, der ihn voranführte. Gott war da.

Josua richtete sich auf. Sie würden siegen. Sie würden endlich ihr Land einnehmen. Ja, mit Gott an seiner Seite würde er mutig sein.

Deine mutige Reise

Immer und immer wieder fordert Gott das Volk Israel und besonders ihren Anführer Josua auf, mutig und stark zu sein.[80] Und er sagt es auch zu dir: „Sei stark und mutig und geh Schritt für Schritt in das Land, das ich für dich vorbereitet habe."

Auch vor dir liegt ein weites Land – dein verheißenes Land. Das Land, das Gott dir versprochen hat. Das Land, das er für dich vorbereitet hat. Das Land, in dem du frei und kraftvoll als Siegerin vorangehst. Ein Land, in dem Glaube dich führt und nicht die Angst. Ein Land, in dem du mutig bist und furchtlos deine Bestimmung lebst.

→ *Was siehst du vor deinem inneren Auge, wenn du an dieses Land denkst? Wie stellst du dir deine Zukunft vor – deine mutige, freie Zukunft? Was würdest du heute tun, wenn Angst keine Rolle in deinem Leben spielen würde?*

Diese ganze Reise – von Anfang bis Ende – braucht Mut: Mut, um Altes zu verlassen. Mut, um durch Veränderungsprozesse und Wüstenzeiten zu gehen. Mut, um das Neue, das vor uns liegt zu ergreifen und Mut, um dranzubleiben und das Leben im gelobten Land zu gestalten.

MUT, UM ALTES ZU VERLASSEN

Auch als das Volk Israel schon in der Wüste lebte, schrien sie immer wieder, wenn sie in Furcht einflößende Situationen gerieten auf, dass sie doch lieber in Ägypten geblieben wären. Ja, sie waren dort Sklaven gewesen. Ja, sie hatten Hunger und Leid erlebt. Ja, Angst und Schrecken waren ihre täglichen Begleiter gewesen. Aber wenigstens wussten sie, was jeder neue Tag bringen würde. Sie wussten, woran sie waren. Sie konnten diesen Schmerz kalkulieren.

Im Laufe dieses Buches haben wir viele Schutzstrategien kennengelernt, die Angst uns anbietet. Doch es ist schwer, alte Muster und Schutzstrategien zu verlassen. Sie haben uns gedient und uns Sicherheit gegeben. Auch wenn wir wissen, dass sie uns nicht guttun, ist uns dieser Schmerz doch zumindest vertraut. Aus diesem Grund wagen es viele Menschen nicht, alte Gewohnheiten zu brechen, ihre Mauern fallen zu lassen, toxische Beziehungen zu beenden oder andere wichtige Veränderungen in Gang zu setzen.

Wenn du dich auf den Weg in die Freiheit gemacht hast und dein Ägypten verlassen hast, möchte ich dir von Herzen gratulieren. Du bist mutig! Und dein Mut wird belohnt werden! Schau nicht mehr zurück, sondern schau nach vorne! Gehe weiter in die Richtung deiner Freiheit!

Aber auch dann, wenn du dich in Situationen deines Lebens noch immer in Unfreiheit befindest und du immer noch keinen Ausweg siehst, wie diese Situation sich jemals ändern könnte, möchte ich dir Mut machen. Hoffe und warte auf die Befreiung Gottes. Gib nicht auf! Warten und hoffen ist mutig. Also bleib dran und warte weiter mutig auf dein Wunder! „Seid stark und fasst neuen Mut, ihr alle, die ihr auf das Eingreifen des Herrn wartet!" (Psalm 31,25; NGÜ).

MUT, UM ZWISCHENZEITEN AUSZUHALTEN

Die Wüste war für die Israeliten ein sehr herausfordernder Ort, denn sie sahen das Neue noch nicht. Das fruchtbare Land, das vor Milch und Honig überfließt, war noch nicht greifbar da. Jeden Tag neu mussten sie auf übernatürliche Versorgung hoffen. Sie hatten nichts mehr in der Hand, alle Kontrolle lag nun bei Gott. Das war schwer auszuhalten.

Doch Gott führte sie ganz bewusst an diesen Ort. In diese Wüste. Und das macht er auch mit uns. Er führt uns bewusst in Zwischenzeiten, wo wir das Alte bereits losgelassen haben, aber das Neue noch nicht sichtbar ist. Diese Zeiten sind für uns echte Krisen, die jede Angst und Unsicherheit ans Tageslicht bringen. Jede unserer Schutzstrategien wird entlarvt. Alles wird neu sortiert. Die Chance, die in diesen Zeiten liegt, ist, dass wir Gott neu erleben und ihm neu vertrauen lernen. Denn in Zeiten, wo wir nichts anderes haben als ihn, wird er wieder neu das Einzige, was wir wirklich brauchen.

Wüstenzeiten sind Wunderzeiten. Harte Zeiten, aber wichtige Zeiten.

Das hebräische Wort für Wüste, *midbar*, enthält die gleichen Zeichen, die auch als *medaber* ausgesprochen werden können, was „Gespräch" bedeutet. Ich liebe das! Wüstenzeiten, Zwischenzeiten in unserem Leben, Krisen – das sind Zeiten des Gesprächs mit Gott. Zeiten, in denen wir uns an nichts anderem festhalten können als an ihm. Zeiten, in denen wir Gott anklagen, in denen wir mit ihm ringen und ihm dadurch ganz nah kommen. Zeiten, in denen Gott uns sein Herz zeigt. Zeiten, in denen er unser Herz offenlegt, uns unsere Herzensknoten offenbart, und von uns selbst befreit. Zeiten, in denen wir neu begreifen, wer er ist, wer wir in ihm sein können.

Wenn du durch die Wüste hindurchgegangen bist oder dich vielleicht jetzt gerade noch in so einer Zwischenzeit befindest, dann möchte ich dir von Herzen gratulieren. Du bist mutig! Und dein Mut wird wunderschöne saftige Früchte tragen! Du wirst Gott und dich selbst besser kennenlernen und gestärkt und frei aus dieser Zeit hinauskommen.

Bleib nur nicht zu lange in der Wüste sitzen. vierzig Jahre sollten es nicht sein. Mache dein Herz weich, um bald die Lektionen der Wüste zu lernen und dann weiterzugehen.

MUT, UM DAS NEUE ZU ERGREIFEN

Wir haben schon viele Alternativen kennengelernt, die Gott uns anbietet im Tausch gegen Angst und Unsicherheit. Er möchte, dass du sie ergreifst und mutig in deine Bestimmung – in dein gelobtes Land – eintrittst.

Gott hat dir alles gegeben, was du brauchst, um mutige Glaubensentscheidungen zu treffen, aber er wird sie nicht für dich treffen. Ein mutiges, furchtloses Leben lebt man nicht in der Theorie, sondern nur live und in Farbe. Jeden Tag. Schritt für Schritt.

Ich habe keinen Bibelvers gefunden, der sagt: „Empfange Mut!“ oder „Gott gibt dir Mut!“. Vielmehr heißt es in der Bibel immer wieder: „Sei mutig!“ oder „Fasse Mut!“. Mut ist eine aktive Entscheidung deinerseits. Gott hat dir alles vor die Füße gelegt, damit du ein großes, mutiges Leben leben kannst, aber er wird es nicht für dich leben. Er ruft dich aufs Wasser, aber er wird nicht den ersten Schritt für dich gehen. Er zieht dich aus dem Wasser, wenn du untergehst, aber er wird die Glaubensschritte nicht für dich erledigen, während du im sicheren Boot liegen bleibst.

Ein mutiges Leben ist kein Leben ohne Angst, sondern ein Leben, in dem du Angst durch Kraft, Liebe und Besonnenheit überwindest. Im Glauben nimmst du das Neue ein. Im Vertrauen darauf, dass Gott bei dir ist, gehst du die nächsten Schritte.

Wenn du neue Gedanken, neue Gewohnheiten in deinem Leben etabliert hast, wenn du Glaubensschritte gegangen bist und aktiv umgesetzt hast, was du gelernt hast, dann möchte ich dir von Herzen gratulieren. Du bist mutig!
Und das ist erst der Anfang! Mit jeden Glaubensschritt wird dein Mut wachsen und du darfst Schritt für Schritt dein gelobtes Land erkunden und einnehmen. Genieße es, entdecke alles, was Gott für dich vorbereitet hat. Sei neugierig und abenteuerlustig wie ein kleines Kind. Es liegen Wunder und Schätze für dich bereit, die du dir heute nicht mal in deinen wildesten Träumen vorstellen könntest. Go for it! Dieses Leben ist deins! Lebe es!

MUT, UM DRANZUBLEIBEN

Das Volk Israel brauchte unheimlich viel Mut, um in das gelobte Land einzuziehen. Doch noch viel mehr Mut und Glauben brauchten sie, dieses Land Stück für Stück einzunehmen und zu behalten. Denn – lass uns ehrlich sein – das gelobte Land ist nicht zu verwechseln mit dem Schlaraffenland. Der Braten flog ihnen nicht in den Mund und Milch und Honig flossen nicht in den Bächen. Auch dort kam die Milch aus den Kühen und der Honig kam von den Bienen. Diese mussten sie pflegen und hüten und füttern und melken.

Auch das gelobte Land ist kein Ort, wo es immer nur einfach zugeht, wo du tagaus, tagein im Schatten ruhst und die Weintrauben dir in den Mund wachsen. Deine Bestimmung – dein furchtloses Leben – wird harte Arbeit mit sich bringen. Du wirst immer wieder schwere Entscheidungen treffen müssen. Du wirst immer wieder deine Bequemlichkeit und deine Sicherheit an den Nagel hängen müssen. Aber dennoch werden Friede und Freude und Frucht deine Begleiter sein.

Das gelobte Land ist nicht zu verwechseln mit dem Schlaraffenland.

Es braucht Mut, um zu heiraten, aber noch viel mehr Mut braucht es, Ehe großartig zu bauen und jeden Tag in die Ehe zu investieren. Sich für ein Kind zu entscheiden, braucht Mut, aber es großzuziehen und jeden Tag zu lieben, auch ohne Schlaf, braucht noch mehr Mut. Eine der mutigsten Entscheidungen meines Lebens war wahrscheinlich – neben meiner Hochzeit und der Entscheidung Mama zu werden –, unsere Kirche zu gründen. Doch war das Gründen easy im Vergleich zu dem Mut, den es braucht, um sie Schritt für Schritt weiterzuleben und zu leiten.

Es braucht Mut, ein Buch wie dieses zu lesen, aber wieviel mehr Mut braucht es, sein Herz zu öffnen, sich wirklich seinen Unsicherheiten zu stellen und Veränderungsprozesse anzugehen und weiterzuleben. Gerade auch dann, wenn wir nicht direkt die Früchte sehen, Heilungsprozesse länger dauern, Lügen und negative Glaubenssätze wieder lauter werden, wir Gottes Stimme nicht immer hören, brauchen wir immer wieder neuen Mut. Gerade dann, wenn wir immer wieder neu in Krisen und Wüstenzeiten geraten, brauchen wir den Mut zu vertrauen, dass wir nicht wieder von vorne anfangen und das gelobte Land nun verloren haben, sondern weiter zu glauben, dass Gott mit uns tiefer geht und uns noch weiter in Freiheit führt.

Wenn du bis hierher drangeblieben bist und dieses Buch nun fast zu Ende gelesen hast, möchte ich dir von Herzen gratulieren. Du bist mutig! Gehe nun weiter und trainiere deine Mut-Muskeln jeden Tag. Vielleicht musst du dafür bestimmte Entscheidungen treffen. Vielleicht musst du dir bewusste Ziele setzen. Vielleicht musst du eine Freundin bitten, dich immer mal wieder an deine Entscheidungen zu erinnern. Die Entscheidung liegt bei dir! Bleib dran! Bleib mutig!

Denn ich bin bei dir

Der wichtigste Grund für uns, mutig zu sein, ist, dass Gottes Gegenwart mit und in uns ist. Quer durch die Bibel ist das Gottes Hauptargument, warum wir mutig sein sollen: „Denn ich bin bei dir!" Das Volk Israel erinnerte sich an Gottes Gegenwart durch die Bundeslade, die mit ihnen zog. Als das Volk an dem besonderen Tag den Jordan überquerte, vor dem Josua, wie ich es zu Beginn des

Kapitel beschrieben habe, gerade steht, sollten sich die Priester mit der Bundeslade mitten ins Wasser stellen und warten bis das ganze Volk an ihnen vorbeigezogen war. Solange hielt Gott das Wasser zurück, damit das Volk passieren konnte.[81]

Stell dir diese Situation einmal vor: Einer nach dem anderen zieht an dieser Bundeslade vorbei. Jeder einzelne Mann, jede Frau, jedes Kind sieht die Bundeslade als Zeichen und wird daran erinnert: Gott ist mit uns.

Vielleicht musst du es dir neu bewusst machen oder den Heiligen Geist immer wieder bitten, dir zu zeigen, dass er bei dir und in dir ist. Vielleicht musst du aufhören zu beten: „Gott, bitte sei bei mir!", sondern anfangen zu beten: „Gott, öffne mir die Augen für deine Gegenwart!"[82]

Deine Angst will dir immer wieder einreden, dass du alleine bist. Doch der Geist der Kraft, Liebe und Besonnenheit wird dich niemals verlassen! Und du darfst, selbst wenn du dich weit weg von Gott fühlst, immer wieder mutig in seine Arme rennen.

> Er (Jesus) tritt für uns ein, daher dürfen wir voller Zuversicht und ohne Angst vor Gottes Thron kommen. Gott wird uns seine Barmherzigkeit und Gnade zuwenden, wenn wir seine Hilfe brauchen. – Hebräer 4,16; HFA

Übe Mut ein, indem du in jedem Moment zu deinem Gott rennst, der versprochen hat dir zu helfen und empfange von ihm den Mut, den du brauchst, um dich deinen Riesen zu stellen.

Der Triumph von Kraft, Liebe und Besonnenheit

Einzelne kleine mutige Taten brauchen Überwindung, aber jeden Tag das großartige Leben zu leben für das du geschaffen bist, braucht mehr als das. Es braucht Kraft, Liebe und Besonnenheit und nicht nur deine eigene, sondern die Kraft, Liebe und Besonnenheit des Heiligen Geistes! Wie gut, dass er an deiner Seite ist!

- Gott hat dir *KRAFT* geschenkt. Gaben, Fähigkeiten, Potenzial, Mut und Stärke. Damit kannst du dein Leben gestalten und anderen Menschen dienen. Doch auch dann, wenn du dich schwach fühlst, ist er in den Schwachen mächtig![83] Er ist bei dir mit seiner Kraft!

- Gott hat dein Herz mit *LIEBE* gefüllt. Du bist wertvoll und geliebt und kannst andere Menschen lieben. Doch auch dann, wenn du an dir zweifelst und dein Herz zu verschüttet ist, um sich lieben zu lassen oder andere zu lieben, ist der Geist der Liebe an deiner Seite, denn nichts kann dich von seiner Liebe trennen. Er erneuert dein Herz, damit der Liebesfluss wieder fließen kann. Er ist es, der mit dir zusammen alles überwindet, weil er dich liebt!

- Gott hat dir *BESONNENHEIT* gegeben. Die Fähigkeit zu sehen, zu reflektieren, zu entscheiden und zu handeln. Er hat dir Verantwortung für dein Herz und dein Leben gegeben. Aber er lässt dich nicht allein. Er begleitet dich mit seiner Weisheit, spricht zu dir und führt dich in Freiheit hinein.

Kraft, Liebe und Besonnenheit brauchen sich gegenseitig, damit wir furchtlos leben können. Ich kann noch so kraftvoll und von Liebe motiviert sein, wenn ich ohne Besonnenheit bleibe, werde ich wie ein kopfloses Huhn im Kreis rennen und nicht vom Fleck kommen. Wenn ich besonnen meine Kraft einsetze, doch ohne Liebe handle, werden meine Taten eher Schaden anrichten, statt anderen zu dienen. Ich kann noch so besonnen und voller Liebe sein. Wenn ich nicht mit Kraft umsetze, was ich leben möchte, wird mein Mut nur innerlich bleiben, statt mein Leben aktiv zu verändern.

Erinnerst du dich an die vier Frauen am Anfang dieses Buches? Ich wünsche Kathi, dass sie erkennt, wie geliebt sie ist, dass sie sich nicht an die Meinung anderer Menschen klammert, sondern mutig in ihrer eigenen Schönheit aufblüht. Ich wünsche Pia, dass sie ihre inneren Antreiber abschüttelt und lernt, das Gute in ihrem Leben und in ihrer Lebensphase zu genießen. Ich wünsche Melli, dass sie hinter ihrer Schutzmauer hervorkommt, lernt zu vertrauen, loszulassen und Nähe und Freude zuzulassen. Ich wünsche Bea, dass sie ihre Handbremse löst und mutige Schritte in Richtung ihrer Berufung geht. Und ich wünsche auch dir, dass du deine Unsicherheiten, deine Sorgen und Ängste mit dem Geist der Kraft Liebe und Besonnenheit überwinden kannst.

Auch mit dem Geist der Kraft, Liebe und Besonnenheit an deiner Seite wirst du weiterhin in Situationen geraten, in denen du dich ängstlich fühlst, denn – erinnere dich – Angst ist eine gottgeschaffene, natürliche, menschliche und wichtige Emotion. Doch die Angst muss dann ihren rechtmäßigen Platz einnehmen: Sie kann dich warnen und beraten, doch sie darf nicht mehr dein Leben dominieren und deine Entscheidungen treffen. Sie darf auf Gefahren hinweisen, aber sie gibt nicht die Richtung vor. Wie Nelsen Mandela sagte: „Mut ist nicht die Abwesenheit von Angst, sondern der Triumph darüber."

Ergreife es: dein mutiges, furchtloses Leben! Lebe deine Bestimmung mit dem Geist der Kraft, der Liebe und der Besonnenheit.

Kraft, Liebe und Besonnenheit
brauchen sich gegenseitig, damit
wir furchtlos leben können.

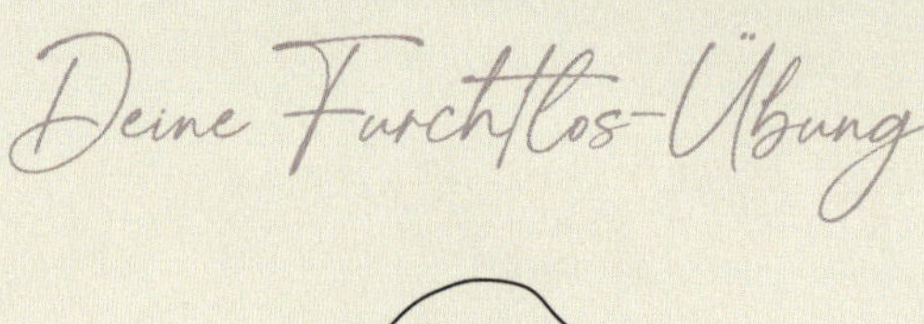

SEE

Nachdem du dieses Kapitel gelesen hast, schreibe alles auf, was gerade in dir vor sich geht. Was nimmst du in deinem Körper wahr? Was fühlst du? Was denkst du? Bleibe dabei neugierig und offen, ohne dich zu bewerten. Mache dir bewusst, dass Gott jetzt gerade bei dir ist und dir zuhört. Lausche auch darauf, was er dir zuflüstert.

REFLECT

DEINE GOLDNUGGETS Halte für jede Einheit das fest, was du auf jeden Fall behalten möchtest.

Hallo! ....

Hallo Angst! ....

Hallo Kraft! ....

Hallo Liebe! ....

Hallo Besonnenheit! ....

Hallo Waffenrüstung! ....

Hallo Überwinderin! ....

Hallo Bestimmung! ....

Hallo Demut! ....

Hallo Mut! ....

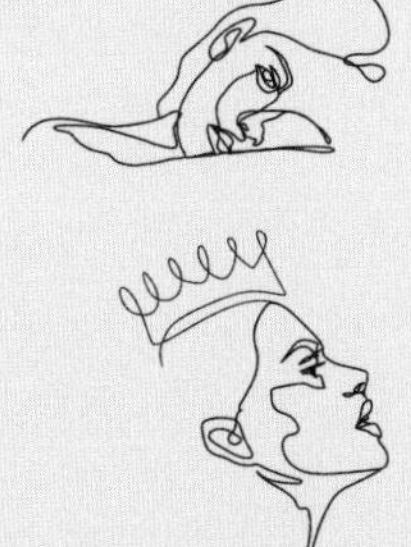

SCHATTENKIND/KÖNIGSKIND Nimm dir dein gestaltetes Schattenkind und Königskind vor. Was wird dir bewusst? Welche nächsten Schritte wären für dein Schattenkind wichtig, um immer mehr in deine Identität als Königskind hineinzuwachsen? Möchtest du dein Königskind irgendwo sichtbar aufhängen, um dich weiterhin daran zu erinnern und immer mehr in deiner neuen, furchtlosen Identität in Christus zu leben?

CHOOSE

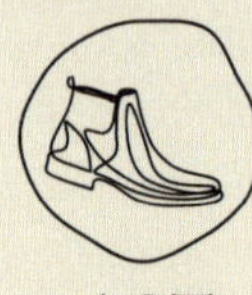

ACT

DEIN KLAPPENTEXT Stell dir vor, jemand liest eines Tages ein Buch über dein Leben. Was soll hinten als Klappentext auf diesem Buch stehen? Wie stellst du dir dein Leben in Freiheit und Furchtlosigkeit vor? Wovon träumst du? Was möchtest du leben? Wie würdest du dich selbst beschreiben?

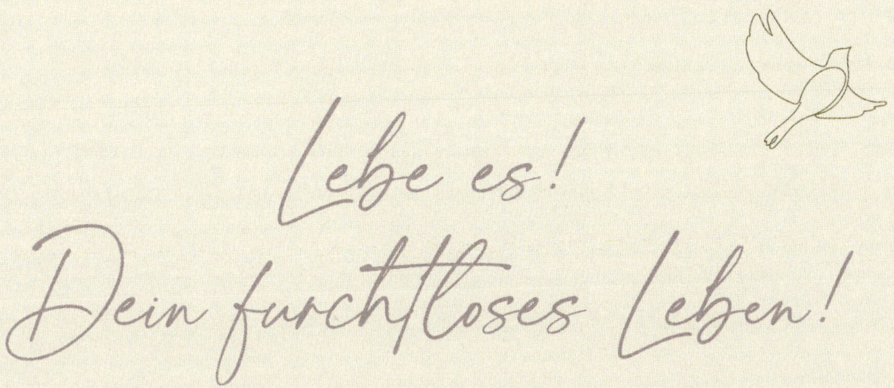

Fürchte dich nicht, Zion!
Lass deine Hände nicht mutlos sinken!
Der Herr, dein starker Gott, der Retter, ist bei dir.
Begeistert freut er sich an dir.
Vor Liebe ist er sprachlos ergriffen
und jauchzt doch mit lauten Jubelrufen über dich.

Zefania 3,16b-17; NLB

Danke

Jesus – Wie kann ich dir danken für deine unfassbare Liebe? Mein Herz gehört dir!

Renke – Das Leben mit dir ist das schönste Abenteuer! Danke, dass du furchtlos vorangehst und mich inspirierst, größer zu träumen und stärker zu glauben! Danke, dass deine Liebe mir sicher ist.

Amie, Mila & Ella – Meine wunderschönen, wertvollen Töchter! Ich liebe euch mehr als ihr jemals ahnen werdet! Lebt euer Leben mit freien Herzen und festem Vertrauen, mit Wurzeln und Flügeln!

Kimberly – Danke für dein riesiges Investment in dieses Projekt! Dein kluger Kopf und dein großes Herz werden noch viel Freiheit in das Leben von Menschen bringen.

Annalena, Mama und alle, die durch ihre persönlichen Geschichten, ihr Feedback und ihre Ermutigung dieses Buch bereichert und geschliffen haben.

All die wundervollen Frauen in meinem Leben und in unserer Kirche – Danke für eure Liebe und Freundschaft. Danke, dass ihr euer Herz und Leben teilt. Lasst uns furchtlos leben, selbstlos lieben und Wunder erleben!

An dich – Danke, dass du dieses Buch gelesen hast und mit mir auf diese Reise gekommen bist. Ich würde mich freuen von dir zu hören!

Kontaktiere mich über:

@saralorenzbohlen

sara.l.bohlen@gmail.com

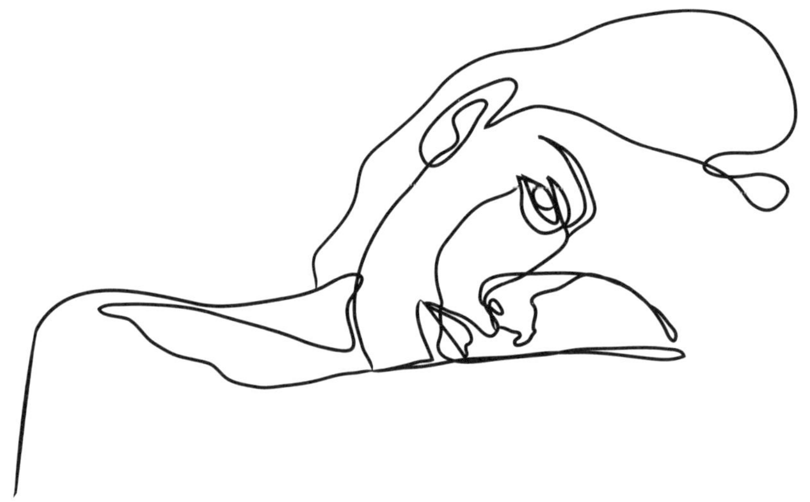

KÖNIGSKIND

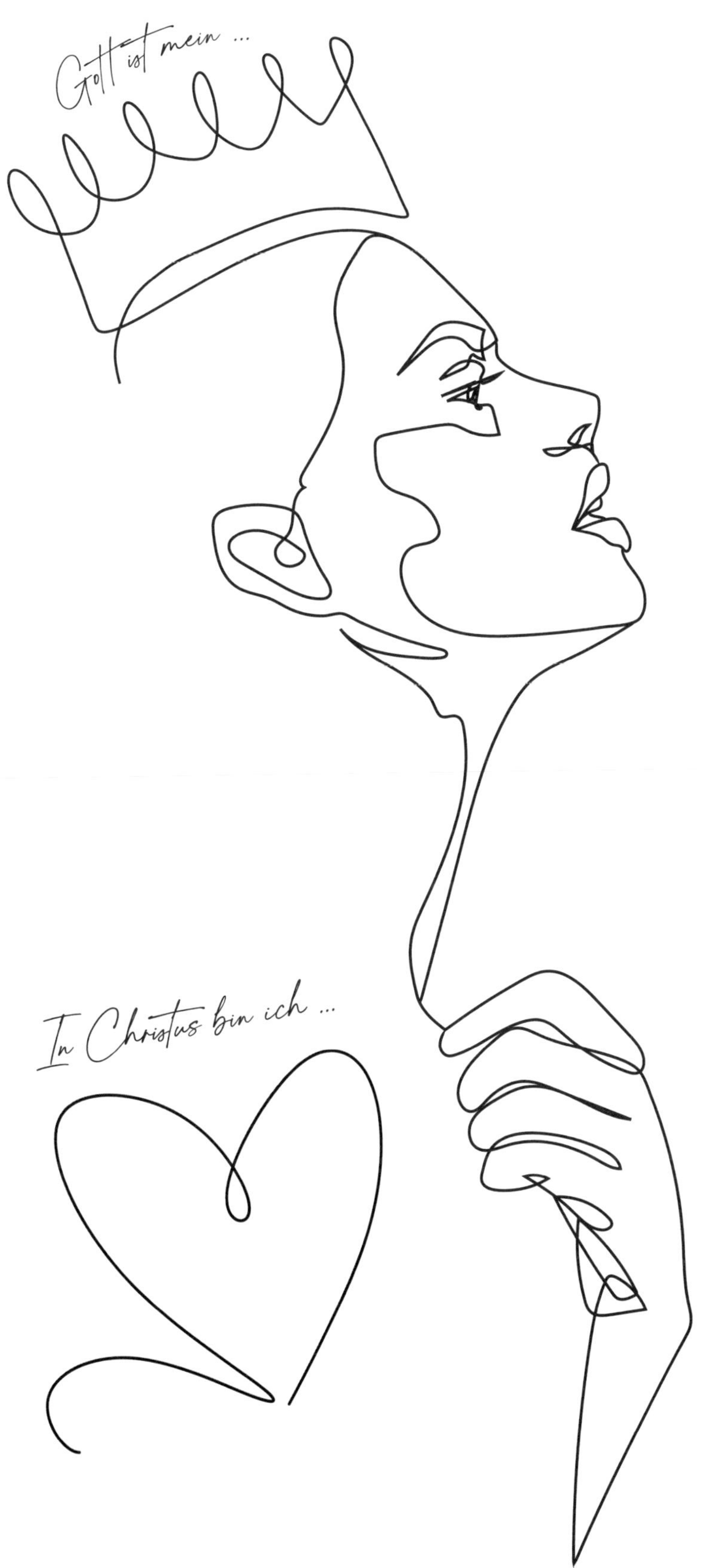

Lesetipps

Folgende Bücher kann ich dir für deinen Weg in Richtung Freiheit empfehlen:

DEUTSCHE BÜCHER

Johanna Adam und Ursula Hauer: Keine Angst vor Gefühlen. Ein Praxisbuch. Haiterbach-Beihingen: cap-Verlag 2016.

Lucinda Bassett: Angstfrei leben. Das erfolgreiche Selbsthilfeprogramm gegen Stress und Panik. Weinheim: Beltz 2000.

Mercy Beyond: Keys to Freedom. Live Free, Stay Free. Köln: Mercy Beyond.

Brene Brown: Verletzlichkeit macht stark. Wie wir unsere Schutzmechanismen aufgeben und innerlich reich werden. München: Goldmann Verlag 2017.

Christine Caine: Der Angst keine Chance. Mein Weg zu einem Leben ohne Furcht. Aßlar: Gerth Medien 2013.

Henry Cloud: Auf der Spur des Glücks. Holzgerlingen: SCM Hänssler 2012.

Matthias Hipler: Gefühle sind veränderbar. Mit Ängsten, Aggressionen, Schuld- und Minderwertigkeitsgefühlen richtig umgehen. Moers: Brendow Verlag 2011.

Timothy Keller: Der verschwenderische Gott. Von zwei verlorenen Söhnen und einem liebenden Vater. Basel: Fontis Verlag 2010.

Caroline Leaf: Beseitige dein mentales Chaos. 5 einfache, wissenschaftlich erprobte Schritte zum Abbau von Ängsten, Stress und toxischen Gedanken. Schotten: Grace today Verlag 2021.

Dirk und Christa Lüling: Ein neues Herz will ich euch geben. Gottes Verheißung und unser Beitrag. Lüdenscheid: Asaph-Verlag 2011.

Dirk und Christa Lüling: Trost finden. Scham und Minderwertigkeit überwinden. Lüdenscheid: Asaph-Verlag 2019.

Joyce Meyer: Das Schlachtfeld der Gedanken. Gewinne die Schlacht in deinem Verstand! Hamburg: Joyce Meyer Ministries Deutschland 2006.

Joyce Meyer: Tu es trotz deiner Angst. Mutig und erfüllt, auch wenn du dich fürchtest. Hamburg: Joyce Meyer Ministries Deutschland 2021.

Joseph Prince: Geistliche Kampfführung. Schotten: Grace today Verlag 2017.

Reinhold Ruthe: Schritte aus der Angst. Gießen: Brunnen Verlag 2002.

Peter Scazzero: Glaubensriesen – Seelenzwerge? Geistliches Wachstum und emotionale Reife. Gießen: Brunnen Verlag 2011.

Peter Scazzero: Emotional gesund leiten. Was Sie stark macht für Gemeinde und Beruf. Gießen: Brunnen Verlag 2017.

Birgit Schilling: Verwandelt. Werden, wie Gott mich gedacht hat. Holzgerlingen: SCM R.Brockhaus 2021.

Stefanie Stahl: Das Kind in dir muss Heimat finden. Der Schlüssel zur Lösung (fast) aller Probleme. München: Kailash Verlag 2015.

Chris Thurmann: Lügen, die wir glauben. Wie Sie Lebenslügen entlarven und befreit leben können. Aßlar: Gerth Medien 1992.

Rick Warren: Leben mit Vision. Wozu um alles in der Welt lebe ich? Aßlar: Gerth Medien 2014.

Ines von Witzleben und Aljoscha A. Schwarz: Endlich frei von Angst. Denkmuster erkennen, aktiv trainieren, Selbstvertrauen gewinnen. München: Gräfe und Unzer Verlag 2004.

ENGLISCHE BÜCHER

Judson Brewer: Unwinding Anxiety. New Science Show How to Break the Cycles of Worry and Fear to Heal Your Mind. New York City: Avery Publishing 2021.

Steve Cuss: Managing Leadership Anxiety. Yours and Theirs. Nashville, TN: Thomas Nelson 2019.

Chris Hodges: Out of the Cave. Stepping into the Light When Depression Darkens What You See. Nashville, TN: Thomas Nelson 2021.

John Mark Comer: Live No Lies. Recognize and Resist the Three Enemies That Sabotage Your Peace. Colorado Springs, CO: WaterBrook & Multnomah 2021.

Empfehlenswerte Adressen

ACL Arbeitsgemeinschaft Christlicher Lebenshilfen, Beratung, Therapie, Seelsorge / www.acl-deutschland.de

ACC DEUTSCHLAND Deutscher Dachverband für Christliche Beraterinnen und Berater / www.acc-deutschland.org

ANGST-UND-DEPRI.INFO ausführliche Informations- und Ratgeberseite über Depressionen, Ängste und soziale Phobie / www.angst-und-depri.info

C-STAB überkonfessionelles, interdisziplinäres, unabhängiges, regional organisiertes Netzwerk christlicher Seelsorger, Therapeuten, Ärzte und Berater / www.c-stab.net

DEUTSCHE ANGSTHILFE / www.angstselbsthilfe.de

ENDLICH LEBEN NETZWERK freies christliches Netzwerk und Kleingruppenarbeit, um Stress oder seelische Belastung zu bearbeiten / www.endlich-leben.net

TEAM F Seminare, Angebote und Coachings für einen stabilen Beziehungsalltag und um Beziehungsfähigkeit zu erlernen. / www.team-f.de

Anmerkungen

1 Vgl. Philipper 2,22.

2 Um schneller (etwa innerhalb von sechs bis acht Wochen) einen Therapieplatz zu bekommen, kann dir das sogenannte „Kostenerstattungsverfahren" helfen. Im Internet findest du dazu Informationen.

3 Vgl. 1. Korinther 2,3.

4 Die hier beschriebene Funktion der Angst als Schutzfunktion ist eine gesunde Angst. Es gibt aber auch eine ungesunde Angst, die einer auslösenden Situation nicht angemessen ist. Man unterscheidet dann verschiedene Angststörungen (z.B. Phobien, soziale Phobie, Panikstörung, generalisierte Angst und eine ängstlich-vermeidende Persönlichkeitsstörung). Dabei sind bestimmte Botenstoffe im Gehirn aus dem Gleichgewicht geraten (besonders die Botenstoffe Serotonin, Noradrenalin oder auch Gaba), und es kommt zu Fehlern in der Kommunikation verschiedener Hirnregionen. Auch das vegetative Nervensystem weist bei einer Angststörung eine erhöhte Empfindlichkeit auf. Vermehrte Ängste und Angststörungen, beispielsweise plötzlich auftretende Panikattacken, haben auch häufig etwas mit Traumatisierungen in der Kindheit oder sogar in der Schwangerschaft zu tun. Dies sollte und muss bei einer Therapie berücksichtigt und behandelt werden.

5 Die Psychologin Stefanie Stahl hat in ihrem Bestseller *Das Kind in dir muss Heimat finden* das psychologische Konzept dahinter sehr verständlich und einleuchtend erklärt.

6 Z. B. hier: Apostelgeschichte 2,38.

7 Vgl. Lukas 11,13.

8 Einige Beispiele zum Nachlesen: Im Neuen Testament nach der Ankündigung von Jesus am allerersten Pfingstfest in Jerusalem (Apostelgeschichte 2,1-4) oder auch hier: Apostelgeschichte 10,44 und 11,15. Im Alten Testament bekommt Simson den Geist Gottes (Richter 15, 14-15), der Prophet Mose und punktuell siebzig weitere Älteste Israels (4. Mose 11,17.25) oder auch die Bauleute der Stiftshütte (2. Mose 31, 1-5).

9 Vgl. Apostelgeschichte 19,5-6.

10 Vgl. Psalm 18,30.

11 Vgl. Römer 8,37-39.

12 Vgl. Lukas 4,18.

13 Vgl. Jeremia 29,11.

14 Vgl. 1. Johannes 4,8.

15 Vgl. Römer 5,6-8.

16 Vgl. Galater 5,1.

17 Vgl. Matthäus 14,22-33.

18 Vgl. Josua 1,5-6.

19 Vgl. Prediger 3,1-15.

20 Vgl. Philipper 4,6-7.

21 Vgl. Markus 2,28.

22 Vgl. Matthäus 11,28-30.

23 Vgl. 1. Korinther 6,19.

24 Die gesamte Geschichte, wie das Volk Israel unter der Führung von Mose aus Ägypten auszieht, durch die Wüste wandert und Generationen später im verheißenen Land ankommt, kannst du in 2. Mose nachlesen.

25 Als Bezugspunkt dient hier das psychologische Modell der Machtmotive des amerikanischen Psychologen McClelland. Er unterscheidet anlehnende Macht, gesellschaftsbezogene Macht, selbstbezogene Macht und eigennützige Macht.

26 Die Zehn Plagen kannst du nachlesen in 2. Mose 7–11.

27 Vgl. 4. Mose 13,33.

28 Vgl. Hebräer 12,18-22.

29 Vgl. Epheser 1,14.

30 Vgl. Apostelgeschichte 4. Hier beteten die Jünger gezielt um Mut (Vers 29). Daraufhin wurden sie mit dem Heiligen Geist erfüllt und „verkündeten die Botschaft Gottes weiterhin frei und unerschrocken" (Vers 31).

31 In der Psychologie spricht man hierbei über den Autonomie-Abhängigkeits-Konflikt.

32 Vgl. Matthäus 7,7.

33 Vgl. 5. Mose 21,18-21.

34 Vgl. Timothy Keller, Der verschwenderische Gott.

35 Vgl. Matthäus 10,30.

36 Vgl. Psalm 139,13.23.

37 Vgl. Johannes 16,8.

38 In den Furchtlos-Übungen findest du einige Gebetsvorschläge, die dir dabei helfen können.

39 Vgl. 1. Johannes 4,18.

40 In Stefanie Stahls *Das Kind in dir muss Heimat finden* heißen diese Bedürfnisse (1) Lustbefriedigung, (2) Selbstwerterhöhung und Anerkennung, (3) Bindung, (4) Autonomie und Sicherheit.

41 Nach Albert Ellis. Matthias Hipler beschreibt das „Abc der Gefühle" näher in seinem Buch *Gefühle sind veränderbar.*

42 Vgl. Johannes 14,26.

43 Vgl. Johannes 16,8.

44 Vgl. 1. Korinther 2,10-13.

45 Vgl. Römer 12,12: „Richtet euch nicht länger nach den Maßstäben dieser Welt, sondern lernt, in einer neuen Weise zu denken, damit ihr verändert werdet und beurteilen könnt, ob etwas Gottes Wille ist – ob es gut ist, ob Gott Freude daran hat und ob es vollkommen ist."

46 Zum Beispiel in Philipper 4,6; Markus 6; 1. Petrus 5,6; Lukas 12.

47 Vgl. Matthäus 5,44.

48 Vgl. 1. Mose 3,15.

49 Vgl. Lukas 10,18; 1. Johannes 3,8; Kolosser 2,14-15; Hebräer 2,14 u.a.

50 Vgl. Epheser 1,3.

51 Es gibt eine interessante Dokumentation zu diesem Thema: Das Dilemma mit den sozialen Medien. Hier erklären Experten, welche negativen Einflüsse Soziale Medien auf unsere Gesellschaft und unsere Psyche haben können.

52 Vgl. Sprüche 19,20.

53 Vgl. Sprüche 27,17.

54 Vgl. Johannes 1,17.

55 Vgl. 2. Korinther 5,21.

56 Vgl. Römer 3,22.

57 Vgl. Johannes 13,2; 1. Timotheus 3,7; 2. Timotheus 2,26; 1. Johannes 3,8.

58 Vgl. Jesaja 55,11.

59 Vgl. Lukas 10,19-20.

60 Vgl. Hebräer 12,2.

61 Der Ausdruck „gerechter Zorn" kommt von der Geschichte, wo Jesus die Händler aus dem Tempel gejagt hat aus Leidenschaft für Gottes Haus (vgl. Matthäus 21,12-13).

62 Vgl. Jesaja 43,21; Johannes 4,23.

63 Vgl. Johannes 15,4.

64 Vgl. 1. Korinther 12,12ff.

65 Zum Vertiefen: 5. Mose 28,1; 1. Samuel 15,22; Johannes 14,15 u.a.

66 Die Bibel zählt verschiedene Gaben auf, die wir empfangen können (1. Korinther 14,13) und die uns helfen sollen, unseren Auftrag zu erfüllen: Römer 12,3-8; 1. Korinther 12; 1. Petrus 4,7-11. Epheser 4,7-13 spricht von fünf verschiedenen Ämtern, die andere Christen zu ihrem Dienst befähigen sollen.

67 Vgl. 2. Korinther 3,5-6; Philipper 2,13; Hebräer 13,21.

68 Vgl. Matthäus 25,25.

69 Zum Vertiefen: Jesus gebraucht hierzu einmal das Bild von der Saat, die in unterschiedliche Gegebenheiten fällt. Ein Hindernis deiner Bestimmung kann wie die Disteln in diesem Gleichnis mit dem Sämann sein, die die gute Saat und das Feuer in dir ersticken. Nachzulesen in Lukas 8,4-15.

70 Vgl. Matthäus 25; 1. Korinther 3,13.

71 Vgl. 1. Korinther 6,19-20.

72 Wenn du dich weiter damit auseinandersetzen möchtest, deine Bestimmung zu entdecken, empfehle ich dir den Online-Kurs *Chazon* vom ICF München (https://chazon.icf-muenchen.de) oder das Buch *Kreative Lebensplanung* von Paul Donders. Im Internet findest du dazu einige. Als Persönlichkeitstest empfehle ich dir das *Enneagramm* oder die *Big Five*. Als Gabentest hat mir der *CliftonStrengths*-Test weitergeholfen. Ich empfehle dir das Buch *Die 3 Farben deiner Gaben* von Christian A. Schwarz, wenn du deine Geistesgaben weitererforschen möchtest. Online findest du einen Gabentest in Bezug auf deine Geistesgaben vom ICF Zürich hier: https://www.icf.church/zuerich/de/entdecken/entdecke-deine-geistesgaben/.

73 Im Fall von Narzissmus (Selbstverliebtheit) oder einer narzisstischen Persönlichkeitsstörung empfiehlt sich eine psychotherapeutische Behandlung. Empfehlenswert ist das Buch von Raphael Bonelli *Männlicher Narzissmu*s und von Bärbel Wardetzki *Weiblicher Narzissmus*.

74 Birgit Schilling: Verwandelt. Werden, wie Gott mich gedacht hat, Holzgerlingen: SCM R.Brockhaus 2021, S. 29.

75 Vgl. Johannes 12,24-25.

76 Vgl. Matthäus 20,16; Matthäus 23,11, Lukas 22,26; Markus 10,43; Matthäus 18,1-4.

77 Vgl. Römer 12,11; Epheser 6,7; Kolosser 3,23.

78 Vgl. Matthäus 25,40: „Ich sage euch: Was immer ihr für einen meiner Brüder getan habt – und wäre er noch so gering geachtet gewesen –, das habt ihr für mich getan."

79 Vgl. Johannes 13,1-17.

80 Vgl. 5. Mose 31 und Josua 1.

81 Zum Vertiefen: Josua 3.

82 Zum Vertiefen: Es gibt eine kraftvolle Geschichte in der Bibel in 2. Könige 6, in der der Prophet Elisa betet, dass seinem Diener die Augen für die unsichtbare Wirklichkeit geöffnet werden. Er sieht daraufhin, wie große Heerscharen an Engeln für sie kämpfen.

83 Vgl. 2. Korinther 12,9.